湖南省哲学社会科学基金项目"经验认识论视角下职前教师'行动识知'学习方式的构建"（18YBA112）的阶段性成果

课程与教学论新问题研究丛书

王本陆 主编

课程知识价值观研究
——兴趣价值论的视角

邓素文 ◎ 著

海峡出版发行集团 | 福建教育出版社

图书在版编目（CIP）数据

课程知识价值观研究：兴趣价值论的视角/邓素文著．—福州：福建教育出版社，2023.12
（课程与教学论新问题研究丛书/王本陆主编）
ISBN 978-7-5334-9790-3

Ⅰ.①课⋯　Ⅱ.①邓⋯　Ⅲ.①课程－教学研究　Ⅳ.①G423

中国国家版本馆 CIP 数据核字（2023）第 218910 号

课程与教学论新问题研究丛书
王本陆　主编

课程知识价值观研究
——兴趣价值论的视角

邓素文　著

出版发行	福建教育出版社
	（福州市梦山路 27 号　邮编：350025　网址：www.fep.com.cn
	编辑部电话：0591-83779615　83726908
	发行部电话：0591-83721876　87115073　010-62024258）
出版人	江金辉
印　刷	福州报业鸿升印刷有限责任公司
	（福州市仓山区建新镇建新北路 151 号　邮编：350082）
开　本	710 毫米×1000 毫米　1/16
印　张	15.25
字　数	234 千字
版　次	2023 年 12 月第 1 版　2023 年 12 月第 1 次印刷
书　号	ISBN 978-7-5334-9790-3
定　价	45.00 元

如发现本书印装质量问题，请向本社出版科（电话：0591-83726019）调换。

总　序

当前,我们正处在百年未有之大变局时代,进入了中国式现代化建设新时代。新时代是世界政治、经济、科技、文化和教育发生深刻变革,充满不确定性和诸多挑战的时代。如何在新时代直面挑战,把握机遇,实现高质量发展,是各行各业亟待探索的重大课题。课程与教学论作为我国教育科学研究的重要组成部分,在新时代必须与时俱进,在研究新现象、新问题的过程中,拓展视野、提升水平,努力促进学科发展与繁荣,为中华民族伟大复兴做出应有贡献。

在新时代,我国课程与教学论学科面临诸多新问题,如核心素养培育机制问题、课程育人功能优化问题、课程结构与内容现代化问题、课程资源数字化问题、价值教学理论与实践问题、发展性教学原理与策略问题、教学优质化与教学创新问题、教学人道化与教学伦理问题、教学智能化与教学技术问题等。这些新问题涉及课程与教学的价值诉求、本体认识和策略谋划,其实质是关于我国课程与教学体系优化升级的整体探寻。整体破解新时代我国课程与教学体系优化升级的难题,是一项长期而艰巨的任务,需要齐心协力、分工合作、勇毅前行。令人振奋的是,近年来,大家面对新时代的新挑战,已经开展了丰富多彩的实践探索并取得了不少成就,如学校课程特色化与多样化,选课走班、分层教学,教学内容结构化与大单元教学,通过深度学习发展高阶能力,线上线下混合教学,组织开展跨学科实践活动,优化作业设计,改进教学评价,等等。实践变革为课程与教学理论创新提供了新动力,提出了新要求,课程与教学论必须加强理论创新,在充分反映实践变革新进展的基础上，揭示我国课程与教学体系优化升级的价值选择、基本原理和行动策略，进而引领新时代课程与教学实践的自觉探索。正是基于这种认识，我们组织几位中青年学者编写了"课程与教学论新问题研究丛书"，希望抛砖引玉，在课程与教学理论创新上做些力所能及的尝试。

这套丛书的第一辑由四本专著组成，分别是任海宾的《教学伦理冲突论》、曹周天的《学习道德论》、贾彦琪的《追寻理性共识：多元文化时代的价值观教学研究》和邓素文的《课程知识价值观研究——兴趣价值论的视角》。这四本专著各有各的问题针对性，内容结构和论证逻辑也各具特色；同时，它们又体现了鲜明的共性特征，具体可以用"新"与"理"两个字来概括。所谓"新"，主要体现为问题新和观点新。四本书的研究内容涉及三个课程与教学论研究的细分领域：课程与教学伦理研究、价值教学研究和课程知识价值观研究。从问题类型上看，这三个细分领域又都可以归为课程与教学价值问题研究这个大类别。相对于课程与教学本体问题、策略问题研究来说，课程与教学价值问题的研究是相对薄弱的。从学科发展的战略层面看，大力加强课程与教学价值问题研究，补强这一短板，意义重大。尤其是在当前这种大变革时代，课程与教学价值领域充满了矛盾斗争和激烈博弈，更需要澄清分歧、辨析学理、凝聚共识。四本专著问题高度聚焦，时代感强，勇于创新，值得肯定。所谓"理"，主要体现为理论性和学理性强。四本书核心概念界定精细，理论基础扎实，理论主张明确，注重历史与逻辑的统一、事实与事理的结合，内容层层递进、逻辑清晰，较好地彰显了理论研究的学术魅力，具有较高学术价值。

《教学伦理冲突论》和《学习道德论》从不同视角分别探讨了课程与教学伦理问题。课程与教学伦理研究是课程与教学论学科的新兴领域。从世界范围看，这一研究领域大体形成于二十世纪七八十年代。我国课程与教学伦理研究起步稍晚于国外，大致是在二十世纪末、二十一世纪初，周建平、胡斌武、王凯、戴双翔等学者均比较深入地研究过教学伦理问题。综合来看，教学伦理研究主要有三个核心议题，即教学伦理属性的认识、教学伦理规范的建构和教学伦理境界的提升。其中，关于教学伦理属性的认识，强调教学是一种德性生活的观点是比较流行的。从应然层面看，强调教学合乎德行是必要和有意义的，是必须坚守的教学信念；但是，从实然层面看，教学并不是天然合乎德性的，更不是道德真空，它反而充满了伦理矛盾和道德冲突。强调教学是充满矛盾斗争的道德实践，这是关于教学伦理属性的一种新认识，可以称之为教学伦理冲突观。《教学伦理冲突论》明确提出和论证了教学伦理冲突观，基于教学活动充满伦理矛盾斗争这一核心命题和德性伦理这一核心价值立场，借鉴哲学、社会学、管理学的冲突理论，深入探讨了教学伦理冲突的实质、功能、类型、过程、影响因素与解决策略等问题，系统建构了教学伦理冲突理论，深化了关于教学伦理属性及其矛盾运动规律的学理认识，体现了理论创新的勇气，为建构教学伦理研究的中国话语做出了积极贡献。难能可贵的是，教学伦理冲突论在揭示教学伦理冲突实质与规律的基础上，致力于"教学至善"的达致，突显了教学伦理研究作为实践理性探索的真谛。

长期以来，教育伦理学研究习惯于用伦理学视角来审视和规范教育现象，主要从教育者（教师、教育管理者、教育研究者）的视角来观察教育伦理问题并提出针对教育者或教育机构的伦理规范，形成了教育伦理问题的伦理学解答范式。这对于深入认识教育的伦理属性，推动教育伦理规范的建构与完善，发挥了重要作用。但是，随着研究的不断深入，人们发现，诸多教育伦理矛盾的破解，离不开人（包括教育者、学习者、管理者和家长等）的观念与行为改变，而促进人观念和行为改变，恰恰是教育学的特长和优势，于是，在教育伦理学研究中，便形成了以巧妙运用教育规律和教育智慧来破解教育伦理难题为主要特征的教育伦理问题的教育学解答范式。在这一新范式中，学生由教育伦理生活的旁观者变成了实践者，成为教育伦理实践的重要主体。学生的学习生活，充满了伦理矛盾，遵循着伦理规范，因而，有必要从教育伦理学角度展开专门研究。《学习道德论》专门就学生学习问题开展教育伦理学审视，把学习道德问题纳入到课程与教学伦理的研究议题之中，可谓是一项开创性的探索。这项研究的开创性主要表现在两个方面：一方面是建构了分析学生学习道德问题的基本框架，即从学习动机、学习过程、学习关系三个层面来把握学生学习活动中的伦理矛盾，建构学习伦理规范；另一方面是提出和论证了"学以成人"的理论，发出了"做有操守的学习者"的倡导，并探讨了学习伦理建设的路径。"学以成人"理论强调学习过程是学生真实的道德生活和道德成长过程，而学习伦理建设将促进学习者道德发展，较好地揭示了教学的教育性机理。

《追寻理性共识：多元文化时代的价值观教学研究》是近年来关于价值教学问题研究的一项高水平成果。教学肩负人类文明传承的神圣使命。从教学内容角度看，文明传承可以大体区分为三个方面：知识-经验传承、方法-技能传承、价值-规范传承。其中，知识-经验传承主要解决"是什么"这一大问题，即关于物质世界与人类生活的存在状态与运动规律的科学认识和经验积淀；方法-技能传承主要解决"如何做"这一大问题，即掌握关于认识与改造世界的技术路线、有效策略与行为方式；价值-规范传承主要解决"为什么"这一大问题，即掌握关于社会活动与个人生活的目标追求、是非标准和行为准则。基于文明传承的类别区分，学校教学活动也可以相应地区分为知识教学、技能教学和价值教学等不同类型。自然，在常规的教学活动中，知识、技能和价值规范往往是同时存在、水乳交融的，很少有纯粹的知识教学、技能教学和价值教学；但是，从教学目标的主要指向和教学内容的构成重点来看，做此区分又是必要的。知识教学、技能教学和价值教学的原理、过程与方法存在很大差异，不宜混为一谈。其中，价值教学作为最复杂、最微妙的教学论问题，可谓是教学理论王冠上的明珠。当前，国际政治风云变幻，人类社会面临着诸多重大的价值冲突和矛盾斗争，价值教学如何发挥关键作用，更好地凝聚价值共识，为人类命运共同体建设保驾护航？这是摆在我国教学论研究者面前的现实难题。《追寻理性共识：多元文化时代的价值观教学研究》一书，为破解这一难题做了可贵尝试。作者针对多元文化时代价值观教学的现实遭遇，反思了西方价值观教学的不同范式，基于教学论学科立场，大胆借鉴哲学、政治学的经典理论，创造性地提出了以追寻理性共识为核心追求的价值观教学理论。这一理论围绕价值观教学的三个核心问题开展了学理探索并得出了富有启发的结论：第一，在多元文化时代，可否达成价值共识？美国伦理学家罗尔斯曾经提出"重叠共识"的主张，强调多种价值观所具有的共同内容成分；而理性共识的主张，则强调通过理智审思而形成共同意见，即基于所有学习者共同的价值成长过程而形成新的价值选择。这一目标并不易达到，需要复杂而精妙的教学设计。第二，如何在教学内容层面科学地打开价值观，使其真正可教可学？为此，作者建构了价值观教学的"三层次五元素"内容加工模型，即以价值情境为基底层，以价值关系、价值理据和价值规范为延伸层，以价值原则（价值观）为最终层，从问题情境中把握价值关系，探讨处理价值关系的不同价值逻辑和具体规则，进而提炼形成价值主张。这样，原本高度抽象的价值观，通过具体化、情境化、问题化、结构化，就转变成了可触摸、好理解的教学内容。第三，如何建构价值观教学的基本流程，形成稳定有效的教学模式？作者认为，完整的价值观教学需要经历价值识别、价值感知、价值理解、价值认同和价值实践等不同阶段，而价值理解是价值观教学的中心环节。教师在促进理性共识达成过程中发挥着重要作用，需要加强自我修炼、克服诸多实践阻抗。可以说，作者关于价值观教学诸问题的探讨，对于我国价值教学理论的系统建构，对于中小学价值教学实践的改革创新，都具有重要的示范引领意义。

知识价值观问题是课程论研究的经典问题，《课程知识价值观研究——兴趣价值论的视角》对这个老问题进行了新思考。在课程内容的选择上，斯宾塞提出了"什么知识最有价值"的问题，阿普尔提出了"谁的知识最有价值"的问题，这两个问题构成了长期以来课程论学科知识价值观探讨的核心主题。在《课程知识价值观研究——兴趣价值论的视角》一书中，作者认为这两个提问代表了客观主义和相对主义两种不同的知识价值观，它们有积极意义，也需要认真反思。作者提出了课程知识价值探讨的新视角即"什么兴趣指向的知识最有价值"，主张建立一个基于学生兴趣的课程知识生态体系，强调课程知识的选择、组织与呈现都应基于学生的兴趣、遵循学生兴趣发展的规律。应该说，作者基于兴趣论立场对课程知识价值观的反思与建构，富有启发性和现实性。人类教育实践的历史表明，课程内容选择从来是各方利益博弈的焦点，是多种力量制衡的产物。因而，单纯强调某一方的需要，都不足以真正解决问题，只有兼具本体价值、社会价值和个人发展价值的知识，才是最有价值的知识。而且，不管多有价值的知识，都需要以学生喜闻乐见的形式呈现出来，成为学生感知、操作、加工、应用的对象，才能真正发挥其作用。这说明，课程论关于知识价值问题的讨论，不能单纯停留于价值大小的静态比较，还应有机融入价值实现的动态条件。换言之，只有能在教学中真正实现其价值的知识，才是最有价值的知识。这或许就是知识兴趣价值观的真谛和意义所在。

自然，学无止境，这套丛书也存在一些局限和不足，相关论点和论述并非定论，还有很多充实完善的空间。课程与教学价值问题的研究，更是一个需要长期耕耘的学术领地，真诚地期待这些探索能引起更多研究者的关注，期待未来出现更多精彩的高水平研究成果。

王本陆

2023年2月8日

（王本陆：北京师范大学教育学部研究员，课程与教学论专业博士生导师，中国教育学会教育学分会副理事长暨教学论学术委员会理事长，中国伦理学会教育伦理学专业委员会副理事长）

前　言

　　课程知识的价值问题是一个引发颇多争议的话题。从历史的线索来看，人们关于知识价值的设问方式存在着从"什么知识最有价值"到"谁的知识最有价值"的变迁。

　　"什么知识最有价值"是在科学知识与人文知识发生激烈冲突的背景下提出来的，斯宾塞对这一问题的回答——"科学知识最有价值"最具代表性。19世纪中后叶，西方和我国都开始将科学知识引入课程领域。这不仅顺应了社会和历史发展的潮流，也在课程本体层面促进了教学内容发展与教学方法革新。但是，随着科学知识在课程中霸权地位的建立，教学也就逐渐蜕变为"只见知识不见人""以知识遮蔽人"的教学。从知识价值观的角度分析可以发现，正是"什么知识最有价值"这种设问方式所蕴含的客观主义知识价值观，最终导致了"人"在教学中失落的命运。

　　随着对知识的主体性以及知识与权力关系的揭示，人们对知识价值的设问方式继而从"什么知识最有价值"转向为"谁的知识最有价值"。从其提出的背景来看，人们（以批判课程理论和新教育社会学为主）最初的意图在于揭示课程知识选择过程中权力冲突的实然状态，但逐渐地被人们用以思考应然的知识选择。在当前我国的基础教育课程改革背景下，由此出现了一种"学生的知识最有价值"的呼声。从其具体表现来看，这种知识价值观凸显了学生创造知识的权利，体现了将学生确立为教育主体的愿望和诉求。但通过对其关于学生、知识等概念的分析又可以看出，它最终走向了"以学生遮蔽知识"的困境。分析其知识价值观则可以发现，这是一种完全从主体角度出发来衡量知识价值的观念，其实质是相对主义的知识价值观。

　　通过对知识、价值以及知识价值等概念的重新认识和界定，一种新的提问方式——"什么兴趣指向的知识最有价值"也就孕育起来。这种提问方式，也就预示着"兴趣"是进行知识选择的主要依据。学生始终是知识价值的主体，但知识选择的主体却应该由学生、课程专家、学科专家、教师等组成。从个体层面考虑，兴趣有自然兴趣与文化兴趣之分，知识的选择应基于自然兴趣但最终要以文化兴趣为目的，而知识的选择应尽力避免个体兴趣的冲突；从群体的角度来考虑，知识的选择则既要注意学生兴趣的差异性，又要注意学生兴趣的普遍性。一种"生态式的知识体系"的建构也就应运而生。

事实上，并不是今天我们才意识到需要从学生的兴趣出发来考虑课程知识。强调兴趣、自由、目前需要等有着从古希腊教育开始的漫长的历史。从历史上看，第一次大张旗鼓地提出"兴趣"应被视为学习的原则和目的的是卢梭。而赫尔巴特第一次系统地从兴趣出发，将课程设置建立在学生多方面的兴趣的基础上。自赫尔巴特之后，对学生的兴趣、需要给予极大重视和关注的当属杜威了。杜威的《教育中的兴趣与努力》一书对兴趣，以及兴趣与努力的关系进行了系统而深入的剖析和论述，阐明了兴趣与努力的辩证关系。这是人们对于构建兴趣课程从理论上做出的努力。在课程实践中对于学生兴趣的发扬最典型的例子则是兴起于19世纪末20世纪初的进步主义教育运动。在进步主义教育运动中凸显的对学生兴趣、需要等的关注也总是以不同的提法出现在后来的教育改革中。虽然如此，进步主义教育运动对学生兴趣的凸显在很大程度上存在着矫枉过正的危险，甚至最终演变成一种极端的儿童中心主义。

吸取历史的经验教训，立足于兴趣取向的课程知识价值观，我们认为，正是学生兴趣的可知性、自发性和未分化性为教师、家长、课程专家以及学科专家等参与课程知识的选择提供了可能性和必要性。建基于学生兴趣的分类，教师、家长、课程专家以及学科专家等可以根据学生不同的兴趣如自然兴趣和文化兴趣、相容的兴趣和冲突的兴趣，以及群体的普遍兴趣和相异兴趣等作出课程知识的选择。由于学生的兴趣总是发展变化着的，因而也要考虑从学生兴趣发展的角度（如根据学生兴趣发展的精细化模式、学生兴趣发展的通道模式、学生兴趣发展的交叠模式等）对课程知识进行选择。

在经过课程知识的选择后，课程知识的价值要真正实现，实际上还需要将课程知识转化为教材知识，并通过教学将教材知识转化为学生的个人知识。

这就是说，课程知识的价值的真正实现只有在其既是学生认识的对象，也是学生兴趣的对象时。于是，为了激发学生的学习兴趣，从教材文本知识的表达、教材文本知识的编排、知识内容本身等出发呈现更有趣的教材文本知识是必要的。而在教学中，把兴趣作为教学的第一原则也是非常必要的。为此，我们需要创设充满趣味的学习环境，构建"行动识知"的学习方式，以帮助学生以自己的方式在知识学习与其生活之间建立联系，把知识学习与其人生的短期目标和长期目标相互关联起来，帮助他们欣赏知识的价值，并从知识的纯粹消费者转化为知识的创造者。

目　录

导　论 …………………………………………………………………… 1
　　第一节　问题的提出 ……………………………………………… 3
　　第二节　本书的理论基础和分析框架 …………………………… 12

第一章　什么知识最有价值 …………………………………………… 21
　　第一节　什么知识最有价值：科学知识抑或人文知识？ ……… 23
　　第二节　科学知识作为最有价值的知识的意义及其矛盾和困境 ……… 30

第二章　谁的知识最有价值 …………………………………………… 57
　　第一节　"谁的知识最有价值"的出场与"学生的知识最有价值"的隐现
　　　………………………………………………………………… 59
　　第二节　"学生的知识最有价值"的诘问与反思 ……………… 68

第三章　什么兴趣指向的知识最有价值——课程知识价值观的转向
　　………………………………………………………………… 89
　　第一节　知识、价值的重新释义 ………………………………… 91
　　第二节　走向兴趣取向的课程知识价值观 …………………… 101

第四章 什么兴趣指向的知识最有价值——历史上的兴趣课程理论与实践 ………………………………………………… 113

第一节 赫尔巴特的"多方面兴趣说"及其评析 …………… 115

第二节 杜威的兴趣说及其评析 …………………………… 123

第三节 进步主义教育运动对儿童兴趣的观照及其误区 …… 132

第五章 什么兴趣指向的知识最有价值——课程知识的选择 …… 143

第一节 谁来选择——课程知识选择的主体 ……………… 145

第二节 如何选择——学生兴趣的类型与课程知识的选择 …… 150

第三节 如何选择——学生兴趣的发展与课程知识的选择 …… 155

第六章 课程知识价值的实现 ……………………………… 165

第一节 呈现更有趣的教材文本知识 ……………………… 167

第二节 兴趣作为教学的第一原则 ………………………… 191

参考文献 …………………………………………………… 210

后　记 ……………………………………………………… 227

导 论

第一节 问题的提出

一、现实背景

我国的基础教育课程改革于 1999 年正式启动,屈指算来,其自启动到现在已过去二十多个年头了。不可否认的是,基础教育课程改革广泛地冲击了人们陈旧的思想观念,给基础教育实践注入了新的活力,并在诸多方面取得了骄人的成绩。有学者称,自《基础教育课程改革纲要(试行)》颁布以来,我国的基础教育课程发生了深刻的积极变化,主要表现在课程典范的转型、课程理念的重建、课程体制的创新、课程文化的再生等四个方面。[①] 在此,我们无意于对课程改革所取得的成绩进行过多的圈点,我们甚至愿意更多地关注成绩背后的问题,以保持清醒的头脑,促进改革的顺利进行和进一步深化。

就基础教育课程改革实践而言,一个突出并引起人们广泛关注的问题就是知识的问题。从这次改革的本来意旨来看,其突出命题就是改变学生在知识中的生存状况、实现教育对人以及人的生活的关注。如课程改革的权威论著《走进新课程——与课程实施者对话》指出:"关注学科还是关注人反映了两种不同的教育价值观。过分关注学科,过分强调学科的独立性和重要性,是学科本位论的反映。学科本位论把学科凌驾于教育之上,凌驾于人之上,学科成为中心,成为目的,学校教育、课堂教学成为促进学生发展、培养学科后备人才的手段,这种只见学科不见人的教育观从根本上背离了基础教育特别是义务教育的基本性质和神圣使命。……总之,以学科为本位的教学在强化和突出学科知识的同时,从根本上失去了对人的生命存在及其发展的整

---

① 靳玉乐. 我国基础教育新课程改革的进展与问题 [J]. 课程·教材·教法,2004(10):9-14.

体关怀……改革教学必须进行价值本位的转移，即由以学科为本位转向以人的发展为本位……学科教学一定要以人的发展为本，服从、服务于人的全面健康发展。关注人是新课程的核心理念……"① 以上可见，关注学生、以促进每一位学生的发展为目的是这次基础教育课程改革的基本诉求。

但是，随着基础教育课程改革的逐步推进和逐步深入，一种将学生与学科知识二元对立起来的思维和做法逐渐显露出来。在实践中具体表现为片面强调直接经验和学生的生活体验，把间接经验（主要是书本知识）降为次要的地位；突出学生对知识的建构，摒弃对文本的客观理解；强调学生的探究发现，贬低传授接受；以学生为中心，凸显学生的兴趣需要，淡化教师的作用和影响等。从人们所反映的情况以及笔者的耳闻目睹来看，这种以学生遮蔽学科知识的现象和做法不只局限于某一学校或某一课堂，在全国范围内（不论城市还是乡村）都不同程度地存在着。以下兹举几例。

比如，在数学新课程标准方面，数学专家指出，新课标"全面否定过去的教学体系"，"全面否定了我国中等教育的优良传统，大大淡化了数学中的推理证明"；它"完全另起炉灶"，"每个学段（三年为一学段）均代之以数与代数、空间与图形、统计与概率、实践与综合四大板块"；"代之以'贴近学生熟悉的现实生活，使生活和数学融为一体'"；"甚至连'平面几何'这个词都不见了，只许说'空间与图形'；三角形内角和等于180度这样的基本定理也不要求讲证明，有的教材就代之以所谓说理，让学生用剪刀将三个角进行拼接实验"；它使"知识的讲授跳跃杂乱"，"在实践中已引起教学上的混乱"，"广大的中学教师拿到新教材后无所适从"；"特别是西部边远地区的老师，他们缺少教具，也没有多媒体，教材中大量所谓贴近生活的实例农村孩子都没有听说过，不知道怎么教了"；"教师要拿着过去的教材把定理和定义补齐"；"家长找老师补课，补旧教材"；"按照这样的'新课标'，很难培养学生分析问题与逻辑推理等方面的能力，更谈不上创新能力的培育"。② 以上言论虽属个人意见，但我们也看到，它的发表激起了社会的强烈反响。从其后

---

① 朱慕菊. 走进新课程：与课程实施者对话 [M]. 北京：北京师范大学出版社，2002：118-119.

② 姜伯驹. 新课标让数学课失去了什么？[N]. 光明日报，2005-03-16（5）.

召开的 2005 年中国数学会教育工作委员会扩大会议来看，这种看法尤其代表了大多数数学专家、一线教师的意见。① 这就说明了问题的客观存在，即将直接经验与间接经验对立起来，以生活经验取代学科知识教学问题的真实性。

除此之外，由于将学生与知识对立起来，在课堂教学层面，也出现了一系列的教学反常现象。比如，有学者这样描述语文课堂的感受性阅读和创造性阅读：课堂上为什么有那么多的"个性"发言？他们几乎都是"自恋"或"自私"的，可以不顾文本的整体意义、深层意义而只顾排遣自己的感受，或者非常任性地宣泄自己的观点。读了《背影》可以大谈自己的父亲不"婆婆妈妈"而不顾文中父亲"背影"的凝重与厚重，也可以说文中的父亲"违反交通规则"；可以感慨武松力气真大，也可以说他"不保护野生动物"；可以说他的爷爷与愚公年龄相仿还在劳动，也可以说愚公"没有效率观念"。而我们的老师对诸如此类的行为好像是默许甚至是鼓励的！② 余文森先生在列举出课堂上学生和教师对诸如《司马光砸缸》《虎门销烟》《狐狸和乌鸦》等文本意义任意解读的现象后，指出"这些脱离文本主旨，游离文本语境天马行空式的'独特体验'，是对文本的误解，它不仅严重偏离、曲解了课文原意和科学本质，而且还出现了价值观的偏离，从根本上扭曲了教学的方向和实质"。③

不但学生对文本的意义任意曲解，甚至教学也成了教师个人的意见场。如在有些语文教学中，"学生在学的，完全是由不同语文教师任意择取或任意制造的不同东西，这些东西有些甚至叫不出应该是什么名"。④ 甚至有时教师干脆放弃了自己的职责。邬向明在《课程改革：问题与对策》一文中指出课程实施的问题之一是"把自主变成自流，不尽教师的传道、授业、解惑的责任。强调学生的主体性，把时间还给学生，把课堂还给学生，把书本还给学生，把作业还给学生……有的教师上课便叫学生自己看书，没有指导、没有提示和具体要求，看得如何没有检查也没有反馈，由学生一看到底。有的教

---

① 2005 年中国数学会教育工作委员会扩大会议实录 [J]. 数学通报，2005（4）：1-13.
② 周选杰，邹兆文. 新课改背景下知识缺席所导致的课堂教学畸变 [J]. 中学语文教学，2005（4）：3-5.
③ 余文森. 新课程教学改革的成绩与问题反思 [J]. 课程·教材·教法，2005（5）：3-9.
④ 王荣生. 语文科课程论基础 [M]. 上海：上海教育出版社，2003：279.

师还提出学习内容由学生自己提，如喜欢哪一段就读哪一段；学习方式由学生自己选，如喜欢怎么读就怎么读；学习伙伴由自己挑，想与谁交流就与谁交流等等"。①

  以上是一方面。另外一方面则是基础教育改革所倡导的对学生兴趣和需要的关注并没有在现实中得到很好的兑现。可以说，在新时代的背景下，关注并发展学生学习兴趣，在发展学生的认知能力的同时引导儿童青少年热爱学习、愉快学习，促使学生身心健康愉快发展，不但是课程改革所倡导的，而且已经成为新时代人民对教育的殷切期盼和其对美好生活向往的一部分。2001年版义务教育课程标准的三维课程目标中，兴趣作为情感、态度的一部分成为课程教学的一个目标。2010年《国家中长期教育改革和发展规划纲要（2010—2020年）》明确指出要发展学生的学习兴趣，把发展学生兴趣作为我国的一个纲领性目标。2016年《中国学生发展核心素养》提出"学生要能够正确认识和理解学习的价值，具有积极的学习态度和深厚的学习兴趣"，并很快落实到2017年新修订的高中课程标准中，兴趣成为核心素养之一。2018年国家又提出了"扭转不科学的教育评价导向，克服唯分数、唯升学、唯文凭、唯论文、唯帽子的顽瘴痼疾，从根本上解决教育评价指挥棒"的教育评价理念。这些都体现了人们对学生兴趣的极度关注。但矛盾的是，迄今为止，在教育改革中虽然涌现出了许多新概念、新名词，但并没有把注意力集中在教育要如何激发和发展学生学习兴趣这一素朴的理论和实践上来。正如郭戈所言："尽管十多年来我国中小学中有一些关于兴趣课程教学改革试验，如兴趣教育、愉快教育、综合实践活动课程、校本课程等，而且各地一直也有不少热闹的'兴趣课''兴趣组'或'兴趣班'，但只能说是学科课程教学的点缀和陪衬，真正规范的兴趣课程基本上还处于边缘化状态。"② 学生普遍缺乏学习的兴趣。我国青少年研究中心调查表明，约有70%的学生产生了不同程度的厌学心理，约有30%的小学生患有因厌学引起的心理疾病。③ 有关数据显示，2016年因为教育质量问题，因为厌学或学习困难辍学的学生人数占到辍学人

---

① 邬向明. 课程改革：问题与对策 [J]. 课程·教材·教法，2005（2）：4-7.
② 郭戈. 兴趣课程观述评 [J]. 课程·教材·教法，2012（3）：3-11.
③ 金忠明，周辉. 如何走出厌学的误区 [M]. 上海：华东师范大学出版社，2007：2.

数的60%以上。① 还有人统计，北大一年级的新生，包括本科生和研究生，有30.4%的学生厌恶学习，或认为学习没有意义。②

以上现象的广泛存在，不由得使我们心存担忧。众所周知，基础教育是教育中的基础，因而也是教育的重中之重。无论对于民族的发展，还是个人的成长，都是至关重要的。正如联合国教科文组织所说："在此阶段，人的创造性思想火花可能光芒四射，也可能渐渐熄灭；接触知识可能成为现实，也可能无法实现。正是在这一时期，每个人都在获取有助于提高推理能力和想象力、判断能力和责任感的手段，也都在学习如何对周围世界产生浓厚的兴趣。"③ 改革本身是一场风险之旅，改革永远伴生着问题，没有问题的改革是不存在的。但改革也是对人类实践的自我超越，因而带着完善现实的诉求，对于基础教育课程改革来说，尤其如此。因此，这就需要我们正视现已存在的知识问题，并将我们的担忧化为行动的动力。

二、理论背景

对于以上所提出的知识虚化问题，事实上，我国教育理论界早已对其作出反应了。首先，从知识问题上看，2004年，王策三先生带着对基础教育深深的关切以及厚重的责任感，在《北京大学教育评论》上撰文，要求"认真对待'轻视知识'的教育思潮"。文章指出，知识传授是学校教育的基本功能，是教师的神圣职责。"教学中注重'知识传授'，根本、永远不存在'过于'的问题。"④ 一石激起千层浪。以此为契机，理论界广泛地开展了一场关于知识问题的大讨论。讨论从知识概念这一基本前提出发，涉及对课程、教

---

① 盛梦露. 教育部：厌学取代贫困，成义务教育辍学首因 [EB/OL]. (2017-09-05) [2022-01-02]. http：//china.caixin.com/2017-09-05/101140865.html.

② 徐凯文. 30%北大新生竟然厌学，只因得了"空心病"？[EB/OL]. (2019-03-12) [2022-01-02]. https：//www.sohu.com/a/119277250_372535.

③ 联合国教科文组织. 教育：财富蕴藏其中 [M]. 北京：教育科学出版社，1996：105.

④ 王策三. 认真对待"轻视知识"的教育思潮：再评由"应试教育"向素质教育转轨提法的讨论 [J]. 北京大学教育评论，2004（3）：5-23.

学、学生、教师等不同层面的理解和认识。以下是两种典型而对立的观点。

一种观点是坚持马克思主义经典作家对知识的定义，认为知识是人类在长期的改造自然和社会的实践中获得和积累的认识成果，认识是主体在实践中对客观事物（包括自然界、社会和人自身）能动的反映。① 教学就是由教师教学生主要学习现成知识以认识世界和发展自身的特殊认识活动。课程也就是学生认识的客体——知识。②

另一种观点则从建构主义、后现代主义的立场出发，指出知识不是游离于认识主体之外的纯粹客观的东西，学校知识是"课堂情境的教学过程中师生互动的历程与结果"。"何谓真正的知识是一个与如何习得知识密切相关的问题。"③ 因此，课程也就不是什么学科中心课程，而是一种"社会建构中心课程"④。这种观点是课程改革专家的观点，也是课程改革的理论基础。

很显然，这是两种针锋相对的观点。第一种观点针对基础教育课程改革中所存在的知识虚化问题重申知识（种族经验或间接经验）在教学中的重要性，因而对于读者来说，是不存疑义的。而令人疑惑的是关于知识概念的第二种观点。知识不能游离于认识主体之外，是否就表明根本不存在什么书本知识或以其他载体所负载的知识呢？学校知识是课堂情境的教学过程中师生互动的历程与结果，是否就意味着将种族经验或间接经验基本排除在学校知识之外？真正的知识是一个与如何习得知识密切相关的问题，这是否又在说明习得知识是知识的前提，不是知识决定知识习得的过程，反而是知识习得的过程决定着知识呢？这些激进而新潮的话语无不挑战着我们的思维和理解。而为了从根源上理解和解释基础教育改革中所存在的知识问题，我们似乎又必须读懂这一作为改革理论基础的关于知识的新理念。

刘硕先生在其《"知识概念重建"辨》一文中，尖锐地指出，重建知识概念之举其实并没有明确地回答"什么是知识"这个基本问题。将"何谓真正

---

① 刘硕."重建知识概念"辨 [J]. 教育学报，2006（1）：48-53.

② 王策三. 认真对待"轻视知识"的教育思潮：再评由"应试教育"向素质教育转轨提法的讨论 [J]. 北京大学教育评论，2004（3）：5-23.

③ 钟启泉. 概念重建与我国课程创新：与《认真对待"轻视知识"的教育思潮》作者商榷 [J]. 北京大学教育评论，2005（1）：48-57.

④ 钟启泉. 中国课程改革：挑战与反思 [J]. 比较教育研究，2005（12）：18-23.

的知识"看成是"一个跟如何习得知识有关的问题",是对知识本质问题的回避。"实际上也就是试图用知识的主观建构活动来掩盖知识的内容及其客观性,用这种方法来否定认识是关于客观世界的反映,用认识过程代替乃至否定认识结果,进而否定知识是人类认识的成果。在'新'概念里,作为人类共同创造和积累的精神财富——人类知识实质上已不复存在,知识只剩下了个人知识,而且只是儿童习得的那么一点点知识,只是儿童在活动中得到的极其有限的经验性知识了,以学科形态存在的科学文化知识被彻底地排斥在知识概念之外了。"刘硕先生指出:"'重建'论者十分强调'学生的知识'。这意味着它不同于学科知识。它应该是也只能是学生自己对事物的解释,学生自身的感受、理解,是他个人对世界事物的一种假设、意义化。"新课程改革正是以这种重建了的知识概念为指导思想,才导致教师们在改革实践中出现了许多误区,产生了"令人忧虑的结果"。[①]

刘硕先生的分析无疑是鞭辟入里的。进一步,我们认为,人们之所以产生要重建知识概念的冲动,并不是要绝对地把通常意义上的科学文化知识排除于知识概念之外(实际上也无法做到这一点),而是要突出或凸显"学生的知识"或"个人知识"在学校教育中的地位,表明它们对于学生来说才是真正的知识,也就是"学生的知识"最有价值。因此,我们与其把这种重建了的知识概念看成是人们知识本质观的体现,不如说是其知识价值观的投射。只有作这样的理解,我们才能解释人们在知识概念界定上的模棱两可和自相矛盾。

比如,我们注意到,《概念重建与我国课程创新》的作者在其另一篇较早的文章《发霉的奶酪》[②]中提到,将知识界定为间接经验(人类积累下来的文化遗产)和直接经验(个体对事物的感知)是人们对知识进行的最经典的区分。这种区分显然也是作者所认同的。因此,对于学生来说,就需要掌握和获得两类知识,一类是作为文化遗产的现成知识,一类是学生的个体实践经验。并且指出,要从学生的兴趣、需要出发进行知识教学,"增强课程内容

[①] 刘硕. "重建知识概念"辨 [J]. 教育学报, 2006 (1): 48-53.

[②] 钟启泉, 有宝华. 发霉的奶酪:《认真对待"轻视知识"的教育思潮》读后感 [J]. 全球教育展望, 2004 (10): 3-7.

（主要指作为文化遗产的知识）与学生生活、社会进步和科技发展的联系，使知识教育能够贴近实际，走进生活，引发学生的学习兴趣和愿望，激发学生从现实出发思考和探究未知世界的动机，进而使知识真正成为学生的知识，而非学科的知识"。此处，知识概念已表述得十分清楚，知识包括直接经验和间接经验。而其对《基础教育课程改革纲要（试行）》中的"改变过于注重知识传授的现象"这一论断的解释似乎在以上知识概念基础上也说得通，即将其解释为"改变过于注重传授现成知识的现象"以及"改变过于注重知识的传授现象，注重利用更多的方式，特别是引导学生进行知识建构的方式进行知识教育"。但如果对这种解释进行仔细推敲，则又会觉得不妥。如果说"改变过于注重知识传授的现象"要说明的是"改变过于注重现成知识传授的现象"，那么这就表明，在课改专家的眼里，"知识"就是"现成知识""书本知识"，但实际上人们又秉持着另外一种知识的概念，其中就包括学生建构的意义。显然这是一种自相矛盾。

而在《概念重建与我国课程创新》[①]一文中，作者力主对知识概念进行重建。但以笔者观之，作者也只是对学习过程或认识过程进行了建构主义的阐述，正如刘硕先生所说的，还没有触及知识的本质问题。作者只是认为，真正的知识是学习者主动建构的。诚然，任何知识都离不开主观建构的一面，因为毕竟生产知识的主体是人，人的主体性决定了其不可能像镜子一样反映客观事物，其中必然渗透着个体的兴趣、情感等体现其个性的一面。但是，主观建构只是知识生产的必要条件，还不能成为充分条件。也就是说，并不是所有主观建构的东西都可以称之为知识，这就需要对知识之所以成其为知识的条件进行探讨。但显然作者只是在对知识习得的过程经过了一番描述后，就偃旗息鼓了。对此的解释只能是，作者不能也无法将作为人类文化遗产的现成知识排除于知识概念之外，但又认为，谁主张以这种知识作为学校知识教育的基础，就是把知识当成外在于人的供人汲取的真理，是客观主义的体现。因此，作者竭力突出知识主观建构的一面，以此来论证学生的知识、个体知识的合法性，表明对于学生来说，真正的知识是其主动建构的。这也就

---

① 钟启泉. 概念重建与我国课程创新：与《认真对待"轻视知识"的教育思潮》作者商榷[J]. 北京大学教育评论，2005（1）：48-57.

使我们相信，在知识的问题上，课改专家要致力的不是知识概念的重建，而是在知识概念重建的基础上、在让学生的知识或个体知识出场的情况下，激进地抬高学生的知识，凸显学生的主体性，突出对学生作为生命个体的关照。其结果是，在"学生的知识"与作为人类文化遗产的现成知识之间，人为地造成对立。学生主体性的弘扬带来的是现成知识、书本知识在知识教学中合法性地位的丧失。

通过以上分析，我们看到，从观念上来说，新课程改革实践中出现的种种知识虚化的现象与其说是知识观的原因，不如更确切地说是知识价值观的问题。知识观是知识价值观的上位概念。知识观是指人们对于知识的看法和认识，知识观又包括知识价值观、知识本质观、认识过程观、知识方法观等，其中知识价值观是其核心组成部分。知识价值观是指人们对于各种知识价值大小的意见和看法，其中隐含着对知识价值的来源以及衡量知识价值的标准的假设，是知识的价值在意识中的反映。由于知识在教育中所扮演的重要角色，没有人会承认自己不重视知识。但由于人们在知识观上的差异，其所理解的教育也就往往是不同的。索尔蒂斯（Soltis，J. F.）曾经指出，"几个世纪以来，哲学家与教育家提出并使用过各种各样知识和认识的概念，这些概念导致了多种多样的教育重点和教育实践"。"显然，我们如何思考知识，确实在相当程度上影响着我们如何思考教育。"[①] 具体来说，课程的设置、教学方式的选择、教师与学生在教学中的地位和作用等等"都与人们对'知识'这个基本范畴的理解密切相关"，"而人们对'知识'的理解要受其知识价值观的制约"。[②] 知识价值观是知识观的内核所在。一般来说，人们对知识的本质、标准以及知识获得的方法等的回答，都是以其知识价值观为基本前提和出发点的。比如，科学主义认为只有科学知识才是真正的知识，科学方法是获得知识的唯一有效的方法，这些关于知识的认识是与其科学知识价值取向分不开的。一旦人们不再把科学知识当成最有价值的知识或唯一有价值的知

[①] [美] 索尔蒂斯. 教育与知识的概念 [M] // 瞿葆奎. 教育学文集·智育. 北京：人民教育出版社，1993：62.

[②] 肖凤翔. 教育中的知识价值取向 [J]. 南京师大学报（社会科学版），1996（4）：77-80.

识，人们也就不会再视客观性、普遍性、价值中立性等为衡量知识的标准，知识的内涵、性质等就会随之改变。

知识价值观对课程与教学发生着直接而深刻的影响。对于课程来说，不论人们如何界说，它所面对的一个基本问题仍然是"教什么"的问题。因而必然涉及对各种知识的价值进行衡量的问题。衡量的尺度和标准不同，选择的结果也就不同。进一步，内容的不同决定着方法的不同，因而也就带来一系列的教学上的差异。不仅如此，在教学实践过程中，教师和学生的知识价值观更是直接地影响着教学的过程和结果。教师和学生是否认同某种知识的价值带来的是完全相异的学习效果。

综上所述，基础教育课程改革知识价值观的偏差以及知识价值观对教育重点和教育实践的深刻影响，也就顺理成章地决定了我们把知识价值观（包括知识价值观的历史考察与建构等）作为一个重大的课题来研究，并且把对基础教育改革所体现的知识价值观的剖析作为我们的首要任务。

第二节　本书的理论基础和分析框架

一、文化哲学的方法论

更确切地说，我们对于方法论的探寻，其实还是在寻求一种思维方式。思维方式是思维主体在认识、运算、判断和处理客体对象时的定型化的思想方法。从以上我们所看到的体现在基础教育课程改革理论与实践层面的知识价值观来看，它的一个重要特点是将学生与知识或者说学科知识与"学生的知识"对立起来，从而陷入一种非此即彼的矛盾境地，导致课程与教学的偏差。我们的研究若要站到一定的高度对已有的知识价值观进行客观的分析评述以及透过这种分析评述建构一种新的知识价值观，首先就必须摒弃这种二元对立的思维方式，以辩证统一、关系性的思维切入。以此来看，文化哲学的研究方法至少在以下两点与本研究的研究对象相契合。第一，关系性、整体主义的思维方式。第二，历史主义的叙事原则。以下详述之。

所谓文化哲学，就是从哲学视界出发，对文化作总体的根本的观念把握和建构。① 文化哲学形成于18世纪的哲学启蒙运动。其中，维柯（Giambatista Vico）的《新科学》标志着文化哲学的诞生。美国著名维柯研究专家乔吉奥·塔格利来科佐（Giorgio Tagliacozzo）认为他"开创了一个哲学新时代"，"是更新的更广泛的哲学思维的奠基人"。② 高清海先生指出，"一种哲学理论（哲学体系）产生出来，如果它真正代表了时代精神的精华，这就意味着人们从它获得了一种用以观察一切问题的新的思维方式"。③ 文化哲学关于思维方式的变革集中体现在它对"人与世界"的关系把握上，是一种关系思维取向。

（一）关系思维取向

事实上，哲学的中心问题就是"人与世界"的关系问题，对它的不同回答反映了不同的世界观，而"世界观的变革根本上是哲学思维方式的变革"。④ 在人与世界的关系方面，文化哲学创始人维柯指出，"民政社会的世界确实是由人类创造出来的，所以它的原则必然要从我们自己的人类心灵各种变化中就可找到。任何人只要就这一点进行思索，就不能不感到惊讶，过去哲学家们竟倾全力去研究自然世界，这个自然世界既然是由上帝创造的，那就只有上帝才知道；过去哲学家们竟忽视对各民族世界或民政世界的研究，而这个民政世界既然是由人类创造的，人类就应该希望能认识它"。⑤ 以上看出，维柯的这一席话不但提出了文化（民政）世界的概念，而且还说明了人在这一

---

① 刘进田. 文化哲学导论［M］. 北京：法律出版社，1999：1.
② 转引自韩震. 西方历史哲学导论［M］. 济南：山东人民出版社，1992：34.
③ 高清海. 高清海哲学文存：第1卷［M］. 长春：吉林人民出版社，1997：112.
④ 高清海. 哲学思维方式的历史性转变：论马克思哲学变革的实质［J］. 开放时代，1995（6）：8-13.
⑤ ［意］维柯. 新科学［M］. 朱光潜，译. 北京：人民文学出版社，1986：134-135.

世界中的主体地位,并且开始摒弃以笛卡尔为代表的近代理性主义将人与世界二分的思维线路,以关系性的思维把握人与世界的关系。维柯的这种思想在后来的文化哲学传人那里得到广泛的继承,并逐渐成为文化哲学看待事物及世界的独特的视角和方式。马克思主义作为一种文化哲学,就很鲜明地体现了这种关系性思维。比如马克思认为哲学应当从对人的关系中去研究自然界,把现实的自然纳入人的世界、人的历史中去理解,才能把握人的本质。马克思就曾批评旧唯物主义者仅仅"从客体的或者直观的形式去理解"事物的观点,提出应把它们当作"人的感性活动,当作实践去理解……从主观方面去理解"。①

如果对关系思维作一诠释,那关系思维就是指"把存在预设为动态关系、存在者预设为潜在因素在关系中的显象,并以此为前提诠释一切的思维,或曰'以关系的眼光看待一切'的思维"。② 关系思维认为事物不是孤立的由固有质构成的实体,而是由多种潜在因素缘起、显现的结果。每一存有者都以他物为根据,是一系列潜在因素结合生成的现象。按照关系思维,每一存有不能自足地"是",它的"是"取决于他有,每一存有者的根据都在由无数他有所构成的关系中。事物总是在不断地扬弃自身中而成为其所是的,也就是说,存在先于本质。关系思维包含着过程思维。关系思维的对立面是实体思维。实体思维是把存在预设为实体,把宇宙万物理解为实体的集合,并以此为前提诠释一切的思维。实体思维是本体论和知识论固有的思维模式。本体论醉心于"世界的本原"的追溯,认为无限复杂的宇宙可以还原为某些基本实体,即具有既定或固有质的绝对本体,绝对本体超感性超现实,却是现实和感性世界的基础。知识论则在于寻求如何可能达到对这一超感性超现实的本原的认识。

在文化哲学中,我们很明显看到哲人们对实体思维的摒弃以及对关系思维的彰显。思维方式的改变因而也改变着人们关于事物的设问方式。在《当代文化哲学沉思》一书中,李鹏程先生指出,当我们以"文化是什么"提问

---

① [德] 马克思, 恩格斯. 马克思恩格斯选集: 第1卷. 北京: 人民出版社, 1995: 58.

② 孙美堂. 从实体思维到实践思维: 兼谈对存在的诠释 [J]. 哲学动态, 2003 (9): 8.

时，这个提问方式就已经包含着一种对追本溯源的思路的合理性承认。这种提问方式的思路，导致的是以非实在性事物来说明实在性事物，用精神性事物来说明现实性事物，用事物的"原因"来说明作为"结果"的事物本身，从而最终导致世界的分裂，导致一个形而上的"本原"的存在，导致"思想"与"实践"的对立，等等。以此来寻求事物的本质注定会走向一种悖论，即"A 就是非 A"。文化哲学的思路则是把文化世界的存在作为一种既定性，即首先承认文化存在着这样一个事实，然后才追问"文化是怎样的"或"文化以怎样的方式存在着"。他认为，对文化本质的揭示，就是揭示人的自为的生命存在的活动的基本结构和原理。而这个揭示，首先应该把"人的存在"这一概念理解为"在世界之中的存在"，要把人与世界的关系作为人的生存的基本方式，也即文化的基础。同时，基于人的生命存在的活动性，必然把这种基础理解为动态的，即有着在时间和空间中的差异和区分。①

作为文化哲学的代表人物，卡西尔（Cassirer, E., 又译卡西勒）在对"人是什么"这个古老的哲学命题作出回答时，明确指出，"如果有什么关于人的本性或'本质'的定义的话，那么这种定义只能被理解为一种功能性的定义，而不能是一种实体性的定义。我们不能以任何构成人的形而上学本质的内在原则来给人下定义；我们也不能用可以靠经验的观察来确定的天生能力或本能来给人下定义"。② 这实际上就摒弃了独断论形而上学对人的本质预先作出设定的做法。在卡西尔将人定义为一种符号的动物时，他并没有对符号作出任何单纯的定义，并且他拒绝这样单纯的定义。刘述先先生解释说，"因为他的哲学乃是一套功能作用概念的哲学，任何寻求实质的统一定义企图，在他看来，永远只有导向无可救药自相矛盾的理论效果。符号的真正定义，只有在功能作用和过程中去寻求，现成给予的实质统一的符号定义，是个不存在的事物。因此，符号问题在卡西尔的系统中，不如说正是一个待决的论题，而绝非一个现成的答案。只有在追求的过程中，我们才能探测它大

---

① 李鹏程. 当代文化哲学沉思 [M]. 北京：人民出版社，1994：19-71.
② [德] 恩斯特·卡西尔. 人论 [M]. 甘阳，译. 上海：上海译文出版社，2003：107.

致的归宿和趋向"。① 在空间层面，卡西尔把符号延展为语言、神话、宗教、艺术、科学、历史等，并将其看成人性这一圆周的组成部分和各个扇面，每一特殊的形式有着其特殊的意义，而又与其他精神能力和全体取得某种意义的统一。这些无不体现了关系思维的运思方式。

（二）历史主义原则

历史主义原则是文化哲学的思维方式在其叙事方式上的具体体现。何萍博士指出维柯哲学主要由两个因素构成，即人的创造性活动和历史主义。人的创造性活动是维柯哲学的主题，历史主义是对人的创造性活动的叙述。维柯也由此创造了一种以历史主义叙述人的创造性活动的文化哲学传统。② 在马克思那里，历史主义原则被运用于对人的实践活动的广泛考察，以揭示人的历史性存在和发展。马克思指出，"正像一切自然物必须形成一样，人也有自己的形成过程即历史，但历史对人来说是被认识到的历史，因而它作为形成过程是一种有意识地扬弃自身的形成过程。历史是人的真正的自然史"。③ 以下我们着重以卡西尔的文化哲学为例，来说明历史主义原则在文化哲学中的具体运用。④

卡西尔在研究"语言"的文化形式时，由于认识到在理性既开的知识状况之后，去寻求解释语言的来源问题，将永远走上一条绝路，很难避免陷入循环互释理论圈套的后果；因此，他把对语言起点的研究，推回到裹足于神话混沌宇宙中语言感觉表达的阶段。由此发现，在人类初生时，就已表现出一股精神力量，并且以它的特殊精神律则作用于宇宙。但是，起初，这种精神力量是不自觉的、不明显的。随着人类历史的发展，人类的精神也进一步发展，并且由混沌而趋于分化，由简单而趋于复杂。精神发展到一定高度，也就产生了语言现象。现有的语言现象则是精神发展到极高度的产物。以现

---

① 刘述先. 文化哲学 [M]. 哈尔滨：黑龙江教育出版社，1988：91.
② 何萍. 马克思主义哲学与文化哲学 [M]. 武汉：武汉大学出版社，2002：37.
③ [德] 马克思. 1844 年经济学哲学手稿 [M]. 北京：人民出版社，2000：107.
④ 以下主要参考刘述先先生对卡西尔关于"语言形式现象学"研究线索的梳理。刘述先. 文化哲学 [M]. 哈尔滨：黑龙江教育出版社，1988：119-120.

在推及过去，再由过去向现在看，如此穿梭于过去与现在之间，卡西尔最终得以超越一切先前的其他理论在解释语言起源时遭遇的困难。卡西尔发现，正是人类精神中所含藏的内在动力，推动着精神本身不断发展，逼迫着人类由低向高，步步前进。语言系统的现有形态正是这一精神力量自动发展的成果。

卡西尔的这一步步推返的思考线路，正是历史主义原则的具体体现。它表明，事物是怎样在其发展的各个阶段包含着超越自身和往下发展的可能性的种子，使其终不止于自身，通过对自身的扬弃，向更高的阶段迈进。这也说明，一切过去并非如同其字面意思一样过去了，过去始终以其特有的方式渗透于现在，过去通过现在这个中介而与未来相连接。事物乃至观念正是通过这一时间之流而不断地扬弃自身、更新自身，呈现出一种动态的存在。

将文化哲学作为方法论来运用，这就意味着在时间层面上，我们看待事物的眼光不应该仅停留于现在，还要看到作为其母体的过去，看到现在与过去的千丝万缕的联系，并从过去与现在的联系中找出其隐约的发展方向。在空间层面上，则要看到事物是如何以他物的存有为依据，如何在他物中映现其自身，又如何通过与他物的中介而展现其自身、生成其自身的。

二、兴趣价值论的分析框架

对知识价值观的研究，需要摆脱认识论"主观-客观"的思维框架，进入到价值论的领域。价值论的基本范畴是主体、客体以及主体与客体的相互关系和相互作用。"只要弄清了主体-客体的复杂关系……也就廓清了价值哲学的基本框架。"[①] 主体与客体这一对范畴，与主观与客观这一对范畴，既有联系又有区别。主体指某一关系行为中的行为者，客体是指这一关系行为的对象，主体和客体表明双方在一定实践-认识活动中的特殊地位。客观是指物质的客观性以及人的思维方面的客观性；物质的客观性即物质的独立自存性，它的存在是它本身的根据；人的思维的客观性即思想、意识与客观存在的相符合性、相接近性。主观是指人的意识、精神、思维的主观性方面，特别是

---

① 李连科. 价值哲学引论 [M]. 北京：商务印书馆，1999：70.

指主体所特有的精神（意识、思维）状态。以此来看，主体不但有主观的一面，还有客观的一面。确切地说，主体是具有社会本质、自然属性和意识机能三位一体的、进行着社会物质实践活动的人，是主客观的统一。

在价值论中，对构成价值的主体与客体关系的不同认识便有了不同的价值理论或价值观念的分野。从历史与逻辑的线索来看，存在着三种看待价值的倾向：从客体角度出发，将价值归结为客体的特点与属性的倾向；以主体的尺度规定价值的倾向；从主客体双向结合的实践或活动视野来考察或看待价值的倾向。梳理课程知识价值观，我们发现，这三种倾向都不同程度地存在于教育的理论与实践中。从历时的角度来看，其视角存在着由客体、主体向主客结合的转换，从而形成了"客体→主体→主客结合"这样一个流变过程，具体体现在人们关于知识价值的设问方式上。在教育史上，一般来说，第一个鲜明地提出知识价值问题并加以讨论的是斯宾塞（Herbert Spencer）。斯宾塞站在科学主义的立场上，发出了"什么知识最有价值"的疑问，并从知识的比较价值角度出发，对其作出了详尽而具体的回答。从以后人们对于知识价值问题的讨论来看，其基本上没有逃脱这一设定的思维框架。那就是将知识从本体论的层面划分成不同的类型，从知识本身的性质和特点出发，探讨知识所具有的价值以及不同知识的教育价值大小。虽然人们也从主体需要等方面来考虑知识的比较价值，但这基本上可以归之为是一种"客体→主体"的价值思考线路。也就是说，从作为客体的知识本身出发论及其对主体的价值。在20世纪中后期，我们可以看到人们关于知识价值思考方式的明显变化，主要体现在阿普尔（Michael W. Apple）对于"谁的知识最有价值"这一问题的提出。阿普尔提出的问题具有划时代性。这一问题因而成为人们思考知识价值不同线路的分界点。简要地说，这一问题明显地把知识的价值与主体（"谁"）联系起来，以此揭示知识选择和分配过程中不同主体的冲突和分歧，从而反映了人们从"客体→主体"向"主体→客体"的价值思维方式的转换。随着教育理论与实践的进一步深入，一些学者在知识的价值方面，也开始思考如何调和主体与客体的矛盾，走主客双向结合的路线。这种思想在实践中也有一定的体现。但依笔者看来，这种思想也还是初露端倪，带有很大的自发性，还未上升到人们的自觉意识。

导　论

　　一般来说，人们总是站在一定的角度和立场对事物作出分析与评价的。这种特定的角度和立场有时被人们明确地表述出来，有时又隐含在人们对于事物的理解之中。它也就决定了人们怎样对事物进行分析与评价以及作出什么样的分析与评价。这里，我们以美国著名价值哲学家拉尔夫·巴顿·培里（Ralph Barton Perry）所创建的兴趣价值理论作为我们理解和分析上述课程知识价值观的基础或立场。如果按照前述三种看待价值的取向对其进行归类，那么，我们以为，培里的兴趣价值论就应是一种典型的以兴趣活动的方式将主客体结合起来的价值理论。鉴于我们在课程知识价值观的构建部分还要对其进行详细的介绍和分析，此处，我们只简要地对其核心思想作一描述。在培里那里，兴趣是指以情感为动力的生活的全部种类，包括本能、欲望、感情、意志以及它们的状态、行为和态度等，是对这一家族的统称。价值是任何兴趣的任何对象。或者说，价值是主体的兴趣与其对象之间的特殊关系。用一个公式来表示，则为：x 是有价值的＝兴趣在 x 上。[①]"兴趣"是培里价值理论的核心概念，从"兴趣"出发，培里建构了一个庞大的价值理论体系。"兴趣价值论"也由此得名。本研究以兴趣价值论作为理论基础或立场，也就意味着本研究始终以兴趣价值论（如主客结合线路）作为我们分析、评价、建构课程知识价值观的理论出发点，因而也是本研究冠以"课程知识价值观研究——兴趣价值论的视角"之名的原由。一般来说，课程知识有两种含义：一种是指关于教育的知识，比如教育理论工作者所具备的教育理论知识，教育实践工作者所具备的教育实践知识等；一种则指教育中作为学生学习对象的知识。本研究取后一种含义。

　　综上所述，可以把本研究的研究框架简要地概括为空间维度上的"主体-客体"关系的观照以及时间维度上依"客体→主体→主客结合"方式进行的知识价值观念的运动和流变。思维的旅程，也就由此展开。

[①] PERRY R B. General Theory of Value [M]. New York：Longmans，Green and Co.，1926：116.

第一章 什么知识最有价值

什么知识最有价值？这一问题是英国教育改革家斯宾塞在其1895年的同名论文中首次提出来的。在斯宾塞时代，科学知识与古典人文知识正发生着有史以来第一次激烈的冲突与对抗。其时，古典人文知识不顾科学知识高度发展的事实，仍然在课程中占据着支配的地位。为了使科学知识在课程中获得合法地位，斯宾塞率先提出"什么知识最有价值"问题并加以讨论，最终雄辩地得出"科学知识最有价值"的结论。

而几乎在同时，我国也面临着科学知识与人文知识孰有价值的问题。晚清时期，以科学知识为主的西学随着"坚船利炮"大量地进入我国，因而引发了现代教育史上第一次关于"中学"与"西学"的地位和价值的论争。此后，国人开始有意识地将科学知识纳入课程并进行教学。五四时期，有感于国人日渐兴起的科学崇拜心理，张君劢表示科学不能解决人生观问题，这就犹如在湖心投下了一颗石子，马上引起了人们的激烈反应，因而在哲学界展开了一场声势浩大的科玄之争，可算作科学知识与人文知识之争的续篇。

概括地讲，人们有意识地对"什么知识最有价值"进行设问，正是在科学知识与人文知识产生冲突的情况下开始的。这一特定的背景也就决定了人们需要在科学知识与人文知识之间作出价值权衡。而人们如何作出权衡、权衡的结果如何、这其中又反映着怎样的知识价值观，则是本章要探讨的问题。

第一节　什么知识最有价值：
　　　　科学知识抑或人文知识？

什么是科学知识？什么又是人文知识？根据布劳迪（Broudy，H.S.）对科学知识与人文知识的界定，人文知识主要关注的是涉及非实在事物的现象。"人文学科声称要探寻有关人类幸福与苦难（不仅仅是快乐和痛苦）的知识。"[①] 科学知识则相反。科学知识是对现实事物本质的描述。科学知识是通过科学实验以及归纳统计等方法获得的。因而它可以"使真理主张无需过问其提出者的可信性或真实性就能予以评定，因为，至少从原则上说来，该论断是能被那些有能力并愿一试的人公开证实的"[②]。在这方面，由于人文知识探讨的是有关种族或种系的价值信奉，因而这些价值体系的真实性取决于自主自我是否把它们看作是值得信奉的，并且确实是最值得信奉的。

与把知识区分为科学知识与人文知识相似的区分是，把知识区分为自然科学与精神科学。比如雅斯贝尔斯（Karl Jaspers）在谈到科学的陶冶性时，将科学分为自然科学与精神科学。自然科学经由观察、实验与自然实物接触，而精神科学则通过理解的途径与书籍、人交流。精神科学只研究能理解的东西，而对于精神不能理解的存在现象，如地球的起源、种族之形成以及自然灾害，则正是自然科学应努力去认识和解释的部分。

在此基础上，李凯尔特（Heinich Rickert）进一步将知识区分为自然科学与文化科学。李凯尔特在分析科学的分类时，认为将科学分为自然科学与精神科学的二维分法并不能从方法论上把专门科学的多样性划分开，主张根据

---

① [美] 布劳迪. 知识的类型与教育目的 [M] //施良方，唐晓杰. 教育学文集·智育. 北京：人民教育出版社，1993：9.

② [美] 布劳迪. 知识的类型与教育目的 [M] //施良方，唐晓杰. 教育学文集·智育. 北京：人民教育出版社，1993：10.

自然科学方法与历史方法的不同将科学划分为自然科学与文化科学。他认为，自然是那些从自身中成长起来的、"诞生出来的"和任其自生自灭的东西的总和。与自然相对立，文化或者是人们按照预计目的直接生产出来的，或者虽然已经是现成的，但至少是由于它所固有的价值而为人们特意地保存着。价值是自然与文化的分界点，因而，也"只有借助价值的观点，才能从文化事件和自然的研究方法方面把文化事件和自然区分开"。① 自然科学以自然为质料、采取普遍化的方法力求发现事物的普遍联系和规律。而对于文化事件来说，只要涉及文化事件对于文化价值的意义，那么只有个别化的历史研究方法才是文化事件的方法。

以笔者看来，无论是将知识区分为自然科学与精神科学，还是将其划分为自然科学与文化科学，都离不开一种知识以事实为主而另一种知识以价值为主的这一基本命题。鉴于从知识本身出发比从科学出发对知识进行划分其涵盖面更大，以及教育领域或课程领域科学知识与人文知识之争的实质，我们在此仍将知识区分为科学知识与人文知识。

一、人们的抉择：科学知识最有价值

（一）西方国家的抉择

正如布鲁巴克（Brubacher, J. S.）所说，"在课程设置中，人文主义和自然主义、文学与科学之间的抗争由来已久"。② 但是，由于科学知识本身的发展滞后，因而在很长一段时间内，科学知识与人文知识都不曾构成正面的冲突。人文知识（当然是以其具体的形式和内容）始终在课程中处于绝对优势的地位。"16、17世纪以前，课程中最多的知识是语言文字，并且是以古代

---

① ［德］李凯尔特. 文化科学与自然科学［M］. 涂纪亮，译. 北京：商务印书馆，1986：76.
② ［美］布鲁巴克. 西方课程的历史发展（上）［M］//陆亚松，李一平. 教育学文集·课程与教材. 北京：人民教育出版社，1988：62.

的权威著作为基点的。"①

但是，随着科学知识本身力量的日益强大，其在课程中占据一定位置的要求也就愈发强烈。尤其是在19世纪的英国，科学在社会生活中所显示的伟大成就与古典学科仍然在课程中占据着主导地位形成鲜明的对比。1864年九大公学调查报告指出，在英国的所有著名学校，古典语言文学的研究占据着最重要的地位，而"自然科学……实际上被排除在英国上层社会的教育之外"。② 在英国社会里，已经学过拉丁文和希腊文的人，哪怕学得再少，也算是受过教育的；而精通其他学科知识的人，不管造诣多深，也不准列为有文化教养的特权阶级的专家，并且不能被授予大学学位。如此，也就产生了对什么知识最有价值进行重新考量的迫切要求。

对于这个问题，斯宾塞的回答颇具代表性。在《什么知识最有价值》一文中，斯宾塞以知识与生活的关系为尺度，对装饰知识和科学知识的价值进行了衡量。他把个人的完满生活按照重要的程度分为：（1）直接保全自己的活动；（2）从获得生活必需品而间接保全自己的活动；（3）目的在抚养和教育子女的活动；（4）与维持正常社会政治关系有关的活动；（5）在生活中的闲暇时间用于满足爱好和感情的各种活动。在斯宾塞看来，"用不着多少思索就能看出这个次序是多少符合它们的真实主从关系的"。③ 而教育的理想就是在所有这些范围中有完全的准备。为了有助于个人完满生活的准备，还应该对各种有培养价值的知识进行进一步的分类。有的知识有内在的价值，有的有半内在的价值，有的有习俗上的价值。因此，应该把有内在价值的知识放在前面。其结果是科学知识有内在的价值，语言文字如拉丁文和希腊文等有半内在的价值，而诸如一些人名年代等的历史知识则只具有习俗上的价值。再从知识的训练价值和行为指导价值上看，科学知识二者兼具。因而最终得出的结论是："为了直接保全或是维护生命和健康，最重要的知识是科学。为

---

① ［美］布鲁巴克. 西方课程的历史发展（上）［M］//陆亚松，李一平. 教育学文集·课程与教材. 北京：人民教育出版社，1988：58.
② 夏之莲. 外国教育发展史料选粹［M］. 北京：北京师范大学出版社，2001：296.
③ ［英］斯宾塞. 斯宾塞教育论著选［M］. 胡毅，王承绪，译. 北京：人民教育出版社，2004：12.

了那个叫做谋生的间接保全自己,有最大价值的知识是科学。为了正当地完成父母的职责,正确指导的是科学。为了解释过去和现在的国家生活,使每个公民能合理地调节他的行为所必需的不可缺少的钥匙是科学。同样,为了各种艺术的完美创作和最高欣赏所需要的准备也是科学。而为了智慧、道德、宗教训练的目的,最有效的学习还是科学。"①

可以说,"科学知识最有价值"是当时追求科学进步的人们的共同心声,反映了社会对课程设置的基本要求。事实上,早在17世纪培根(Francis Bacon)那里,就已播下了这一思想的种子。培根指出,思想的眼光永远不能脱离事物本身,应该如实地看待它们的影像。过去的方法、基础和结果都是错误的。因此必须重新开始,要以自然科学为基础,归纳法为方法,发明的技术为目的。②"达到人的力量的道路和达到人的知识的道路是紧挨着的,而且几乎是一样的。""知识就是力量。"③ 以此,培根说明了科学知识所具有的伟大力量以及科学方法对于获得知识的可靠性保证。博伊德与金声称,培根"本人虽然不是教师,对教育实践也不感兴趣,但他对教育思想产生的影响比任何或全部教育家的影响更大。培根是新科学运动的伟大阐述者和哲学家,这场运动就是意大利文艺复兴贡献给世界的最后礼物"。④ 在斯宾塞的《教育论》中,我们可以看到被培根强调过的教育目的、基础和方法重新又被清楚地呈现出来。

19世纪是科学发展的鼎盛时期,"科学知识最有价值"的思想因而也是一触即发,在教育实践中产生了强大反响。虽然一些思想家和社会人士为维护古典人文学科在课程中的地位与宣扬科学教育思想的人士展开了激烈的争论,但最终仍抵挡不住科学教育的狂潮。欧美国家在19世纪下半叶纷纷实行教育和课程改革,开始了一场声势浩大的科学教育运动。各国开始在课程中增加

---

① [英]斯宾塞. 斯宾塞教育论著选[M]. 胡毅,王承绪,译. 北京:人民教育出版社,2004:44-45.

② [美]梯利,伍德. 西方哲学史[M]. 葛力,译. 北京:商务印书馆,2005:286-287.

③ 余丽嫦. 培根及其哲学[M]. 北京:人民出版社,1987:100.

④ [英]博伊德,金. 西方教育史[M]. 任宝祥,吴元训,主译. 北京:人民教育出版社,1985:233-234.

自然科学的内容，并相继建立起以科学知识为中心的课程体系。在英国，把科学引进学校的创始人是赫胥黎（Thomas Henry Huxley）。他认为："不重视科学的教育是极其鼠目寸光的政策。"① 与日俱增的国际贸易的激烈竞争，迫使英国采纳了他的意见。1872—1875年皇家委员会关于科学教育和科学进步的报告显示，科学教育在实践中虽还不完善，但已是人心所向。"科学对我国物质利益的重要性日益增加。我们不得不这样认为，即在中高年级中不开设科学课程无疑是民族的灾难。"报告指出，"现在科学教育已经有了很大改进。学校建立了实验室，伊顿公学、哈罗公学、拉格比公学的实验室也正在建设中"；"自然科学目前正在慢慢地却又明白无疑地被我国许多悠久的大学以及中学接受并纳入学校课程"。② 进入20世纪，科学知识更是以其不可抵挡之势在课程中占据着支配的地位。人文知识在课程中的地位逐渐衰微。虽然中途出现过人文知识教育的回潮，但仍只能算是最终坠入科学教育思潮之中的一些小浪花。"在我们现代世界中，再没有第二种力量可以与科学思想的力量相匹敌。它被看成是我们全部人类活动的顶点和极致，被看成是人类历史的最后篇章和人的哲学的最重要主题。"③

（二）我国的抉择

在我国，如前所述，长时期以来，儒家伦理道德知识都是学校教育的中心内容。学习这种知识被人们看成是天经地义、不容置疑的。但是，鸦片战争的惨败打破了中国人的这一迷梦。西方的"声光化电""坚船利炮"给中国人的思想带来了极大的冲击。在以伦理道德知识为代表的"中学"与以自然科学知识为代表的"西学"何者最有价值上，人们展开了激烈的争论，并产生了三种不同的观点。顽固派认为，"中学"的地位是不可动摇的，而"西学"只是一些登不上大雅之堂的器用之学。中国数千年对民众进行的"礼义

---

① [美] 布鲁巴克. 西方课程的历史发展（上）[M] //陆亚松，李一平. 教育学文集·课程与教材. 北京：人民教育出版社，1988：60.

② 夏之莲. 外国教育发展史料选粹 [M]. 北京：北京师范大学出版社，2001：325, 322, 329.

③ [德] 恩斯特·卡西尔. 人论 [M]. 甘阳，译. 上海：上海译文出版社，2003：326.

廉耻"教育是不可废弃的。以张之洞为代表的洋务派则认为，中学与西学二者不可偏废，应以中学为体，西学为用。张之洞认为，"旧学为体，新学为用，不使偏废"①；主张"以中学固其根柢"，"今日学者必先通经以明我中国先圣先师立教之旨，考史以识我中国历代之治乱、九州之风土，涉猎子集以通我中国之学术文章，然后择西学之可以补吾缺者用之。西政之可以起吾疾者取之，斯有益而无其害"②。处于维新派之列的严复却对这种中体西用的主张颇不以为然。严复认为，中学有中学的体和用，西学则有西学的体和用，二者是不可分的。并且他指出，较之西学，中学多空疏无用之学，例如汉学只可用于人之"怡情遣日"，而无任何"事功之效"；程朱理学则"所托愈高，去实滋远"。③ 而西学却多讲求法理与事理，救亡图存归根到底是"非讲西学不可"。④

从当时的教育实践来看，"中体西用"是人们对待"中学"与"西学"的主流思想。在洋务派创办的洋务学堂那里，自不必说；就是在维新派所创办的万木草堂以及时务学堂等那里，及至近代学制的建立，都不脱"中体西用"的窠臼。这是浸润于中国悠久儒学文化传统的人们，在面对西方列强侵略、民族危难之时所作出的特有应变之策。这种对待西学的态度也因此为后来我国的科学教育定下了基调，即将科学精神与科学结果分离，仅从"器用"的层面来看待科学知识的价值。

如果说，"中学"与"西学"的论战还只是表层性地、局部性地对西方的科学知识与中国的伦理道德等人文知识作出评析，那么，五四时期的"科玄之争"便是直面科学知识与人文知识的性质、特点和价值了。"科玄之争"起端于1923年2月张君劢在清华大学对学生发表的题为《人生观》的演讲。其基本论题是：反对把科学看成万能的"惟科学主义"的观点，认为人生观的问题不能由科学来解决，而必须由玄学来解决。由此引发了关于"科学能否解决人生问题"的大讨论，并形成了以张君劢、梁启超、张东荪为代表的玄

---

① 张之洞. 劝学篇 [M]. 季凤仙，评注. 北京：华夏出版社，2002：94.
② 张之洞. 劝学篇 [M]. 季凤仙，评注. 北京：华夏出版社，2002：59-60.
③ 严复. 严复文选 [M]. 牛仰山，选注. 天津：百花文艺出版社，2006：69-70.
④ 严复. 严复文选 [M]. 牛仰山，选注. 天津：百花文艺出版社，2006：28.

学派与以丁文江、胡适、吴稚晖等为代表的科学派两大阵营。玄学派认为，科学与哲学有着本质的区别，应该给科学与哲学进行划界。张君劢指出，科学与人生观有着显著的不同，主要表现在以下五方面。第一，科学为客观的，人生观为主观的。第二，科学为论理的方法所支配，而人生观则起于直觉。第三，科学可以以分析方法入手，而人生观则为综合的。第四，科学为因果律所支配，而人生观则为自由意志的。第五，科学起于对象之相同现象，而人生观起于人格之单一性。因此，科学无论如何发达，"而人生观问题之解决，决非科学所能为力，惟赖诸人类自身而已"。① 论及教育，他认为教育方针应包括五个方面，即形上、审美、意志、理智和身体。现代教育对于理智和身体方面已有一定成绩，而尤需在形上、审美、意志等三方面予以改进。但这种观点遭到了科学派的驳斥。在《玄学与科学》中，丁文江深信科学能够指导人生观。他认为，科学的万能，科学的普遍，科学的贯通，不在于它的材料，而在于它的方法。科学指导人生观是通过科学方法以及科学精神来达到的。他说："科学不但无所谓向外，而且是教育同修养最好的工具。因为天天求真理，时时想破除成见，不但使学科学的人有求真理的能力，而且有爱真理的诚心。无论遇见什么事，都能平心静气去分析研究，从复杂中求简单，从紊乱中求秩序；拿理论来训练他的意想，而意想力愈增；用经验来指示他的直觉，而直觉力愈活。了然于宇宙生物心理种种的关系，才能够真知道生活的乐趣。"② 胡适等人也表达了颇为相似的观点。

"科学派"与"玄学派"的论争，以"科学派"的占上风而告终。从当时的形势来看，"科玄论战"极大地促进了人们对科学的认识，从而使科学教育的观念进一步深入人心。比如科学派论及科学知识的学习对学生科学能力及科学精神的培养，以及通过知识经验的积累而达到对人生观的改变，等等。但由于当时国人对科学的态度已是由器而道，最终转变为对科学的信仰，因而惟科学主义的倾向也是很明显的。科学教育当然也不免于外。就连学科本

---

① 张君劢. 人生观 [M] //张君劢，丁文江，等. 科学与人生观. 济南：山东人民出版社，1997：38.

② 丁文江. 玄学与科学 [M] //张君劢，丁文江，等. 科学与人生观. 济南：山东人民出版社，1997：53-54.

身，也因为国人的这种惟科学是从的心态，在后来的发展中，误入了科学化的歧途。比如有学者指出，中国传统史学由于缺乏科学主义之要旨，从而不能构成学术分野中的"历史学"之一科门，为求谋变，中国近代史学的发展，可以说是以科学化为中轴的上下波动的曲线。①

新中国成立后，历代的领导人更是从国家强盛的高度论证了科学、科学技术的重要性，科学知识的教学因而也是学校教育的重中之重。比如1998年为落实"科教兴国"的战略，由原国家教委、国家科委、中国科协联合发出的《关于进一步加强中小学科技教育的通知》要求："各地要结合中小学课程改革，按课程计划要求开足上好与科技教育密切相关的课程，提高理科类必修课程教学质量，在选修课中开设科技教育课程；要在活动课程中增加科技含量，强化科学实践活动课；在相关学科中渗透科技教育。"以此来看，将我国的学校课程知识选择归纳为"科学知识最有价值"似乎毫不为过。而"学好数理化，走遍天下都不怕"的顺口溜，以及音乐、美术、绘画属于小三门的事实，等等，也无不说明科学知识在课程中的中心地位以及人文知识的边缘化（当然，这里只是从科学知识与人文知识的总体来说的，因而也不排除某些人文知识比如政治知识在课程中居于显要位置的情况）。

第二节 科学知识作为最有价值的知识的意义及其矛盾和困境

一、将科学知识引入课程的积极意义

以上我们看到，就西方与我国科学知识的进入课程来说，二者有着不同

---

① 学科知识形态的反思及与方法论的沟通（研讨会纪要）[J]．北京大学研究生学志，2007（2）：29．

的渊源。西方科学课程的产生源于其社会本身科学技术的发展，是一种内缘式的生成；而其在中国却是民族危难之时不得不作出的调整思变之策，基本上是一种外烁式的促成。但正因为这样，中国的教育才汇入世界教育的潮流之中，成为其中的一条支流。西方和我国对于"科学知识最有价值"不约而同的应答，实际上也就说明了世界各国教育发展的共同方向，反映了时代对教育的要求和选择，因而有着积极的意义。

（一）顺应了社会发展的要求

我们知道，在西方，自文艺复兴时期始，科学就延续其古希腊罗马的传统重新获得了发展的土壤和动力。科学的力量经过16世纪以来几个世纪的积聚，最终在19世纪得以完全释放出来。从19世纪初期到中期的几十年内，科学技术的成就远远超过了从文艺复兴到18世纪末这几百年间的科技成就总和，集中表现在细胞学说、能量守恒和转化定律、进化论这三大科学发现方面。各项发明创造也相继问世，如汽船、听诊器、蒸汽火车头、收割机、电报机、缝纫机、打字机、电话机等，这些都极大地改善了社会的生活和生产条件。科学的发展推动着社会的发展。

但是，这种发展的获得、人们科学学识的增长在很大意义上来说却不是通过正规的学校教育途径达到的。正如斯宾塞所说，"最重要的知识，那个使我们国家成长和作为我们整个生产的基础的知识，是一种从街头巷尾得到的知识"，而"如果不是由于在他们学业据说已完成后，人们开始自己设法获得了一些知识，我们的生产就会停顿"。① 这样一种教育与社会发展背离的局面因为以古典学科为中心的学校教育的陈腐而更显糟糕。布鲁巴克指出，在文艺复兴的鼎盛时期，古典学科或人文主义的希腊语和拉丁语课程确实有相当高的职能价值。但是，到了文艺复兴的后期，人文主义学科的教学往往满足于只究语言而不究文化，甚至教师干脆满足于完成语言中语法的教学，等等，

---

① ［英］斯宾塞. 斯宾塞教育论著选［M］. 胡毅，王承绪，译. 北京：人民教育出版社，2005：23-24.

诸如此类的做法使人文主义课程最终陷于"最为狭隘和最为贫乏的地步"①。以提出进化论学说而著称的达尔文这样描述他在公学上学的经历，他说："对我的心智发展来说，没有什么比勃特勒博士的学校更坏的了。这是一所严格的古典派学校，除了少量古代地理和历史的知识以外，再没有学到什么别的东西。作为教育的工具，这个学校对我简直是一个空白。"② 这样一种落后于社会发展的陈腐的教学，不但对于个人的发展来说，是一个极大的损失，而且也不利于社会的长久发展。因此，科学知识进入课程、在课程中拥有合法地位，可以说，既是社会的要求，也是个人自身发展的要求。

然而，另一方面，这种要求却遭到一些保守派的强烈抵制。尤其在英国，由于其长久以来所形成的人文古典教育传统，上层社会阶级很难接受在学校教育进行科学知识的教学。斯宾塞在其自传中指出，"当论文发表时，文章最主要的论点，即古典语文的教学应让位于科学的教学，在十个有教养的人中间有九人认为简直是荒谬。即使现在（1859年），虽然一般感情有所变化，但给科学多让出一点位置仍是勉强的；在公学这种地方，科学的位置是很小的"。③ 适时，以斯宾塞为代表的科学教育派提出"什么知识最有价值"的问题进行讨论，并给予其以"科学知识最有价值"的回答，既是从思想上也是从实践上对这种腐朽落后思想的反击，并确实起到了振聋发聩的效果，而这种观点的践行也在很大程度上推动了社会的发展，并促进了科学自身的发展。

从中国这方面来看，自鸦片战争以来，国人面临的一个重大问题是：如何增强国力？从另一角度来讲，也就是求富求强的问题。严复指出，"今吾国之所最患者，非愚乎？非贫乎？非弱乎？"④ 可谓切中中国弊病之要害。中国之要继续发展，并有效地抵制外来侵略，首先就需要改变这种积贫积弱的状态。而这最终还是要依赖科学技术。从我国科学发展的历史来看，我国古代

---

① ［美］布鲁巴克. 西方课程的历史发展（上）[M]//陆亚松，李一平. 教育学文集·课程与教材. 北京：人民教育出版社，1988：55.

② DARWIN C. The Autobiography of Charles Darwin [M]. BARLOW N (ed.). London：Collins，1958：27.

③ 转引自王承绪. 斯宾塞的生平和教育思想 [M]// ［英］斯宾塞. 斯宾塞教育论著选. 胡毅，王承绪，译. 北京：人民教育出版社，2004：36.

④ 陈学恂. 中国近代教育文选 [M]. 北京：人民教育出版社，1983：219.

曾有过一段辉煌的科技发展史。到 15 世纪中期，四大发明已经在我国相继问世，令世界瞩目。但正当欧洲科学技术繁荣发展之际，我国的科学发展却由于自明代以来所采取的"闭关锁国"等政策而陷于停滞状态。当然，科学的不发达还与我国特有的文化有关。梁漱溟先生在其《中国文化要义》中指出："中国文化以周孔种其因，至秦汉收其果。凡后二千年之事，皆果之事。秦以前，中国学术尚不如此成定型。然而周孔以来，宗教缺乏，理性早启，人生态度遂以大异于他方。在人生第一问题（注：即人对物的问题）尚未解决之下，萌露了第二问题（注：即人对人的问题）及第二态度（即向内用力的态度），由此而精神移用到人事上，于物则忽略。即遇到物，亦失其所以对物者，科学之不得成就出于此。既不是中国人拙笨，亦不是文化进步迟慢，而是文化发展另走一路了。"① 而无论如何，我国近代在科学方面的乏善可陈最终导致的是在西方的"坚船利炮"面前束手无策，国家岌岌可危。因此，从当时的社会状况来看，提倡教育救国、科学救国、科学教育，在课程中引入科学知识，并最终以新学代替旧学，不论从教育自身的发展还是从社会的发展来看，都不失为有益之举。

（二）改变了教学内容空疏陈腐的局面

从我国清末与西方 19 世纪的教学来看，二者在教学内容上都不约而同地陷入了空疏陈腐的泥沼。无论是中国的四书五经等儒家经典，还是西方的拉丁语、希腊语等古典人文学科，都失去了其本真意涵，而仅作装饰之用。

在我国清朝末年，学校依然是科举的附庸。学校的教学内容也就是科举考试的内容。儒家经术自然是士子们必须学习的功课。在崇尚儒家经术的同时，统治者还大力提倡程朱理学。而自明中叶之后，理学教学的空疏无用已发展到了极端。颜元在《寄桐乡钱生晓城》一文中写道："迨于秦火之后，汉儒掇拾遗文，遂误为训诂之学。晋人又诬为清谈，汉、唐又流为佛、老，至宋人而加甚矣。仆尝有言，训诂、清谈、禅宗、乡愿，有一皆足以惑世诬民，

---

① 梁漱溟. 中国文化要义 [M/OL]. 上海：上海人民出版社，1949 [2006-12-10]. http：//202.119.101.65/Article_Show.asp? ArticleID=742.

而宋人兼之，乌得不晦圣道，误苍生至此也！"① 历代把读书求学误认为训诂，或是清谈，或是佛老，而程朱理学兼而有之，可见其内容何等空疏陈腐，仅在心性理气上一味务虚，严重脱离实际。而士子们为了应付科举考试，也是终日"疲精神于无用之学"。魏源指出，科举"其造之试之也，专以无益之画饼，无用之雕虫，不识兵农礼乐工虞士师为何事……"② 人们所追求的也只是"金榜题名"的荣耀，如曾广为流传的《得意诗》和《失意诗》。《得意诗》云：久旱逢甘雨，他乡见故知。洞房花烛夜，金榜挂名时。《失意诗》云：寡妇携儿泣，将军被敌擒。失恩宫女面，下第举子心。③ 由此足见士子们求学的目的和价值取向。

　　观之西方学校教学，其虽没有科举应试之累，但拉丁语、希腊语等古典人文学科教学的形式化也极其严重。在博伊德和金看来，这种形式化自文艺复兴后期就已存在。"教育在通过与希腊和罗马的名著接触而恢复活力之后，开始以同等的速度将文学的地位提高到精神之上，并牺牲文学生机勃勃的内容，而代之以词语的扩大研究。……改革与反改革运动所产生的热情一旦消逝，学校的文学教育，很快就失去从它与宗教的结合中获得的生命力，急速地堕落为形式主义。"④ 到了斯宾塞时代，其陈腐虚饰之风也达到极点。与斯宾塞同时代的科学教育的倡导者赫胥黎这样描绘当时古典学科教学的图景："学生要用心地去钻研那些没完没了的形式和规则。那就是，学生要把拉丁语和希腊语译成英语，仅仅是为了会翻译，而根本不考虑有没有阅读的价值。那就是，学生要学习无数蹩脚的和刻板的寓言，它们曾具有的寓意早已枯竭成十足的废话；在一个学生的脑海里所留下的唯一印象是，相信这种事情的人肯定是世界上未曾见过的最名副其实的白痴。最后，在把 12 年时间花费在这种古典知识学习上之后，那个受害者还不能很好地解释他没有读过的某位

---

　　① 颜元. 习斋记余（卷三）·寄桐乡钱生晓城 [M] //颜元集. 北京：中华书局，1987：439.

　　② 魏源. 魏源集 [M]. 北京：中华书局，1976：37.

　　③ 吴刚. 选择和分配：中国课程知识历史的社会学分析 [M] //丁钢. 中国教育：研究与评论. 北京：教育科学出版社，2001：292.

　　④ [英] 博伊德，金. 西方教育史 [M]. 任宝祥，吴元训，主译. 北京：人民教育出版社，1985：206.

作家的一篇文章；他将对阅读希腊语或拉丁语书籍感到厌恶；他再也不会打开或者想起一本古典著作，但令人十分惊讶的是，他以后竟会又坚持要他的儿子去重复同一个过程。"① 斯宾塞指出，人们之所以要学习这类十之八九用不上的知识，考虑的仅仅是通过这种知识的学习获得称赞、荣誉和尊敬，并作为某种社会地位的象征。也就是说，仅仅以这类知识作为装饰自身的门面。

一方面，科学知识在课程中的引入，冲破了仅以四书五经或古典人文学科作为教学内容的局面，拓宽了教学内容的范围，从而冲淡了仅以形式化的内容进行教学的空疏陈腐的风气。比如，清末时期洋务派所兴办的洋务学堂，多以学习"西文""西艺"为主，课程包括外语、数学、格致、化学等一般性课程以及和各自专业相关的科学技术课程。这就区别于以经史义理和八股文章作为主要教学内容的旧式学校。青年时期的鲁迅曾于 1899 年考入江南陆军学堂附设的南京矿务铁路学堂。从该学堂的课程来看，除了矿务、铁路等方面的专业知识外，还有外文、汉文、格致（即理、化）、地学、金石学、算学、历史、体操、绘图等课程。对此，鲁迅感慨道："在这学堂里，才知道在这世上，还有所谓格致、算学、地理、历史、绘画和体操。"② 从西方课程的演进来看，早在 17 世纪，夸美纽斯受培根的影响，在其《大教学论》中就提出要"把一切事物教给一切人"的理想。但这种改观课程的愿望直到 19 世纪才得以部分实现。经过斯宾塞、赫胥黎等人的努力，科学包括它的广博的内容被资本主义国家广泛引入课程。物理、化学等成为中学里的普通课程。这就在一定程度上克服了教学内容的狭窄以及由其极端化带来的形式主义的弊病。

另一方面，从科学知识本身来看，科学知识具有很强的实用性，与实际生活有着更直接的联系。这一点也莫不为提倡科学教育的先驱所强调。比如，赫胥黎在论证科学教育的重要性时，指出，"现在，自然科学知识作为一种生活工具的重要性是不容置疑的。对我们所从事的职业（只不过除零售业外）

---

① ［英］赫胥黎. 科学与教育［M］. 单中惠，平波，译. 北京：人民教育出版社，1990：71.

② 鲁迅. 呐喊·自序［M/OL］. 北京：人民文学出版社，1979［2006-11-01］. http://culture.people.com.cn/GB/22226/60151/60152/4932285.html.

来说，某些科学知识几乎是直接有用的。由于工业达到了更高的发展阶段，工业过程变得更加复杂和精细，而且竞争更加激烈，因此，那些学科一门一门地被拉了进去，并参加了那个竞争；能够最好地利用自然科学知识的人，就是在现代社会貌似光滑的表面下进行的生存斗争中，在森林地区未开化的居民进行的生存斗争中，表现出卓越才能的人"。[①] 在《什么知识最有价值》中，斯宾塞也是把科学知识与个人的完满生活密切地联系起来，将科学知识看成个人过完满生活的最关键的因素。在这方面，严复指出要使人心从尚虚转变为尚实，就要学习自然科学知识。"欲变吾人之心习，则一事最宜勤治：物理科学是已"，这是因为"一切物理科学，使教之学之得其术，则人人尚实心习成矣"。[②] 以实用为宗旨将科学知识纳入课程之中，也就从本身上克服了旧教学内容的空疏无用，加强了知识与生活的联系。这一点也可以在教学方法的改革上体现出来。

（三）促进了教学方法的改革

早在16世纪，蒙田（Michel de Montaigne）就指出，"我们经常询问，某人懂希腊语或拉丁语吗？他能够写诗或散文吗？真正重要的，是他成长得更好，还是更聪明，而这却被忽略了。我们致力于记忆，却使理解和良心空着"。[③] 在19世纪的古典学科教学中，这种死记硬背的教学方法仍然延续着。从以上的描述中，古典学科教学的图景可见一斑。中国的传统学校强调记问之学，记忆和背诵因而是最经常使用的甚至是唯一的教学方法。在旧式私塾中，常出现这样的场景：学生们轮流站在先生面前背诵着经文，没有背诵出来的，便自动地伸出手掌，让先生在手心用戒尺重重地打上几板。若是仍然背不出来的，则还要加重惩罚，直到背出来为止。

在科学知识引入课程之后，这种呆读死记的方法明显得到了改善。赫胥

[①] [英] 赫胥黎. 科学与教育 [M]. 单中惠，平波，译. 北京：人民教育出版社，1990：80.

[②] 转引自吕达. 课程史论 [M]. 北京：人民教育出版社，1999：92.

[③] 转引自 [英] 博伊德，金. 西方教育史 [M]. 任宝祥，吴元训，主译. 北京：人民教育出版社，1985：221.

黎指出,"假如科学教育被安排为仅仅是啃书本的话,那最好不要去尝试它,而去继续学习以啃书本自居的拉丁文法"。① 科学知识与科学方法是相伴而生的,只有通过科学的方法才能获得我们所谓的科学知识。因此,科学在课程中的出现也就意味着科学方法被介绍并运用到教学中来。洛-比尔(Ann Low-Beer)在分析斯宾塞所提的"科学"概念时指出,"西方19世纪人们的热心科学是由于相信科学方法乃是获得一切知识的唯一合理的道路。这个概念强调方法,而不是我们所谓科学科目的成果。科学的方法能产生可靠的事实,正确地应用,科学方法指'客观'的、因而是正确的解释。总之,希望科学方法产生经验背后的普遍规律或原则。斯宾塞似乎建议这种概念,他希望改变现有教育方法和态度以及教育内容,在各门学科中强调科学方法的价值"。②

科学的方法包括观察、试验以及归纳等方法。通过观察、试验以及归纳等以发现事物之间的关系和规律。由科学的方法延及教学的方法,人们也就强调以实物调动学生的兴趣、注意力,引导学生通过观察等得出普遍的结论。"科学教育的最大特点,就是使心智直接与事实联系,并且以最完善的归纳方法来训练心智;也就是说,从对自然界的直接观察而获知的一些个别事实中得出结论。"③ 为此,斯宾塞告诫人们,要积极地利用儿童的不间断的观察力,引导儿童自己去进行调查研究并得出自己的结论,应该尽量少地告诉他们,尽量多地让他们去发现。他说:"在长期盲目摸索之后,人们最后看到了儿童观察能力的自发活动具有意义和用途。一度被看成是单纯无目的的动作或游戏或顽皮,现在被认为是一个获得知识、为日后知识打基础的过程。"④ 赫胥黎也指出,教师们不要只想着用各种各样的知识去充塞学生的头脑,必须通过实物教学让学生理解和掌握那些知识。在对一个儿童解释常见的自然现象

---

① [英]赫胥黎. 科学与教育 [M]. 单中惠,平波,译. 北京:人民教育出版社,1990:87.
② 转引自王承绪. 斯宾塞的生平和教育思想 [M] // [英]斯宾塞. 斯宾塞教育论著选. 胡毅,王承绪,译. 北京:人民教育出版社,2004:46.
③ [英]赫胥黎. 科学与教育 [M]. 单中惠,平波,译. 北京:人民教育出版社,1990:87.
④ [英]斯宾塞. 斯宾塞教育论著选 [M]. 胡毅,王承绪,译. 北京:人民教育出版社,2004:52.

时，教师必须尽可能地在课堂上利用实物。从中国的实科教学来看，在一定程度上，人们也吸收了这种实物教学的思想，并将其运用于实践。比如严复受赫胥黎和斯宾塞的影响，也阐述了类似的关于教学方法的观点。严复指出，就"穷理"而言，学习的途径"常分三际"："一曰考订，聚列同类事物而各著其实。二曰贯通，类异观同，道通为一。""考订既详，乃会通之以求其所以然之理"，于是得出了法则、公式、定理、定律之类。（注：考订、贯通在这里分别指观察和归纳。）但是光有上述两步还不够，"所得之大法公例，往往多误"，因此必须依靠第三步，也就是试验。"试验愈周，理愈靠实矣。"① 在实践方面，洋务学堂的教学可见一斑。洋务学堂注意教学中的理论与实践结合，很多学校都安排有实践性课程，有的还建立了实习制度，因而有别于传统的书斋式教学。

当然，从历史上看，这种从具体到抽象、以实物进行教学的方法并不是自 19 世纪才出现。早在 17 世纪，夸美纽斯（Johann Amos Comenius）就提出了要通过感官和亲身体验来学习的思想。比如，他认为，要先接触事物，然后才学习词句，"事物是核心，词句是外壳和表皮。对年轻人正确的教育不在于往他们头脑中塞进成堆的词、句子或从各位作者的著作中拼凑起来的思想。而是应该打开他们对外部世界的理解……"② 在裴斯泰洛奇（Johann Helnrich Pestalozzi）那里我们也可以看到这种思想的影子。裴斯泰洛奇认为，教师应该从学生对课堂上实物的印象开始教学，以此学生借助实物教学补充具体经验并提高理解力。他说："要用来自现实的实例去教育幼儿的思想，要用事物而不是用词语去教育他们。教学和教育的真正基础，既不是艺术，也不是书本，而是生活本身。""凡是当我们往儿童的思想里灌输空洞的词语，让他们把这当作真正的知识记下来的时候，我们便是偏离了'生活教给……'的这一条原则。"③

---

① 转引自吕达. 课程史论［M］. 北京：人民教育出版社，1999：94.
② 转引自［英］伊丽莎白·劳伦斯. 现代教育的起源和发展［M］. 纪晓林，译. 北京：北京语言学院出版社，1992：74.
③ 转引自［英］伊丽莎白·劳伦斯. 现代教育的起源和发展［M］. 纪晓林，译. 北京：北京语言学院出版社，1992：161-162.

因此，要说实物教学法是 19 世纪的产物并不妥当，但说实物教学法是科学发展的产物却不为过。在夸美纽斯时代，科学已经在逐步而缓慢地争取它在课程中的地位，但正如布鲁巴克所说的，"直至 19 世纪，主宰着课程命运的，实际上还是人文主义而不是自然主义"。① 照此来看，实物教学法对旧有的教学方法进行改革，并予以广泛地贯彻和运用应该是在 19 世纪而不是 17 世纪，而且正是在科学知识引入课程并日益获得其支配地位之时。

二、科学知识价值取向的矛盾与困境

如果说，在 19 世纪提出"科学知识最有价值"代表了社会和教育发展的方向，科学知识的引入为课程带来了生气勃勃的活力；那么到了 20 世纪乃至 21 世纪，由于科学主义所固有的并在发展过程中逐渐加剧的矛盾，对"科学知识最有价值"进行质疑也就不是一件突兀的事情。时间的流变，往往使以前一些不适宜、不符合潮流的事物重新变得适宜起来，也让某些曾经推动社会进步的事物失去了其合理存在的基础，而变得不适宜起来。种种迹象表明，在以科学知识为最有价值的教学中，知识日益成为一种压制人的外在的力量，知识的目的化反过来造成了学生的手段化、工具化，学生成为马尔库塞（Herbert Marcuse）所谓的"单向度的人"。这分别在科学教学与人文教学中反映出来。

（一）科学教学的危机与困境

完整的科学教学，除了科学知识的传授之外，还包括科学方法的训练以及科学态度和科学精神的培养。这几方面应该是一个统一的过程。但是，检视科学教育发展以来的教学实践，我们发现，科学教学日益把科学知识的传递作为其唯一的目标，而缺失了对科学方法和科学精神的观照。教学具有严重的形式主义倾向。联合国教科文组织在《学会生存》中指出，"传统的科学教学很少致力于把课堂知识和科学实践联系起来，在教学中不是检验假说，

---

① ［美］布鲁巴克. 西方课程的历史发展（上）[M]//陆亚松，李一平. 教育学文集·课程与教材. 北京：人民教育出版社，1988：59.

而是传授假说，不是寻找定律而是学习定律"。① 其在注释中特别强调，对此的批评在大多数事例中是千真万确的，从一些国家在这方面的改革也可以看出这一点。具体看来，科学教学的危机和困境主要表现在以下几方面。

1. 科学教学只见结果不见方法

雅斯贝尔斯在谈到自然科学的陶冶功能时，指出，"物理和化学的结果是无足轻重的，但怎样得到这些结果的方法则具有陶冶价值。谁要是只知道结果，而不知推导的方法，那么他所获得的仅仅是一堆死知识。单纯地了解结果和掌握答案就与精神陶冶的目标背道而驰，这样就会出现把科学当作权威，把科学原理作为迷信的教条"。② 但是，正是这样一些基本的准则，在现实的科学教学中却一再地被违反。教学以传递知识为主要任务。学校成为贩卖知识的场地，教师担负着转运知识的责任，而学生则把这些知识当成唯一的真理予以接受，其进行观察、试验等的机会却是少之又少。最终学生获得的是一大堆的公式、公理、定义等，但对于学科科学方法却并无所获。

袁振国先生曾在其《反思科学教育》一文中提到一位中学校长的经历。这位中学校长教高三毕业班的化学，两年前他所教四个班化学高考的平均成绩是 94 分。两年后，他以同样的试题对这些同学进行测试，其平均成绩只有 16.3 分，而且所得成绩主要是与化学思维方法有关的内容。③ 以此可见学生主要习得的是属于结果和结论的知识，只是为应付考试而用，一旦脱离这种考试的环境，这些知识也就被遗忘了。学生所学因而也就所剩无几了。对于中国的这种教学，杨振宁教授曾入木三分地指出，"中国现在的教学方法，同我在西南联大时仍是一样的，要求学生样样学，而且教的很多、很细，是一种'填鸭式'的学习方法。这种方法教出来的学生，到美国去，考试时一比较，马上能让美国学生输得一塌糊涂，但这种教学方法的最大弊端在于，它把一个年轻人维持在小孩子的状态，老师要他怎么学，他就怎么学。他不能

---

① 联合国教科文组织国际教育发展委员会. 学会生存 [M]. 华东师范大学比较教育研究所，译. 北京：教育科学出版社，1996：94.

② [德] 雅斯贝尔斯. 什么是教育 [M]. 邹进，译. 北京：生活·读书·新知三联书店，1991：115.

③ 袁振国. 反思科学教育 [J]. 中小学管理，1999（12）：2.

对整个物理学，有更高超的看法"。①

当然，这种只重结果不重方法的教学也不只是我国独有。1985年英国教育和科学部所颁发的《5—16岁科学教育的政策性报告》指出，科学教育的主要特征是向学生介绍科学方法，要使他们的能力得到充分的发展。并在其报告中提出了具体的科学方法教育的重点。② 对科学方法教育的突出和强调正好说明了以往对科学方法的忽视。这种现象也存在于美国。美国《2061计划》指出，目前的科学教材和教学方法阻碍了科学知识的普及，教材强调现成的答案而不是探索问题，把主要精力花在记忆上而牺牲了批判性思维，记忆零碎的信息而不是强调课文，强调背诵而不是陈述观点。③ 贝尔纳（John Desmond Bernal）指出，科学教育有两种目的，一是提供已经从自然界获得的系统知识基础，并且有效地传授过去和将来用以探索及检验这种知识的方法。不过这两件事不是互不相关的。如果学生不了解知识是怎样获得的，如果学生不能够以某种方式亲自参加科学发现的过程，就绝对无法使他充分了解现有科学知识的全貌。"现在的科学教学正是在后一方面失败得最为明显。"贝尔纳感慨道："科学教育的先驱们原以为把科学纳入教育课程会消除古典学术所特有的因循守旧、矫揉造作和往后看等缺点，可是他们却大失所望。当代的人文主义者当初也同样认为，学习古典作家的原著就能立即消除中世纪经院哲学的乏味的学究作风和迷信。专业教师同他们二者相比也毫无逊色。他们使理解化学反应和阅读维吉尔的《伊尼德》一样变成枯燥无味、背诵教条的事情。"④

2. 科学教学只见事实不见精神

"科学的最大特性是怀疑和质问一切的精神，对事物进行谨慎而有保留的

---

① 转引自刘德华．"点击"学校课程：走在十字路口的科学教育［M］．福州：福建教育出版社，2001：123.

② 羿琳．一份英国教育和科学部关于科学教育的报告［J］．课程・教材・教法，1986，(1)：50.

③ 国家教育发展研究中心．发达国家教育改革的动向和趋势（第四集）［M］．北京：人民教育出版社，1992：7-11.

④ ［英］J. D. 贝尔纳．科学的社会功能［M］．陈体芳，译．上海：上海人民出版社，1982：341，121.

判断，并对这一判断的界限和适用范围进行检验。"① 近代科学的诞生本身就说明了科学的这种内在精神。乔尔丹诺·布鲁诺（Giordano Bruno）为了捍卫哥白尼（Nicolaus Copernicus）的太阳中心说被天主教会审讯和折磨达八年之久，最终因捍卫真理、绝不屈服于权威而被其活活烧死。怀特海（Alfred North Whitehead）指出，正是布鲁诺于1600年的死为近代科学的第一世纪开了先河。② 可见，运用自己的判断、实事求是、求真知、不盲从、开拓创新等是科学与生俱来的气质。

科学精神是科学的内在灵魂。但正如前所言，科学教学往往缺失了对科学精神的观照，使它成为没有灵魂的教学。科学精神作为一种"无形之物"渗透于人们的科学创制活动中，并凝结于科学方法和科学知识之上。事实上，科学方法的不断改进和科学知识的不断发展本身就在诠释着一种批判、怀疑、创新的科学精神。"我们必须明白，知识的获得是由于人类战胜了常规与惯性，战胜了现成的观点与概念，战胜了我们试图理解的对象所具有的复杂性与晦涩性。我们必须认识到，一切知识都只是重新探索的出发点。我们必须承认，在我们已经获得的真理中就有我们先辈的劳动。必要时，我们必须作出决定和采取行动，但在事情尚未证实以前，不要先下判断。这些有关科学精神的格言同教条主义精神与形而上学思想是背道而驰的。"③ 但在实际的教学中，教师们又往往把科学知识当成既定的结论、真理传递给学生，禁止学生发问、质疑，久而久之，学生也就养成了"从来如此，也将永远如此"的思维习惯，而这恰恰又是最违背科学精神、最不科学的。

对此，笔者有着切身的体会。兹举二三事。在笔者读初中一年级时，数学课本上出现了一处很明显的错误，当时左看右看只是觉得不对劲，但却始终不敢向老师提出来，因为老觉得书上说的不会有错。后来，全班同学中只有一个同学站起来指出了这个错误。我想其他同学也像我一样认为书本永远

---

① [德] 雅斯贝尔斯. 什么是教育 [M]. 邹进, 译. 北京: 生活·读书·新知三联书店, 1991: 112.

② [英] A. N. 怀特海. 科学与近代世界 [M]. 何钦, 译. 北京: 商务印书馆, 1959: 1.

③ 联合国教科文组织国际教育发展委员会. 学会生存 [M]. 华东师范大学比较教育研究所, 译. 北京: 教育科学出版社, 1996: 185-186.

正确吧！另一次则是在语文课上，当时正教《纪念白求恩》，老师首先朗读课文，当读到"O型血"时，老师对O的发音是"o"。但在同学们自己朗读时，有的同学就把"o"读成了"ou"，老师将其纠正过来，但还是如此。一时之间，同学们开始争论起来，有的说读"o"，有的说读"ou"。老师对这种课堂的混乱很是气愤，要求同学们安静，并规定统一读"o"。但同学们却是余兴未了，仍然争论得很热烈，课堂因此显得很喧闹。老师一气之下，竟拂袖而去。同学们则面面相觑。后来，在班主任的要求下，同学们排成长队，才把老师接回来，继续上课。但没过几分钟，下课铃就响了。这件事虽已过去，但却留下了深刻的记忆。如果教师当时能趁此机会引导学生查阅字典、廓清"O"的正确发音，那是不是又是另外一幅场景了呢？如果教师把学生无谓的争论、武断地下结论等转变为审慎地判断、有根据地提出意见，那么学生是不是一生都受益匪浅呢？但显然现实中的教师除了教学生尊重老师之外，还教给了学生盲从、相信教师永远是正确的思想和习惯。

科学精神的缺失除了表现在对待知识的态度上之外，还表现在对科学方法训练的忽视上。当然，对待知识的态度也就决定了对待科学方法的态度，二者是相辅相成的。把知识当作一成不变的真理、最后的结论，也就决定了以"背诵记忆"的方法进行知识传递，而不是以"观察、实验、验证"的方法对知识加以质疑、检验、判断，最终形成自己的真知灼见。至于人们对待科学方法的态度，以上我们详细叙述过，此处不再赘述。

如果要追究根源的话，科学精神之所以在教学中不受重视，还在于自科学知识引入课程之时，人们对科学就抱着一种功利主义的价值取向。布鲁巴克指出，"科学把自己奉献给19世纪的课程编制者，它如同服从实在主义和自然主义的需要一样，服从于功利主义（utilitarianism）。科学以其功利性的必要性而在课程中取得地位，这在工业革命的故乡英国表现得最为明显"。[①] 科学的功利主义倾向在英国如此，在美国与实用主义结合，也有着鲜明的体现。比如美国1918年制定的"中等教育的七条基本原则"，其列出的"基本过程、健康、家族成员、职业、公民、闲暇时间、伦理关系"等七条基本原

[①] ［美］布鲁巴克. 西方课程的历史发展（上）［M］//陆亚松，李一平. 教育学文集·课程与教材. 北京：人民教育出版社，1988：60.

则，与斯宾塞所列的"自我保存、谋取生活资料、抚育孩子、社会关系和政治关系、文化"等五种活动，在追求科学的功利价值方面，相差无几。而中国近代对科学的引进，更是源出于"器用"层面的考虑。比如魏源所谓的"师夷之长技以制夷"，洋务派和维新派所提倡的"中体西用"等，无不体现出对科学的功利取向。五四时期，人们虽对科学有更进一步的认识，但这种"器用"之见并没有从根本上改变。梁启超指出，这是中国几千年下来所积淀的民族心理在作祟，所谓"形而上者谓之道，形而下者谓之器"，"德成而上，艺成而下"，把科学看低了、看粗了。① 时至今天，人们对于科学的态度虽然有所改变，但已形成的社会心理的根柢却是不易拔除的。以致在科学方面，"培育了不少科学神话，树立了不正确的科学形象，以及对科学产生了不正确的看法，首先是将科学的理论静止化、僵化，其次是将科学理论神圣化、教条化，再次是将科学技术化，最后是将科学实用化、工具化"。②

（二）人文教学的科学化扭曲

我们前已提到过，洛-比尔在解释斯宾塞所谓的"科学"概念时，指出西方 19 世纪人们的热心科学是由于相信科学方法乃是获得一切知识的唯一合理的道路，只有通过科学的方法才能获得可靠的事实以及产生正确的解释。斯宾塞也正是站在这一立场上提出"科学知识最有价值"的。正如斯宾塞所说，"只有经常根据材料作出结论，再从观察和实验中去检验它们，才有力量判断得正确"。③ 事实上，这正是科学主义的体现。科学主义是这样一种思想：第一，认为自然科学知识是最精确、最可靠的知识。英国学者汤姆·索雷尔（Tom Sorell）在《科学主义》一书中指出，"科学主义就是这样的信念：科学特别是自然科学，是人类知识中最有价值的部分——因为它最有权威、最严肃和最有益"。④ 第二，认为自然科学方法是人类认识世界唯一正确和有效

---

① 梁启超. 科学精神与东西文化 [J]. 民主与科学，2003（2）：44.
② 吴国盛. 科学的历程 [M]. 长沙：湖南科学技术出版社，1997：12.
③ 转引自王承绪. 斯宾塞的生平和教育思想 [M] // [英] 斯宾塞. 斯宾塞教育论著选. 胡毅，王承绪，译. 北京：人民教育出版社，2004：46.
④ SORELL T. Scientism：Philosophy and the Infatuation with Science [M]. London & NewYork：Routledge，1991：1.

的方法，是一切认识方法的楷模。《牛津英语辞典》提到："科学主义是指科学知识与技术万能的观念，认为物理科学那种研究方法可以代替哲学，特别是代替人的行为科学和社会科学等其他领域研究方法的那种观点。"① 第三，认为自然科学知识可以推广至解决人类的一切问题，包括人生问题。美国学者郝布斯（A. Hobbs）的《社会问题与科学主义》说道："科学主义相信科学能回答所有的人类问题，它使科学成为哲学、宗教、习惯方式和道德的替代物。"② 其中，把科学方法贯穿于一切求知领域是其核心思想。

科学主义是西方社会科学高度发展的产物。科学发展所带来的社会繁荣以及人在自然面前的尊贵感使人们相信科学是万能的，是其他一切知识所无法企及的。按说中国近代科学发展水平极为低下，也就缺乏产生科学主义的土壤，但由于西风东渐，西方的科学裹挟着科学主义一并被引入中国，再加上西方的高度文明与我国的贫穷落后所形成的鲜明比照，使国人对待科学的态度由神秘转为崇拜，最终转为一种信仰，而落入科学主义的旋涡。科学主义的思想在五四时期的"科玄论战"中可见一斑。胡适当年就曾指出："这三十年来，有一个名词在国内几乎做到了无上尊严的地位；无论懂与不懂的人，无论守旧和维新的人，都不敢公然对它表示轻视或戏侮的态度。那个名词就是'科学'。"③这种思想不但把科学置于至尊的地位，而且也迫使传统的人文知识走上科学化的道路。我们前已提到近代史学在科学主义思潮中几经沉浮的命运。其他人文学科当然也不能幸免于外。科学方法渗透一切领域。人文知识教学因此也披上了科学化的外衣。潘庆玉先生指出，五四以降，科学主义教育观对整个中国基础教育产生了极其深远的影响，"而语文教育作为基础学科受到的冲击尤烈。语文教育中的科学主义观念的形成和发展从理论上经历了一个由本体论到方法论，由方法论到价值论步步深入的过程，从实践上经历了从学科化到科学化，从科学化到'唯科学方法化'的过程"。④

---

① SIMPSON J A, WEINER E S. The Oxford English Dictionary [M]. Oxford: Oxford University Press, 1989: 17.

② HOBBS A H. Social Problems and Scientism [M]. Harrisburg: Stackpole Co., 1953: 17.

③ 张君劢，丁文江，等. 科学与人生观 [M]. 济南：山东人民出版社，1998：10.

④ 潘庆玉. 科学主义语文教育观评析 [J]. 山东教育科研，2000（6）：12.

人文知识教学科学化主要体现在以下几个方面：

1. 人文知识析分化

一般来说，人文知识是综合的，偏重于直觉的、情感的，因而对它的学习应该更多的是欣赏和体验。但在科学主义的影响下，人文知识也被要求作原子式的析分和还原。如语文被拆解为语法、修辞、逻辑等，历史则俨然是一部编年史，对学生来说既抽象又枯燥，只是一些空洞的人物、事件等的集合。人文知识的学习因而完全服从分析式的思维，比如邹静之先生在《女儿的作业》中指出，女儿的作业要花很多时间来分析字，如"瓮"是什么部首，它的第七画是点还是折，它的声母是什么，它的韵母是什么，它有多少义项……[①]结果却忽略了人文知识所蕴含的丰富而深邃的人文意味。学生的情感、意志、兴趣等得不到抒发，人文教学也就丧失了其最基本的内涵。施瓦布（J. Schwab）就曾批评过这样的人文教学："在音乐欣赏的教学中，似乎唯一的目的就是辨别交响乐或协奏曲的明确主题，骄傲地说出作品号码和作曲家的名字。音乐演奏的教学目的似乎就是跟得上音符和服从教师关于乐谱的讲解。在文学教学中，戏剧和小说似乎是观看人生的窗口，或者更糟糕，正如在音乐欣赏中那样，似乎这种游戏的目的就在于懂得挑选关于人物、人生或者作者年代方面的一些珍闻似的。美术跟文学一样，其目的似乎就是提供一张跟真实生活一模一样的照片。"[②]

2. 教学过程模式化

为了使教学过程摆脱随意和盲目，适当地引入科学而统一的方法和步骤是完全正确的。杜威（John Deway）曾经这样高度评价过赫尔巴特（Johann Friedrich Herbart），他说："赫尔巴特的伟大贡献在于使教学工作脱离陈规陋习和全凭偶然的领域。他把教学带进了有意识的方法的范围，使它成为具有特定目的和过程的有意识的事情，而不是一种偶然的灵感和屈从传统的混合物。而且，教学和训练的每一件事，都能明确规定，而不必满足于终极理想

[①] 邹静之. 女儿的作业 [J]. 北京文学，1997（11）：5.

[②] SCHWAB J. Structure of the Disciplines: Meanings and Significances [M] // BELLACK A, KLIEBARD H. Curriculum and Evaluation. Berkeley: McCutchan Publishing Corporation，1977：198.

和思辨的精神符号等模糊的和多少神秘性质的一般原则。"① 赫尔巴特曾经为教育学的科学化作出过伟大的贡献。但是,从后人对他的教学过程四段论的遵循来看,这种遵循和运用却陷入了为科学化而科学化的套路,教学内容与方法的脱节是明显的。教学过程从而落入模式化和机械化的泥沼。比如从我国解放前后人们对于语文教学方法的总结来看,一般都不脱"预备—提示—系统—方法"的窠臼。② 这种单一化和统一化正是科学主义的体现。

3. 教学评价——考试标准化

标准化考试起源于19世纪末20世纪初的美国,自20世纪60年代以来,在美国教育领域得到广泛的运用。我国自1986年起也开始在各个学科实行标准化考试。标准化考试极其符合大工业时代的生产流水线模式:统一、高效,也就在一开始注定了它的弊端所在:忽视求异思维、忽视学生对知识的创造性运用。从我国对标准化考试的运用来看,其日益陷入出难题、偏题、怪题的怪圈,只在细枝末节上用力,以难倒教师、学生为荣。在人文学科方面表现尤甚。比如语文考试要考到作者的原名、字、号、籍贯、作品发表的年代;答案一律以书本、课文、教参为标准,有的考题还特意找一些名作家写得与众不同或错误的东西,将其作为正确标准来考学生。这种考试不但肢解了本有丰富人文意蕴的知识本身,更可悲的是它磨灭了学生对知识的兴趣和热情,严重地摧折着学生的身心。在标准化考试发源地的美国,也或多或少地遭遇着类似的困境。国际儿童教育协会在1992年的《论标准化考试》一文中指出标准化考试的五种弊端,并要求对其进行改革。③

我们看到,在科学主义影响下,人文学科、人文教学丧失了其独立的地位,而依附于科学。人文教学的科学化使其消泯了最基本的人文精神,丧失了应有的育人功能:培育学生对生活的热爱、对生活中一切美好事物的追求;充盈和丰富学生的情感世界以及精神世界;帮助学生认识自己、认识他人,学会与他人友好相处;等等。科学化的人文教学既从内容上粗暴地去除了学

---

① [美]约翰·杜威. 民主主义与教育 [M]. 王承绪,译. 北京:人民教育出版社,2001:80.
② 潘庆玉. 科学主义语文教育观评析 [J]. 山东教育科研,2000(6):13.
③ 宋秋前. 论美国的标准化考试 [J]. 外国中小学教育,1992(4):30-31.

生对他人丰富多彩的人生经历的体味,又从形式上把教师和学生本身的生活变成最机械呆板枯燥乏味的东西。在这种生活中,学生学会的不是热爱生命、热爱生活,而是厌弃生命、厌弃生活;不是对知识如饥饿的人扑在面包上的渴望,而是避之唯恐不及的恐惧与倦怠;不是对教师发自内心的尊敬和崇拜,而是虚情假意地推诿与应付;不是与同学建立手足般的情谊,而是视之为竞争对手、竞争敌人。当希望工程为救助失学儿童而奔波时,人们却没想到,有许多上学的儿童竟渴望着失学。这不能不说是教育的悲哀。

综观科学主义思想支配下的科学教学与人文教学,我们发现,这种教学正在一步步地把"人"埋藏起来。人们创造知识本是造福于人类的,但在这里,知识却逐渐地异化为目的,最后堂而皇之地成为人的主宰。首先,在教学内容上,科学主义标榜科学知识是最有价值的知识,要么以不具有真理性为由将人文知识拒之于课程之外,要么以科学客观化的方法对人文知识进行同化,将其改造为具有"科学性"的只关涉事实的知识。其次,将科学理性幻化为外在的权威,视知识为确定的一成不变的真理,教学的任务也就是尽可能地往学生的心灵充塞更多的知识,学生成了知识的容器、储存室。机械的识记代替了理性的质疑,也将想象、激情、期冀、兴奋等这些因素剔除于教学之外。认知与情感的割裂、积极自由的思考被忽视,使学生成为最无生趣、最没有生命活力的所谓意义上的人。见物不见人是这样的教学最真实的写照。

(三)古典人文主义对科学主义的抗争

在西方,古典人文主义是指自柏拉图、亚里士多德以来所延续的人文主义传统。古典人文主义与科学主义的抗争由来已久。但古典人文主义与科学主义第一次发生激烈冲突还是在科学获得长足发展的19世纪,以科学主义的占上风而告终。然而,随着科学主义的日益膨胀以及在教育中所显露出来的无法克服的弊端,在20世纪尤其是在20世纪30年代到50年代的美国,古典人文主义作为一种反思的力量重新被提出来,与科学主义相抗衡。这时的古典人文主义主要是永恒主义,以美国的赫钦斯(Robert Maynard Hutchins)、阿德勒(Mortimer Adler),以及英国的利文斯通(Richard Livingston)和法国的阿兰（Alain）等人为代表。针对科学主义以经验科学为中心、降低文科教育的重要性，并将整个教育建立在以科学为基础的哲学之上，永恒主义提出要"回到柏拉图""回到古人那里去"，在教育中重新提倡古典人文教育，以永恒学科作为课程的核心。详述如下。

古典人文主义认为，人性是不变的。"教育的一个目的是要引出我们人类天性中共同的要素。这些要素在任何时间或任何地方都是相同的。"① 人之所以区别于植物以及动物，是因为人有理智的能力或者说人是有理性的动物。早在亚里士多德那里，灵魂就被分为几个等级：植物的灵魂、动物的灵魂和人类的灵魂。他认为，所有活的东西都有灵魂。但相比于植物和动物，人的灵魂是独特的。其独特之处在于只有人的灵魂才具有理性。"由于任何灵魂的真谛或目的就是实现其最大的潜在的可能性，所以，对于人的教育就应该尽可能地实现或显示人的心灵或理性。"② 对于古典人文主义来说，训练理智是教育的基本准则也是教育的基本目的。赫钦斯指出，不论学生是否注定从事于沉思的生活或实际的生活，由理智美德的培养所组成的教育是最有用的教育。阿德勒认为，像人似的生活或有理性地生活的优越性是无须辩护的。

而对于如何培养和训练人的理性，古典人文主义认为，学生们不应该把时间过多地花费在须臾变化的经验科学之上，而应去掌握那些对于人类来说不变的真理和永恒的观念，即永恒的学科。针对科学主义把科学方法视为获得知识的唯一正确的方法，赫钦斯指出，必须相信，除了科学实验以外，还有其他获得知识的方法。"如果知识只能在实验室里求得，那么很多我们认为有知识的那些领域，除了意见和迷信以外就没有什么东西给我们，我们将被迫得出这样的结论，就是我们对人和社会最重要的方面什么都不能知道。"但这显然并不合乎事实。因此，赫钦斯继续指出："如果我们要通过使人们获得有关最重要的学科的知识来发展他们的智慧力量，我们必须从这样的命题开始，就是，和很多美国社会科学家的信念相反，实验和经验的资料对我们的用处是有限的，哲学、历史、文学和艺术在最重要的问题上给我们知识，而

---

① ［美］赫钦斯. 普通教育［M］//华东师范大学教育系，杭州大学教育系. 现代西方资产阶级教育思想流派论著选. 北京：人民教育出版社，1980：200.
② ［美］罗伯特·梅逊. 西方当代教育理论［M］. 北京：文化教育出版社，1984：33.

且是最重要的知识。"[1] 赫钦斯认为，重要的生活真理体现在文学传统之中，而不是体现在现代的实验科学之中。科学的探究所发现的事实，只有当它们由受过训练的倾向于真实目的的心灵所支配时才有价值。阿德勒也表示，实验的科学也许能帮助我们决定事实，但是，只有根据传统的永恒原则才能决定如何处置这些事实。科学给人以力量，但这种力量仅仅有助于掌握方法。哲学必须决定目的。所以，哲学、宗教以及人文学科在所有的方面都高于科学。它们告诉我们去调查什么，并为经验的研究奠定基础；然后，它们再来告诉我们怎样对待这些为科学分析所发现的事实。

古典人文主义（主要指永恒主义）自 20 世纪 30 年代兴起以来，在教育领域产生了很大的影响，尤其在美国，它给建立在实用主义理论基础上的进步教育以直接的冲击。显然，进步主义认为世界是变化不息的，并坚持彻底地应用科学主义所倡导的实验主义。但是，在第二次世界大战后，古典人文主义的影响力逐渐消退了，复归于沉寂。看来，为了对抗科学主义，只是以文科教育代替科学教育终究是行不通的。更何况，古典人文主义把它的理论建立在"实在论"的世界观基础上，认为实在世界是不变的、永恒的，人们关于实在的知识是永恒的真理，"真理在任何地方都是相同的"[2]，人性在任何时间或任何地方都是相同的，等等。这些观点在现代看来，显然是站不住脚的。

这也就促使我们相信：虽然我们不得不承认，古典人文主义到底向我们说出了部分的真理。它提示我们认识到科学的局限性，关注人的"理性、道德和精神诸力量的最充分的发展"。[3] 但是，简单地以"人文知识最有价值"的命题替换"科学知识最有价值"，既存在着理论上的漏洞，又因为其不顾现实科学知识发展的状况而难以真正践行。这也就说明，"什么知识最有价值"这种提问本身就存在着某种认识或观念上的误区。但究竟是怎样的误区，还

---

[1] [美]赫钦斯. 教育中的冲突 [M]//华东师范大学教育系，杭州大学教育系. 现代西方资产阶级教育思想流派论著选. 北京：人民教育出版社，1980，220-221.

[2] [美]赫钦斯. 普通教育 [M]//华东师范大学教育系，杭州大学教育系. 现代西方资产阶级教育思想流派论著选. 北京：人民教育出版社，1980：200.

[3] [美]赫钦斯. 教育中的冲突 [M]//华东师范大学教育系，杭州大学教育系. 现代西方资产阶级教育思想流派论著选. 北京：人民教育出版社，1980：219.

需要具体地加以分析。

三、科学主义知识价值观检视

这里我们需要讨论的是为什么科学知识被标榜为最有价值的知识，这种科学主义知识价值观又如何导致了对"人"的遮蔽，作为它的前提性的问题——"什么知识最有价值"又预设了一个怎样的理论假设？要澄清这些问题，首先还需要我们回到斯宾塞对于"什么知识最有价值"的回答。

（一）科学主义知识价值观解读

之前我们已对斯宾塞的知识价值观作出了简要的介绍。在此，还有必要以其为代表深入剖析科学主义知识价值观的主要特点。我们知道，在斯宾塞之前，虽然人们多遭遇过知识选择的难题，但真正为其选择行为作出详细论证的还未有过。正如斯宾塞所说，"如果还需要进一步的证据来说明我们教育的粗糙和幼稚，我们从各种知识的比较价值还未加讨论这一件事上就可以看到；更不用说讨论是没按步骤进行和取得确定结果了"。[①] 在斯宾塞时代，人文知识经过漫长的发展年代已颇具规模，对其进行忽视已是不可能的了。而为了将已繁荣起来的科学知识纳入课程之中，斯宾塞便决意要将人文知识（在他那里称为装饰知识）和科学知识的价值作一比较了。在比较二者的价值之前，斯宾塞选择了进行比较的价值尺度：为人的完满生活作准备。接着又将其分为五种人类活动。经过各种知识对其准备程度的一一对照，最终得出了科学知识最有价值的结论。

一般认为，斯宾塞在论述知识的价值时，注意到了知识与个人的完满生活的需要之间的关系，也就是说他是以知识是否满足需要来衡量知识的价值大小的。在他那里，表面看来，知识价值的源泉确乎来自主体（个人）的需要，其实不然。之所以这样说，是因为他的整个论证还存在着以下的疑义。第一，关于"什么是衡量知识价值的尺度"，本来是一个有待讨论的问题，而

---

① ［英］斯宾塞. 斯宾塞教育论著选［M］. 胡毅，王承绪，译. 北京：人民教育出版社，2005：9.

在他看来，这个问题，照一般的说法，是"不可能有争论"① 的。第二，关于五种主要活动次序的排列，作为立论基础，本来需要加以证明，而他认为"用不着多少思索"② 就能看出这个次序的排列符合真实的主从关系。第三，关于科学知识具有内在价值，而历史知识只具有习俗价值，他还是用武断代替证明。

比如在什么是人的完满生活方面，在历史上就存在着不少的争议。举个例子，在古希腊的自由民看来，道德生活和精神生活是最崇高的生活，为着直接生存的物质生产活动反而被看成是卑下鄙俗的。在亚里士多德看来，一切需要、欲望都意味着匮乏。只有理性的沉思的生活，才是完美的，自给自足的。这种活动具有它自己本身特有的愉快，而且"自足性、悠闲自适、持久不倦（在对于人可能的限度内）和其他被赋予最幸福的人的一切属性，都显然是与这种活动相联系着的"。③ 这无疑从另一侧面说明，除了功利生活之外，人还需要过一种精神生活。精神生活至少与功利生活是同等重要的。龚贝雷（Gabriel）认为"没有绘画、雕刻、音乐、诗歌和自然美所产生的情感，生活将丧失一半魅力"。④ 而斯宾塞之所以把人的完满生活归结为功利生活，并划分为五类活动，与他看待知识价值的视角有很大关系。换言之，在他那里，知识的价值并不是由人的完满生活的需要来决定的，而是由知识本身所决定的。结合斯宾塞所持的实证主义立场，我们看到，科学知识之所以是最有价值的知识，并不是本源于功利生活的优先性（这也是说不过去的），而是如前所述，人们相信科学方法是获得一切知识的唯一合理的道路，经由科学方法所获得的科学知识是最客观的、不受主观因素所影响的，因而也是与客观实在最符合的知识。这也就是说，科学知识的客观性、真理性决定了它是其他一切知识的楷模，是最有价值的知识。

---

① ［英］斯宾塞. 斯宾塞教育论著选［M］. 胡毅，王承绪，译. 北京：人民教育出版社，2005：11.

② ［英］斯宾塞. 斯宾塞教育论著选［M］. 胡毅，王承绪，译. 北京：人民教育出版社，2005：12.

③ 张法琨. 古希腊教育论著选［M］. 北京：人民教育出版社，1994：324.

④ 转引自王承绪. 斯宾塞的生平和教育思想［M］// ［英］斯宾塞. 斯宾塞教育论著选. 胡毅，王承绪，译. 北京：人民教育出版社，2004：47.

作为科学主义的具体体现形式的实证主义思潮，发轫于 19 世纪 30—60 年代。斯宾塞、孔德等正是实证主义的早期代表。实证主义的一个基本命题是：认识是对客观事物的模拟或反映。哈贝马斯（Jürgen Habermas）总结道，在实证主义那里，"认识只是描述现实这种幼稚的观念，就成了占统治地位的观念。事实的反映论就是与这种观念相一致的论点，按照事实的反映论，陈述和事实这两种可以明确转换的对应的东西，必须被理解为结构相同的东西。这种客观主义时至今日仍然是随着孔德的实证主义而出现的知识学的特征"。[①] 这也就是说，实证主义倾向于把认识理解为完全剔除了主体的主观因素的纯粹客观的反映过程，这样作为认识成果的知识才能有效地指导我们的行动，才能最真实地反映事物及事物之间的关系，因而给予生活以最可靠的保证。"只要我们的思想能够完全模写感性事实，我们的理智需要就得到了满足。"[②] 在这种思想支配下，实证主义也就把"真正的"知识规定为只是运用科学方法研究客观事实的知识，而视一切形而上学的知识为无意义的知识，也就不是真正的知识。科学知识尤其是精密科学的知识也就荣登了具有最高价值的宝座。

在教育领域，这种仅从知识本身的角度出发（这里我们暂且撇开实证主义对科学知识的客观性理解不谈）来看待知识的价值，并以此决定知识的选择的思想和做法也就为教学忽视学生的主体性并以知识遮蔽学生埋下了伏笔。

（二）客观主义知识价值观批评

根据以上分析，我们看到，科学主义知识价值观实际上是泛客观主义的一种表现。也就是说，在确定知识的价值以及知识价值大小时，它不是从具体的主体出发，以主体的尺度来衡量知识的价值，而是首先从知识与客观实在的关系切入，以知识与客观实在的相符合程度来决定知识价值的大小，也就是说，从知识本身的性质和特点出发来确定什么知识最有价值。由于科学

---

① ［德］哈贝马斯. 认识与兴趣［M］. 郭官义，李黎，译. 上海：学林出版社，1999：68.

② ［德］哈贝马斯. 认识与兴趣［M］. 郭官义，李黎，译. 上海：学林出版社，1999：85.

知识与"客观实在"最接近、最符合，因而是最有价值的知识。我们将这种关于知识价值的观念称之为客观主义知识价值观。在这种知识价值观支配下，课程知识的选择也就局限于对各种知识的性质和特点进行比较分析，而不会考虑具体学习主体对知识的兴趣与偏爱。在这种视野范围之下，学生作为学习的主体只能是一个虚设的概念，或者说，学生根本就不享有主体的地位。这将通过以下的分析具体说明。

第一，既然知识的价值取决于知识本身的性质和特点，取决于其与客观实在的符合程度，那么循着这样的思路，在两种类型的知识（人文知识与科学知识）之间，必定有一种知识优于另外一种知识，在价值序列中处于更高的位置。如果说，在教育领域，科学主义与人文主义的第一次冲突与对抗，人们高举"科学知识最有价值"的大旗是为了给科学知识在课程中获得合法地位开辟道路；那么，后来的科学知识在课程中的霸权地位以及其所坚持的科学主义的路向，则引起了科学知识与人文知识更深的隔阂和冲突。而只要人们抱持的客观主义知识价值观不变，即只是把科学知识当成最符合客观实在的知识或者说只是从知识本身的性质和特点出发对知识的价值论一高低，那么，科学知识与人文知识、科学主义与人文主义、科学教育与文科教育之间的冲突和争论则是无法停止的。反过来说，只有从人本身出发，从人的真正意义上的完整生活出发，科学知识与人文知识才有希望走向和解，而停止对何者更有价值的比较和纠缠。对于人来说，物质生活和精神生活二者是不可或缺的或者说缺一不可的。人首先需要生存、获得生存力，因而必须依赖于物质的创造和消耗。但人作为人的本质绝不会只满足于物质层面的生活，人永远在追求着一种意义上的生活或者说精神生活，精神生活带给人活着的依据和意义，这是最为根本的。任何将物质生活与精神生活割裂的或将一种生活置于另一种之上的做法都不能体现人的生活的完整概念。只有从这种完整人的概念出发，我们才能避免科学主义只是通过标榜其所具有的功利主义价值来确证科学知识最有价值，以及古典人文主义把人的道德、精神生活抬高来证明人文知识的最有价值。因此，从这一层面来讲，客观主义知识价值观从一开始就缺乏对人的关注，以致造成了以知识本身来切割人的生活的尴尬和困境。

第二，由于以知识与客观实在的符合作为知识价值大小的最终依据，那么，这就使人们确信，所选择的课程知识必定是与客观实在最接近、最符合的，是既定的真理或者说其真理性是不容置疑的。这也就排除了学生的积极思考以及对知识的质疑问难。这也就是教学之所以成为静听式教学的原因。这是一方面。而从另一方面来看，知识的价值既由其本身所固有，也就是说，知识一旦产生，也就决定了它的价值，那么，学生对知识的兴趣的有无也就丝毫不会影响到它的价值，这就使得教师漠视学生的兴趣、需要，在学生还不具备学习的心向时，对学生进行施教。其结果是无法引起学生对知识的积极同化与顺应，以致使知识转化为学生自己的知识。知识对于学生来说，始终只是一种异在。教师为了完成教学任务，也就只能采取一种灌输的方式，将知识硬塞进学生的脑海。殊不知，只是作为一种异在的知识对于学生来说，既不能涵养其精神，也不能使其行动有力，反而侵害了他的自由思想，扼杀了他的创造潜力，因而是一种最无用、最无价值的知识。另外，只是从知识本身出发来看待知识的价值，也就意味着知识的价值是不变的，在所有人那里都是相同的，这就使得教学总是将同样的内容传授给不同的学生，而不顾学生的差异性和多样性，或者说以知识价值的普遍性遮蔽知识价值的相对性。这种相对性正是由于学生的差异性和多样性而引起的。因此，我们看到的在客观主义知识价值观支配下的教学往往以齐一性代替差异性，或削足适履或拔苗助长。因此，可以说，正是客观主义知识价值观对待知识的这种态度，最终造成了知识对人的僭越和遮蔽。

反观"什么知识最有价值"这一问题，其是在科学知识与人文知识发生激烈冲突的背景下产生的，也就首先暗含着这样一个假设：在科学知识与人文知识之间，终究有一种知识比另一种知识更有价值。这就促使人们往往采取一种割裂而不是联合的态度对待不同种类或类型的知识，并经常从作为客体的知识出发来论及知识的价值，因而形成了一种"客体→主体"的关于知识价值的思维线路。而以这种知识价值观指导教学，则往往使教学陷入目的与手段颠倒的境地，知识成为目的，学生反而成为手段，造成知识与学生的双重异化。因此，亟须扬弃这种关于知识价值的提问方式，而寻找更恰切的问题。

第二章 谁的知识最有价值

前已述及，正是客观主义知识价值观在教育实践中的渗透和贯彻使学生处在知识的严重压制之下。但是，从认识论来看，人的心灵是否真能如镜子一样反映客观实在，人是否真如旁观者一样在认识世界的过程中从不卷入到世界中？从人们的研究来看，回答是否定的。更进一步，人们通过知识与权力关系的揭示看到了知识的控制本性，即在一定社会中，一些知识之所以被看成真理，而另外一些知识不被认可甚至被取消资格，是与其背后附着的权力分不开的。福柯（Michel Foucault）指出，至少从笛卡尔（René Descartes）以来，西方哲学总是与知识的问题缠绕在一起。一个哲学家首先应问的是："什么是知识"或者"什么是真理"。但自尼采以来，真理的问题不再是"什么是通向真理的最确定的道路"，而变成了"真理走过的艰难历程是什么"。① 也就是说，在知识的生产与传播中，有多样的权力关系渗透其中，它已不是主客观相符合所能解释得了的。福柯甚至认为，"我们受权力对真理的生产的支配，如果不是通过对真理的生产，我们就不能实施权力。我们被迫生产我们社会所需要的权力的真理，我们必须说出真理；我们被命令和强迫了去承认或发现真理"。② 与此同时，课程领域也开始了对课程知识的重新审视。

---

① 包亚明. 权力的眼睛：福柯访谈录 [M]. 上海：上海人民出版社，1997：217.
② 包亚明. 权力的眼睛：福柯访谈录 [M]. 上海：上海人民出版社，1997：221.

第一节 "谁的知识最有价值"的出场与"学生的知识最有价值"的隐现

一、"谁的知识最有价值"的出场

在批判课程学派代表之一阿普尔看来,斯宾塞所提出的"什么知识最有价值"问题是一个具有迷惑性的简单化的问题。在其《意识形态与课程》一书中第二版的序言中,他说:"当斯宾塞提醒教育者,我们应当对学校教育过程提出的最基本问题之一是'什么知识最有价值'时,他并没有错。然而,这是一个具有迷惑性的简单化问题,因为有关应当教什么的冲突是尖锐而深刻的。它不'仅仅'是一个教育的问题,而且从本质上看也是一个意识形态和政治的问题……正是由于这一点,解释这个问题的最好方式是突出教育争论的深刻的政治本质,也就是'谁的知识最有价值'。"① 这样,"什么知识最有价值"的设问就被转变为对"谁的知识最有价值"的拷问。

"谁的知识最有价值"可看作是对诞生于 20 世纪 50 年代末 60 年代初的新教育社会学研究方向和领域的写照。如新教育社会学的代表扬(Michael F. D. Young)指出,新教育社会学应回答学校(或者其他从事教育活动的机构)中的知识是如何得到选择、组织和评估的,而这正是以前社会学家所忽视的问题。它需要探明诸如以下的问题:统治阶级将规定哪些东西可以被作为知识,各种知识如何被不同的群体所接受,以及不同知识之间和能够获得

---

① [美]迈克尔·W. 阿普尔. 意识形态与课程[M]. 黄忠敬,译. 上海:华东师范大学出版社,2001:第二版序言 1.

这些知识并使它们成为有用的各种人之间的可能联系是什么。① 这类研究者通常把目光投向"这是谁的文化?""这是什么社会群体的知识?"和"像学校这样的文化机构里教的知识是由谁的利益决定?"等这样的一些问题,以揭示课程知识的选择、组织和评估与更广泛的社会不平等的关系。

阿普尔在他的《意识形态与课程》一书中,指出课程知识不仅仅是一个分析的问题(什么应被看作知识),也不是一个简单的技术问题(怎样组织和储藏知识以使儿童获得和掌握它),更不是一个纯粹的心理学问题(怎样让学生去学习),相反,课程知识问题是一个关涉意识形态的问题。进入学校的知识是对较大可能范围的社会知识和原理进行选择的结果。"它是一种来自某个方面的文化资本形式,经常反映我们社会集体中有权势者的观点和信仰"②,是主流阶级的权力、意志、价值观念、意识形态的象征和体现。因此,只有把课程放回到更大的政治、经济与文化的背景之中,才能揭示出课程中所蕴含的意识形态本质及作用机制。

从社会动因来看,新教育社会学的诞生与发生于 20 世纪 60 年代以"西方马克思主义"思潮为思想武器的激进主义"新左派"运动有关。在一些"西方马克思主义"者看来,资本主义社会自进入垄断时期以来,就发展了一种新的虚假民主的独裁主义统治形式,即"文化霸权"。它通过文化和教育领域把它的意识形态"合法化",以培养它所能接受的思想和行为模式。通过这种意识形态的控制,它把人的主体性以及人性消融在一种不可抗拒的预设框架中,最终使人成为一种没有反思力的"单向度的人"。资本主义社会的这种普遍异化只有通过"日常革命""总体革命"才能消除。正是这种广泛发生在法国、西德、意大利、美国等国家的激进主义"新左派"运动促成了新教育社会学的产生和发展。新教育社会学可看作是对"新左派"运动的逻辑和概念的重复和进一步引申。如阿普尔、韦恩·欧(Wayne Au)指出:批判教育研究的主要功能之一是揭示外在广泛社会的剥削和统治与教育政策以及实践

---

① [英]麦克·F. D. 扬. 知识与控制:教育社会学新探[M]. 谢维和,朱旭东,译. 上海:华东师范大学出版社,2002:40.

② [美]迈克尔·W. 阿普尔. 意识形态与课程[M]. 黄忠敬,译. 上海:华东师范大学出版社,2001:8.

之间的相联系方式；批判教育研究的目的是利用概念性/政治性的框架，批判性地审视目前的现实，强调拓展反霸权行动可能存在或将会存在的空间；批判教育者应投身于挑战现存不平等关系的行动中；在此过程中，批判教育研究要承担起维护激进运动传统以及保持其活力的任务；批判教育者的行动必须与进步的社会运动相呼应，以获得它们的支持，并参与到反右翼的理论假设和改革的行动中来。①

依照这样的研究取向，提出"谁的知识最有价值"这样的问题，就不单只是揭示外在社会不平等与知识的分层分类之间的内在联系，而是通过对这样的事实的揭露和分析，反抗统治阶段的意识形态控制，反对"文化霸权"，为重构一个民主、公正的教育世界乃至社会生活世界作出努力。②

在解构这种霸权的同时，人们也在建构着知识与权力的关系。一些因为未获得普遍的同意而成为被压制的知识也因此被解除遮蔽并备受人们关注。如教师的知识、学生的知识等。在批判课程理论追问课程知识是"谁的知识""代表着哪一个群体的利益"的同时，概念重建主义的另一支存在体验课程开始摒弃传统的课程研究模式，而转向通过自传和传记文本来理解课程。在他们看来，课程理论需要发掘教师以及学生甚至研究者本人自己的声音、他们在课程中的履历和存在体验。这对于理解课程有着重要意义。

二、"学生的知识最有价值"的隐现

随着这样一种知识场景的转换（事实上在这里知识已由现代主义的场景转入了后现代主义的知识场景），在我国基础教育课程改革的理论与实践领域，便出现了一种"学生的知识最有价值"的呼声。相对于社会（学科）知识，它更关注学生的个体经验、体验或者说缄默知识，关注学生对知识的建

---

① 迈克尔·阿普尔，韦恩·欧. 批判教育学中的政治、理论与现实（上）[J]. 比较教育研究，2007（9）：1-9.

② 邓素文. 从提问方式看近现代课程知识价值观的变迁[C]//中国地方教育史志研究会，《教育史研究》编辑部. 纪念《教育史研究》创刊二十周年论文集（19）：外国教学与课程教材史研究，2009：74-78.

构和生成。这也是引发近年来课程与教学理论界关于知识的论争的主要原因。这种呼声主要由一些课程改革专家发起，在基础教育课程改革中，逐渐成为一种强劲的观念力量，影响着教师的教学行为和教学实践。

（一）"学生的知识最有价值"观点举隅

一般来讲，人们并没有明确地、旗帜鲜明地提出"学生的知识最有价值"这一观点，但我们仍然可以通过人们的知识观、学生观、课程观、教学观等体察出这样一种看法。

1."真正的知识是学生主动建构的。"

人们反对将知识定义为人类的认识成果，认为它体现了一种本体论的知识观，这种知识观存在着把知识与知识由以产生的情境割裂开来、把知识与教师和学生的经验割裂开来、为了使知识普遍化而把认识或知识与价值强行割裂等问题，[1]"知识的客观化追求是以牺牲个体知识因素为代价，违背知识建构的两种契机——'建构性契机'与'反映性契机'的辩证法的"。[2]

有论者运用教育社会学的视角对学校知识进行了解构。学校知识是指学校所选择、组织、评价的知识，是纳入学校课程借助文字以教科书形式所传递的那些学术性、理论性知识。作者赞同扬的观点，认为学校知识的主要特征是：强调同口头表达相对立的、借助书面文字的"文字文化性"；在学习过程与学习成果的评价中回避合作的"个人主义"；学习者的知识是零碎知识之堆积的知识的"抽象性"以及片段性；知识同日常生活和经验脱节这一"无关联性"。[3] 这种知识通过社会需求的权威、教育行政的权威、教师的权威、学术内容的权威取得了在学校课程中的合法地位，如今正面临着合法性的丧失。[4]

由此人们对知识进行了"概念重建"，认为"知识不是游离于认识主体之

---

[1] 张华. 试论教学认识的本质［J］. 全球教育展望，2005（6）：7-8.
[2] 钟启泉. 概念重建与我国课程创新［J］. 北京大学教育评论，2005（1）：49.
[3] 钟启泉."学校知识"与课程标准［J］. 教育研究，2000（11）：50-51.
[4] 钟启泉."学校知识"的特征：理论知识与体验知识［J］. 全球教育展望，2005（6）：3-5.

外的纯粹客观的东西",学校知识是"课堂情境的教学过程中师生互动的历程与结果"。"何谓真正的知识是一个与如何习得知识密切相关的问题",因此,知识应通过对学习过程的解释而得到重新界定。对于学生来说,真正的知识是"学习者主动建构的"。①

2."课程是一种以人类生活经验和个体生活经验为内容,通过儿童在生活世界中对这些内容的批判和反思性实践,沟通儿童的现实生活和可能生活的教育中介。"

人们一般从后现代主义的视角出发,把课程视为"跑"的过程,是个体履历经验的重组,它根植于学生的生活经验或履历情境。这种课程观强调儿童在课程中的主体地位,强调个体意义在课程中的建构和生成,因而反对把课程视为学科或知识,反对把课程视为预先设定的目标或计划,认为基础教育改革要实行"课程范式从'科学中心主义课程'向'社会建构中心课程'的转型"②。总之,"不能把课程仅仅理解为有关教育内容的东西或文本,而要把课程动态地理解为学生反思性和创造性实践来探寻人生意义的活动及其过程"③。

相比于文本课程,课程更是一种体验课程。体验立足于精神世界以及人、自然、社会整体有机统一的存在界,是意义的建构,存在的澄明,价值的生成;体验消弭了间接经验与直接经验的对立,人往往能在高峰体验中窥见终极的真理、事物的本质和生活的奥秘。④

3."教学要回归生活世界。"

人们认为,目前我国教学最大的弊病是"主知主义",把知识的习得(认识)当作教学唯一的任务和目的,"遗忘了人的存在意义"。重返生活世界,是教学的必然选择。

在他们看来,教学更应该是以理解为基础的体验生活和建构生活的过程。

---

① 钟启泉. 概念重建与我国课程创新:与《认真对待"轻视知识"的教育思潮》作者商榷[J]. 北京大学教育评论,2005(1):48-57.
② 钟启泉. 中国课程改革:挑战与反思[J]. 比较教育研究,2005(12):19.
③ 郭元祥. 新课程背景下课程知识观的转向[J]. 全球教育展望,2005(4):19.
④ 张华. 体验课程论:一种整体主义的课程观(中)[J]. 教育理论与实践,1999(11):30-33.

教师与学生的关系是一种特殊的交互主体性关系，教师是"平等中的首席"。学生的权利应受到尊重。在教学的内容上，系统的文化科学知识不再在教学中占据中心地位，生活成为教学的一个重要素材来源。在教学的方式上，强调学生的探究、发现，要"改变过于注重知识的传授现象，注重利用更多的方式，特别是引导学生进行知识建构的方式进行知识教育"[①]，知识与技能、过程与方法、情感态度价值观构成教学的三维目标。

仔细体会以上关于知识、课程、教学等的论述，我们看到，人们之所以要摒弃传统的关于知识的定义，而对知识进行概念重建，并不是因为人们不承认在学生建构的知识之外还有诸如人类的认识成果或者说作为人类文化遗产的知识（而且这也是人们无法否认的），而是其希望力证这样一种观点，即对于学生来说，什么是真正的知识，什么是对其有真正意义的知识。结论则是只有学生自己主动建构的知识才是真正的知识。"知识只是个体对其经验的理解与意义化。"[②] 这也就使"学生的知识最有价值"这一观点呼之欲出。而在课程与教学中，对体验、意义、生活世界等的强调，就是这一观点的具体体现。

这种知识价值观表明，对于学生来说，他们完全拥有决定知识为何以及什么是被决定的权力，这就把知识与权力紧密地联系起来。从实质上讲，这是一种主体主义知识价值观的表现，即完全以主体的尺度而不是以知识本身的性质和特点来衡量知识的价值或者知识作为知识的价值。对于社会上的不同主体而言，其衡量的尺度是不同的。因此也就有了"教师的知识""学生的知识""农民的知识""工人的知识""专家的知识"等等。而对"学生的知识"的强调，从另外一种角度来说，也就是突出学生作为教育主体的地位，凸显学生的价值。

（二）"学生知识"价值取向的积极意义

如前所述，"学生的知识最有价值"这一观念的出场，体现了人们将学生

---

① 钟启泉，有宝华. 发霉的奶酪：《认真对待"轻视知识"的教育思潮》读后感[J]. 全球教育展望，2004（10）：5.

② 钟启泉. 概念重建与我国课程创新：与《认真对待"轻视知识"的教育思潮》作者商榷[J]. 北京大学教育评论，2005（1）：49.

确认为知识价值主体以至教育主体的意图和愿望。因为对于学生来说，他的主体性正在生成之中。因而就他本身来说，他的主体性是受到压制遮蔽还是得到伸展舒张并不仅由其本身所决定，而在很大程度上仰赖于教师或外在力量承认并给予他发挥这种主体性的机会。主体主义知识价值观把学生确认为知识价值主体以至教育主体，因而有着其深远的意义。

1. 消解知识对学生的压制

我们前已论述过，在客观主义知识价值观的观照下，人们把知识的价值看成为知识本身所固有，且是由其绝对的真理性所决定的。这就使知识在学生面前构成一种价值的先在性，使其对学生拥有一种绝对的发号施令的权力。但是在持"学生的知识最有价值"的人们看来，知识（这里指学科或社会知识）从来就不具有这种天然的权力，知识不是"外在于人的、普遍的、供人汲取的真理"。[①] 对他们来说，"人"才是教学应该关注的真正对象，应该从学生的发展来看待知识以及知识的再生产，而不是将学生视为灌输知识的容器或储存知识的仓库。

基于这种思想，他们对（学科）知识与学生的关系进行了改革。首先，他们坚决要求摒弃学科知识在教学中的中心地位，"改变课程结构过于强调学科本位、科目过多和缺乏整合的现状"[②]，要求"学科教学一定要以人的发展为本，服从、服务于人的全面健康发展"[③]。其次，他们要求改变在教学过程中机械地传递知识的现象，而倡导自主发现、合作、探究的学习方式，认为学习不是等待知识的传递，而是基于自己与世界相互作用的独特经验去建构自己的知识并赋予经验以意义。同时，他们要求教师与学生建立一种平等对话的关系，教师与学生从各自的经验出发展开对话，促进观念的交流和更新。教师是"平等中的首席"。而且，把教学目标拓展为三维目标，即知识与技能、过程与方法，以及情感、态度与价值观，改变过去只重视知识目标的

[①] 钟启泉. 概念重建与我国课程创新：与《认真对待"轻视知识"的教育思潮》作者商榷 [J]. 北京大学教育评论，2005（1）：49.

[②] 钟启泉，等. 为了中华民族的复兴　为了每位学生的发展：《基础教育课程改革纲要（试行）》解读 [M]. 上海：华东师范大学出版社，2001：4.

[③] 朱慕菊. 走进新课程：与课程实施者对话 [M]. 北京：北京师范大学出版社，2002：118.

做法。

应该说，以上这些措施无疑在很大程度上消解了（学科）知识对学生的压制，改善了学生在知识中的生存状态，使学生从被遮蔽的状态中解脱出来。

2. 体现对学生精神世界的观照

从某种意义上来说，人是一种精神的存在。一个人成其为独特的人的关键之处在于他的精神性。人的精神有多种层次，"真正的精神性的展现……直接分享宇宙的内在生活，并用我们的劳动去推动它，正是这样的可能性，给了生活以稳定性、自发性和崇高性，用一种内在的欢快去鼓舞它"①。也就是说，生活不可能从外在于它自身的任何形式获得确定性或可靠性。它必然从其自身展开，"从内部展开一个真实的世界，通过所有这些丰富的表现而保持一种确实的泰然自若"，而在这一切之中，"总是隐含地认为人的劳苦和努力有赖于一种独立的精神生活的支持"②。对学生而言，他必定在繁忙的学习的劳苦之中，需要某种精神性的东西，来作为他对这种劳苦的解释和意义的设定。这就需要知识不仅以一种外在的形式增进学生的功利生活，而更应该作为一种内化于中的力量滋养学生的心灵，丰富和提升学生的精神世界。

在客观主义知识价值观的支配下，由于从知识的尺度出发来阐释学生的生活，这就不可避免地造成知识对学生的生活的切割。因而学生的生活从来都是不完整的、片段式的。在科学主义知识价值观的视野中，生活只是一种功利的生活，知识对于学生的价值也就是促进学生的这种功利生活。正如我们前已论述过的，斯宾塞将生活从功利的角度分为五个方面，每一个方面都直接指向人的现世生存，而缺乏对人的精神生活的关照。在我国的课程与教学中，也经常把知识与文凭、较高的社会地位等同起来，反而遗忘了人的生存意义，使精神生活陷于枯竭。

以学生来决定知识为何，尊重学生的个体经验以及对生活的感受，注重学生情感的一面，这就使得知识对于学生精神涵养的价值凸显出来。而人们

---

① ［德］鲁道夫·奥伊肯. 生活的意义与价值［M］. 万以，译. 上海：上海译文出版社，1997：95.
② ［德］鲁道夫·奥伊肯. 生活的意义与价值［M］. 万以，译. 上海：上海译文出版社，1997：108.

所倡导的体验教学则直指学生的精神世界，以促进学生精神的生长发育。根据人们对体验的论述，我们可以把对体验的理解归纳如下。第一，从空间上来说，体验融通世界与自我，它以生命为前提，直接将对象融入自己的生命意识之中，以自己的整个生命去参悟和体会，是一种物我一体的境界。第二，从时间上来说，体验连通过去、现在和未来，体现了生命永不停息的流动。第三，从生成上来说，体验生成的是对生命的感悟和体会，是一种超越性的、个性化的经验，揭示的是世界的意义和生命的意蕴。以此来看，体验超越了知识以及世界对人的控制，或者人对世界的控制，使人在一种忘我的境界中获得精神的愉悦和满足。此时，知识也就转化为人的一种内在精神，并日益成为人的一种内在品格。

3. 凸显学生的差异性和多样性

在客观主义知识价值观看来，知识的价值是由知识本身的性质和特点所决定的，那么，它的价值对于学生来说是普遍的。也就是从这里出发，人们规定着统一的教学目标、统一的教学程式、统一的教学评价细则等。"高"的学生被压低，而"矮"的学生则被拉拽着以便向平均看齐。这样学生的发展似乎只有一种可能性：即按照预设的方向进行。这种做法不但摧折着学生的个性，也消弭了他的发展的多种可能性。

而承认学生的知识的价值，这就将学生的主体性凸显出来，从而也就将学生的多样性和差异性凸显了出来。学生也就不再被看作一个面目模糊的整体。在主体主义知识价值观看来，每个学生都有着自己的知识、经验、兴趣等，因此，每个学生都应该被鼓励基于自己的经验对文本进行不同的解读并生成意义。这就改变了过去只向学生要求"唯一答案"的做法。这种做法曾经禁锢了多少学生的思想，使他们的思想日益变得呆板、僵化！同时，由于这种知识价值观以学生知识的生成为目的，因而不再把教学看成是一个预设的过程，而是把它看成是一个生成的、复杂的、动态的过程，教师和学生随时可以根据兴趣和需要调整教学的步伐和方向。这就使学生的发展具有了多种向度和可能性，而并不固守于一隅。这些应该说对于促进学生的多样发展有着积极的意义。

以上我们历数了"学生的知识最有价值"提出的积极意义。应该说，它不仅对人们的观念也对基础教育改革实践发挥着积极的影响。它在一定程度上改变了传统教学的机械呆板沉闷状态，使教学变得丰富生动起来，并焕发出生命的活力。不过一个硬币总有其两面，对于"学生的知识最有价值"这种知识价值观来说，由于它建立在对传统教学的激烈批判之上，唯其激烈，因而不免带有偏激性和片面性。

第二节 "学生的知识最有价值"的诘问与反思

"谁的知识最有价值"这一提问方式深刻地揭示了体现在学校知识的选择、分配、组织以及评价中的资本主义社会阶级、种族、性别等方面的冲突和矛盾；但同时它也面临着一种将知识虚无化的危险。这是因为，如果纯粹地以主体的尺度——权力来衡量知识以及知识的价值，那么，面对不同的利益群体，衡量知识之为知识的标准也就会不同，利益的不可相交性带来知识的不可共享性。知识由于权力或利益的博弈而失去了存在的自足性。这也是阿普尔的理论遭受批评最多的地方。如莱波维茨指出，当他"披露学校课程中的意识形态时，却把意识形态强加给学校了，这样，一种偏见换成了另一种偏见，课程领域因而陷入一种意识形态战争，取代了真理的追求"[①]。"学生的知识最有价值"难免也落入了相似的窠臼。如果从提出的背景来看，"学生的知识最有价值"这种观点有着其先天的不足。第一，这种知识价值观是建立在后现代主义知识场景基础之上的。而对于后现代主义来说，其解构性远远大于其建构性。第二，这种知识价值观主要是针对我国课程与教学中严重的知识压制学生的现象提出来的，这就使它有意采取一种激烈的形式，其批判性远远大于它的建设性。为此，我们还需要廓清以下几个问题。

---

① 转引自黄忠敬. 意识形态与课程：阿普尔的课程文化观 [J]. 外国教育研究，2003（5）：1-6.

一、学生是谁?

(一)主体主义知识价值观视野下的学生

从这种知识价值观对学生的认识上看,至少存在着两种误区。第一,把学生等同于一般的日常生活中的人。第二,把学生抽象化为一般的人的概念。以下我们对此作出详述。

第一,从人们要求教学回归生活世界来看,这是把学生等同于一般的日常生活中的人。根据人们的论述,人们所提的"生活世界"是从胡塞尔(Edmund Husserl)的"生活世界"概念那里借鉴而来的。胡塞尔在其《欧洲科学危机与超验现象学》一书中,指出实证科学在表面繁荣的同时,对于人生的根本问题,即人生有无意义的问题,却什么也没有说。因此,科学的"危机"表现为科学丧失生活意义。据此来看,人们正是在这一点上得到灵感,有感于学生在日复一日面对书本世界时,在一天天地丧失生机和活力,因此和科学世界一样,这种书本世界也在丧失着生活意义,并且毋宁说这种书本世界就是科学世界。因此需要教学向生活世界回归。

从胡塞尔的"生活世界"概念来看,生活世界是一个与科学世界相对的日常生活世界。这也是一般被人们所认同的。比如胡塞尔在指出生活世界是科学世界的被遗忘了的意义基础的时候,说"而这个最为重要的值得重视的世界,是早在伽利略那里就以数学的方式构成的理念存有的世界开始偷偷摸摸地取代了作为唯一实在的、通过知觉实际地被给予的、被经验到并能被经验到的世界,即我们的日常生活世界"。①

在胡塞尔看来,生活世界(或者说日常生活世界)是一个前科学的、非主题化的世界。也就是说,生活世界是一个经验的、可直观的实在世界,是"在我们的具体的世界生活中不断作为实际给予的世界"。② 在这个世界中,人

---

① [德]胡塞尔. 欧洲科学危机与超验现象学 [M]. 张庆熊,译. 上海:上海译文出版社,1988:58.

② [德]胡塞尔. 欧洲科学危机与超验现象学 [M]. 张庆熊,译. 上海:上海译文出版社,1988:59.

们采取的态度是一种直观的态度，人们并不对这个世界的存在发生怀疑、提出问题，并不把它当作一个课题来研究。用胡塞尔的话来说，就是"这是一个对我们来说永久有效的，具有无疑的确定性的，简单地摆在我们面前的世界；这个世界具有这样那样的在特殊的实在对象方面的内容，这些内容只是有时在个别的细节方面被提出疑问，或被认为是无效的假象"。①

这也就是说，处在生活世界中的人们对待生活的态度是一种自然的态度，他们对生活世界的一切存有不予怀疑或者说"只是有时在个别的细节方面"提出疑问。除此之外，人们尚有两种对待生活的态度，那就是科学的态度和哲学的态度。它们均是超越生活世界的态度，或者是把生活世界当作问题来研究的态度。从生活态度中苏醒过来的人首先对世界或生活采取的是科学态度，也称理论态度，在科学态度产生之后哲学态度才进而产生。由科学态度看世界所产生的就是科学世界。科学世界源于人们将生活世界的经验主题化，是一个符号世界或观念世界。而哲学的态度则是一种反思的态度。胡塞尔认为科学的危机也就是哲学的危机，因为科学家并不追溯自己工作的产生、反思自己研究的意义。这个工作应由哲学来承担。

对于胡塞尔来说，"回归生活世界"与其说是一种科学的态度，不如说是一种哲学的态度，即"通过一种高于生活的朴素性的反思，正确地向生活的素朴性回归，是唯一可能的一条克服那种处于传统的、客观的哲学的所谓'科学性'之中的哲学素朴性的道路"。② 哲学需要帮助科学认识到，"当谈论'客观性'的时候不考虑经验这种客观性、认识这种客观性、实际地具体地造就这种客观性的主观性；这是一种素朴的观点；研究自然或研究整个世界的科学家看不到他们所获得的一切作为客观真理的真理和作为他们的公式之底基的客观世界本身（日常的经验的世界和高层次的知识的概念世界）是在他们本身中发展起来的他们自己的生活构造，这也是一种素朴的观点。一旦我

---

① [德]胡塞尔. 欧洲科学危机与超验现象学[M]. 张庆熊，译. 上海：上海译文出版社，1988：90.

② [德]胡塞尔. 欧洲科学危机与超验现象学[M]. 张庆熊，译. 上海：上海译文出版社，1988：70.

们注视到了这种生活，这种素朴的观点自然就不再可能站住脚了"。① 通过生活世界理论，胡塞尔阐明了生活世界是科学世界的根基，科学世界的意义正是由主体在生活世界的实践中被赋予的。但这并不代表胡塞尔要以生活世界代替科学世界，要求科学世界返回到生活世界，而是通过寻找科学世界的始基，以解除它的危机，并促进科学的进步和发展。

通过对胡塞尔的生活世界理论的简要叙述，我们获得了这样的一些认识，即在胡塞尔那里，生活世界实际上是一种日常生活世界，沉醉于其中的人们对生活采取的是一种自然态度，生活世界是科学世界的意义基础，科学世界只有扎根于生活世界才能摆脱已发生的持续的危机。但科学世界并不就因此要向生活世界还原。它们是两个不同的世界。

反观我国课程与教学领域对"教学回归生活世界"的解释，可以肯定的是，人们确实是受胡塞尔的启发而提出这一命题的，并借鉴胡塞尔的生活世界概念，将其理解为日常生活世界。但是也有人对其提出辩解，认为在胡塞尔那里，生活世界并不等同于日常生活世界，而是一种人在其中的心物统一的世界，教学回归生活世界之生活世界也就意指"对人生有意义的，且人生在其中的世界，生活着的心物统一的世界"以及"人生的过程、人的生成与发展的过程"。② 但是这样一来，就把学生变成一种抽象的人了。此处不加详辩，之后我们还会提到。

因此，如果排除这种说法的话，"教学回归生活世界"命题的实质也就是要求教学返回日常生活世界。既然是返回这样一个世界，那么对于学生来说，也就是回归到日常生活的人的身份，其对生活所抱持的态度也应是一种自然的态度，即不怀疑、不发问，对一切事物"中止判断"。也就是说，在这样一种世界中，学生与日常生活的人无异，或者说学生就是沉湎于生活世界的日常生活的人。

第二，把学生抽象化为一般人的概念。这种认识来源于人们直接从哲学的角度对教育中的人进行关照。更具体地说，人们一般受西方人本主义思潮

---

① ［德］胡塞尔. 欧洲科学危机与超验现象学［M］. 张庆熊，译. 上海：上海译文出版社，1988：8.

② 郭元祥. "回归生活世界"的教学意蕴［J］. 全球教育展望，2005（9）：33.

的影响，根据其思想理念对教育中学生的生存状况进行比照，因而发出了要求以"人"为中心的呼声。

现代西方人本主义思潮兴起于19世纪中叶，以叔本华（Arthur Schopenhauer）的唯意志论为开端，涵括了生命哲学、人格主义、现象学、存在主义、解释学、法兰克福学派等多种学说。人本主义思潮虽呈现为各种形态，但其基本特征是以人为中心和准则。从我国学者所撰论文来看，人们引用最多的是胡塞尔的现象学理论、海德格尔（Martin Heidegger）的存在主义、哈贝马斯的交往理性和行动交往理论等。如果再仔细察看，我们会发现，在其撰文中，学生的字眼一般很少出现，人们大部分都在谈"人"以及应该怎样看待教育中的人。这就表明人们对学生的认识依然停留于抽象的人的层面，而没有具体到学生之所以作为学生的层面。

（二）学生到底是谁？——我们关于学生的认识

我们以为，学生至少在以下方面表现出他的特殊性。

第一，学生是发展中的人。一般意义的发展，是指"事物由小到大、由简到繁、由低级到高级、由旧质到新质的变化过程"[1]。教育学和心理学意义上的发展，特指人的各种特征在结构上和机能上的有意义的变化。"所谓发展，就是指人的潜在能力在适应自然环境和社会环境的生活中，有规律地逐渐展现为人的属性的过程。"[2] 学生是发展中的人，一方面表明学生的身心还处于未成熟的状态；另一方面，则说明学生已经表现出发展的种种态势和正在发展的迹象。

学生的身心还处于未成熟的状态，这就意味着学生的经验不是自明的，不是终极的。正如杜威所说："它本身不是完成了的东西，而只是某些生长倾向的一种信号或标志。"[3] 杜威总结了两种对待学生经验的态度：一种是从道

---

[1] 全国十二所重点师范大学. 教育学基础 [M]. 北京：教育科学出版社，2002：129.

[2] 王希尧. 人本教育学 [M]. 成都：四川教育出版社，1999：126.

[3] [美] 约翰·杜威. 学校与社会·明日之学校 [M]. 赵祥麟，等，译. 北京：人民教育出版社，1994：121.

德和理智上对学生极端轻视，把学生的经验看成一种匮乏的东西；另一种则是对学生的经验过于热情地理想化，把它们看成是一些完成了的东西。从我国的教育理论与实践来看，应该说这两种态度都是切实存在的。

第一种态度导致人们不相信学生的自我发展能力，认为学生的发展完全需要依靠外在的力量，因而把着力点放在对学生的控制和管理上。在教学方面，一方面体现为教师将学生的经验、感受、体验以及意见等一概视为原始的、粗糙的、低劣的东西，要求学生摒弃或将其改造为合乎书本要求的东西（如话语方式等）。另一方面，则体现为人们把书本知识、教师的话语以及教学参考书等奉为绝对的权威，学生需要服从权威而不是质疑权威。这种态度在我们前已论述过的客观主义知识价值观中极为常见。可以说，对知识的态度与对学生的态度，二者有着相辅相成的关系，相互牵连，相互影响。

第二种态度则导致人们对学生的经验、能力等过度赞扬，过分信任，教师因而在对学生的教育上无所作为。我们在"教学回归生活世界"以及"师生之间首先是一种平等交往关系"等的提法中可以看到这种学生观的具体体现。人们认为，只要是学生"自主建构"的就是好的，只要是学生的自我体验，必然会促进学生心灵世界的丰富以及对人生意义的感悟。在这里，也许杜威的话能使我们对此保持一份必要的警觉。人们"没有看到，即便是那些最令人喜悦的和美好的表现，不过是一种信号，而且当它们一旦被看作是一些完成了的东西时，它们就受到糟蹋和损坏。把一定年龄的儿童所表现的现象作为自明的和独立自足的，就不可避免导致放任和纵容。'新教育'的危险就在于把发展的观念全然是形式地和空洞地来理解。我们希望儿童从他自己心中'发展'出这个或那个事实或真理。我们叫他自己思维，自己创造，而不提供发动并指导思想所必需的任何周围环境的条件"。①

因此，我们的态度是一方面要看到学生的经验既是前一阶段发展的结果，又孕育着继续发展的种子，表露出发展的迹象；另一方面也要看到它们的稚嫩性和未完成性，对它们进行积极的引导和提升。这是从时间方面来谈。从空间方面来看，对于学生的经验或者更有针对性地说是"学生的知识"要区

---

① ［美］约翰·杜威. 学校与社会·明日之学校［M］. 赵祥麟，等，译. 北京：人民教育出版社，1994：122-123.

别对待，不能一概否决，也不能一概喝彩。哪些闪现了智慧的火花，哪些只是情绪上的宣泄，哪些又是随声附和等，都需要明察。

第二，学生是在教师指导下专门从事学习的人。以上是就学生作为一个人与其他人（比如成人）相区别而言的。学生是在教师指导下专门从事学习的人，则意味着学生作为一种社会角色，与其他的社会角色诸如教师、自学者、作家、科学家等有着显著的不同。

就学习而言，人们从不同的角度对其有着不同的界定。据《学习科学大辞典》总结，至少存在着十种有代表性的关于学习概念的论述。如行为变化说、经验获得-行为变化说、信息加工说、学习功能说、学习认识说、学习内化说等等。[1]虽然人们对学习的表述不一，但有一点是基本的，那就是学习源自个体对自身发展的需求，其目的也就在于促进个体的发展。比如学习内化说把学习视为"客观世界在主体中内化并使主体发展的过程"[2]；心理学把学习定义为"有机体在后天生活过程中经过练习或经验而产生的行为或内部心理的比较持久的变化过程"[3]；等等。这些都表明学习是一种自身关切的活动，最终指向个体心理机能的改善和提高。

学生是在教师指导下专门从事学习的人，这就意味着学生的主要活动是一种学习活动，它既区别于教师以教为主的活动，也区别于科学家以研究创新为主的活动，或者农民和工人以生产物质资料为主的活动，等等。总体来讲，无论是教师、科学家，还是农民和工人等，其主要在于以自己的劳动（不管是脑力劳动还是体力劳动）服务于他人、服务于社会。虽然在这个过程中不能排除有学习的因素，但其最终目的并不在于学习，即将社会或他人的经验内化为自身的知识、技能、品德等，而是在这一基础之上，将由内化而来的知识、技能、能力、品德等进一步外化为精神产品或物质产品，以供他人或社会享用。下面具体谈谈教师的教与学生的学的区别以及科学家的研究与学生的探究的区别。

---

[1] 参见学习科学大辞典编委会. 学习科学大辞典［M］. 北京：新华出版社，1998：171-172.

[2] 学习科学大辞典编委会. 学习科学大辞典［M］. 北京：新华出版社，1998：172.

[3] 莫雷. 教育心理学［M］. 广州：广东高等教育出版社，2002：34-35.

对于教师来说，其主要工作在于"教"，即教学生学。我国《学记》对此早就作出过精辟的论述。它指出，一个教师要胜任教学的工作，首先就应了解教学成功的原因以及教学失败的原因，也就是说，教师要了解学习的特点和规律，以掌握教育的时机和节奏。"君子既知教之所由兴，又知教之所由废，然后可以为人师也。"其次，教师还需要充分了解学生学习的心理状态，通过因材施教，补救学生学习的缺失并发扬他们的长处。它说："学者有四失，教者必知之。人之学也，或失则多，或失则寡，或失则易，或失则止。此四者，心之莫同也。知其心，然后能救其失也。教也者，长善而救其失者也。"[①] 以此来看，教师的"教"与学生的"学"有着本质的不同，虽然"教学相长"是教学所追求的境界，但不可否认的是，教师的"教"最终是为学生的"学"而服务的，而学生的"学"也是建立在教师的"教"的基础之上的。因此，不可轻易抹煞"教"与"学"的区别，或以"教"代"学"，或以"学"代"教"。主体主义知识价值观倾向于认为教师与学生的关系是一种平等交往对话的关系，如果从教师与学生都作为人的角度来看，这无疑是十分正确的。但这还没有触及教学的根本矛盾，即"教"与"学"的矛盾。离开了这个根本矛盾，教学也就不成其为教学，而这主要是通过教师与学生的角色差异来体现的。这也就说明，学生不是单纯意义上的人，他的特质通过他的具体活动表现出来。

学生的学习与科学家的研究活动有着某种程度上的相似。与科学家一样，学生在进行学习活动时，其对待生活的态度就不是一种自然的态度，而是一种科学的态度。也就是说，学生为了促使自己更好地认识世界，就需要把生活世界的经验主题化、问题化，并以一种探究的方式，促进自己对事物的深入认识，使"客观世界在主体中内化"以达到自身的发展。在这方面，强调学生也有探究的权利是十分必要的。但也不能因此盲目夸大学生的探究能力。与科学家相比，"学生并不是一个成熟的认识主体，他在进入教学系统之前并不具备完整的主体认识能力，他的主体能力需要通过教学活动来培养"[②]，因此，如果硬要要求学生像科学家一样从事科学探究活动，只会带来以下几种

[①] 高时良. 学记评注［M］. 北京：人民教育出版社，1983：4-5.

[②] 王策三. 教学认识论［M］. 北京：北京师范大学出版社，2002：9.

后果。即要么以高标准要求学生,这种标准非学生能力所能及,因而使学生对学习产生畏难情绪或者说产生学习上的无助感;要么将学生的发现均看作科学发现,这样虽可揭去科学研究的神秘感,但同时也将它庸俗化了。因此,对于学生的学习与科学家的研究活动,需要把握的重要一点是学习主要在于吸纳旧知,而科学研究活动却主要在于产生新知。也就是说,虽然两种活动都不可避免地包含着吸纳旧知与产生新知,但二者的侧重点却是不同的,这也是导致二者不同的分野之处。在一定意义上来说,正是这种主体活动的不同,才有了学生与科学家乃至其他社会角色的不同称谓。也因此,学生透过其所从事的活动而与其他群体或主体区别开来。

二、缄默知识是最有价值的知识吗?

以上我们已经从学生的特性出发笼统地谈了如何对待学生的经验(或者说学生的知识)。此处不再赘述。这里,只着重论述怎样看待缄默知识(体验知识)的价值。在主体主义知识价值观看来,缄默知识(体验知识)构成个人知识的主要部分,甚至有人把学生的个人知识直接等同于波兰尼(Michael Polanyi,又译波拉尼)所提出的个人知识概念,或者等同于缄默知识,并认为正是这种个人知识构成了体验性课程的知识论基础,与公共知识构成接受性课程的知识论基础相对。[①] 在这里,我们暂且存而不论人们对公共知识或社会知识的认识,而就缄默知识是否是最有价值的知识谈几点看法。

缄默知识是波兰尼于1958年在《人的研究》一书中提出的一个概念。这个概念后来为多位学者所发展。一般来说,缄默知识与显性知识相对,显性知识指用书面文字、地图、数学公式等表述的知识;而缄默知识则指无法用言语系统表述的知识,它与认识主体紧密相连,与认识主体共存亡。这些知识不能单靠规则或技术规条来传授,只能通过师傅带徒弟的方式才能获得。

在波兰尼看来,人的知觉可以不要正式证据,甚至不要明显陈述结果就

---

① 比如陈佑清等对个人知识的界定。参见陈佑清,李丽. 个人知识与体验性课程 [J]. 湖北大学成人教育学院学报,2003(6):19-21;白宗新. 个人知识与社会知识及其教育意义 [J]. 全球教育展望,2004(11):18-24.

能确立起对外部事实的观察，如人们能从众多张脸中认出自己熟人的脸，而科学也是建立在这种不明显的认识的基础上的。这种认识就是缄默认识。在缄默认识中，存在着附属物、中心目标以及将二者联结起来的认识者三个中心。对于三者的关系，可以用以下例子来说明。比如我们用一根棍棒在黑暗中探路。我们只是附带地注意到把探棒握在手中的感受，而注意中心却固定在探棒的一端，在那里探棒接触着途中的阻碍物。从探棒握在手中的感受到试探途中是否有障碍物，这是一种由此及彼的关系（from-to relation），也是附属物与中心目标的功能关系。而这种附带意识，也就构成了缄默认识。

在波兰尼的概念中，缄默知识对人的认识起着积极的作用。在科学研究中，科学家往往通过缄默知识将各种看似不相干的材料整合起来，而获得常人意想不到的发现。波兰尼指出，在科学的探究从开始到结束的漫长道路中，心的两种官能始终在共同地起着作用。其一是蓄意的想象的能力力量，其二是自动的整合过程，即直觉。"正是直觉感受到解决某个问题的潜在资源的存在，并发动想象去进行追求。而且也正是直觉在那里形成我们的推测、从由想象力调动的材料中最终选取有关证据，并把它们整合到问题解决之中。"[1]因此，波兰尼宣称，我们获得经验知识的能力却正是在缄默认识之中，"事实上，缄默的认识是所有知识的支配原则"。[2]

依此来看，缄默知识确实对人的求新知发挥着不可估量的作用。而且缄默知识往往大到反映着一个群体或社会的精神面貌和文化特色，小到体现一个人独特的知识结构和生活阅历。后来的研究者指出，缄默知识除了具有非逻辑性、非批判性、非公共性等特点之外，还具有"情境性""文化性"和"层次性"等特征。也就是说，缄默知识的获得总是与一定特殊问题或任务情境联系在一起，是对这些问题或情境的直觉综合或把握；缄默知识也与一定文化传统中人们所分享的概念、符号、知识体系分不开，因此，缄默知识不光体现在技能上，尤其在人们的社会和人文知识中渗透着大量的缄默知识；

---

[1] ［英］波拉尼. 缄默的认识［M］//唐晓杰，译. 施良方，唐晓杰. 教育学文集·智育. 北京：人民教育出版社，1993：136.

[2] POLANYI M. The Study of Man［M］. London：Routledge & Kegan Paul，1957：13.

同时，缄默知识还具有层次性，不仅有无意识的知识，还有能够意识到但不能通过言语表达的知识以及能够意识到且能够通过言语表达的知识。①

缄默知识的这些特点，决定了其具有多面性和复杂性。对于它的作用和功能，不能一概而论。首先，从专家与新手的区别来看，专家显然拥有专业或行业方面的大量的缄默知识，这使他面对特殊问题或任务情境时能迅速地整合各种资源，并作出有效的判断或操作。如酒类或茶叶品尝专家能辨别出不同品种的酒或茶的最细微的差别，有经验的 X 射线师能从病人肺部的透视照片中观察到哪怕是最微小的病变，高明的机械师不依靠任何仪器单凭听觉或触觉就可以判断出机器和引擎的种种故障，杰出的科学家凭直觉就能在各种杂乱无章的现象中窥探到隐秘的科学证据，等等。从这个意义上讲，通过体验性教学，让学生深刻体会知识的人文意境以及方法论韵味（每个学科都有其自身的方法论，而方法论的习得，不能仅靠掌握几套公式或规则，关键在于虚心涵泳、反复玩味），逐渐积累起这方面的缄默知识，对于学生的学习，则不无裨益。这类缄默知识，能使学习达到事半功倍的效果，因此教学要积极地创造条件，为它的生长提供环境和土壤。

其次，对于学生的缄默知识来说，其主要还是来源于他自身生活的周围世界，反映着本土的风俗习惯、伦理道德、宗教信仰、礼教传统等。通过耳濡目染，这些文化逐渐转化为学生自己的思想和观念，构成学生的缄默知识。如果单从这类缄默知识的特点来看，由于它深植于一定的文化环境，因此它既有可能积极地促进学生对与本土文化相亲和或者相似的文化知识的吸收，将其同化到自己的认知结构，扩大自身的知识面；也有可能使学生对与自身文化相异的知识采取本能排斥的态度，从而妨碍其对自身认识的改进。打一个不恰当的比喻。学会了开拖拉机的人，再学开汽车会较容易，他可以将他开拖拉机的缄默知识运用到开汽车上；但是若是叫一个学会了用筷子吃饭的人再用手抓饭，他是万万不肯的。或者比如生活在山区的孩子很容易体会到"会当凌绝顶，一览众山小"的气势和意境；而一些受"男尊女卑"思想影响的学生是很难接受"女子也会干一番大事业"这样的说辞的。

---

① 参见石中英. 缄默知识与教学改革 [J]. 北京师范大学学报（人文社会科学版），2001（3）：103-104.

另外，如果再从学生缄默知识的性质来看的话，有的只是中性地反映了学生自身的生活阅历，但也不排除一些陈腐的思想和观念隐藏在学生的缄默知识中，影响学生自身的发展，甚至在某种程度上构成对他人的危害。由于缄默知识的不可言传性、不可逆性，它也就很少能够像显性知识一样接受批判与反思，因此也是最不易察觉，在人的意识中也是最根深蒂固的。在许多学生犯错误或者犯罪的例子中，我们都可以看到这种缄默知识的破坏性力量。

因此，学生的缄默知识并不是一概有益的，并不必然促进学生的发展，同时也不是一概要加以摒弃的。学生的缄默知识恰恰反映了学生独特的人格以及独特的认知结构。而就教学要促进学生积极的体验而言，与其说它是一种好的教学的标准，不如说它是对好的教学的奖赏。也就是说，教学并不单纯地为了形成学生对学习的积极体验，它主要是以促进学生的学习为目的的。

在这里，需要指出的是，从波兰尼的知识理论来看，波兰尼提出"缄默知识"概念主要是为了加强他的个人知识理论。在他看来，缄默识知是所有知识的支配原则。这就使知识的个人性、主观性的一面昭然若揭。而对于知识是否具有客观性、普遍性，他在《个人知识：迈向后批判哲学》一书中已作出了明确的肯定。因此，我们要么认为波兰尼一方面指出缄默知识是人类知识的一种类型，一方面又指出知识具有客观性和普遍性是一种自相矛盾；要么认为波兰尼提出"缄默知识"概念只是为了强调知识的个人性和默会性。除此，别无选择。而我们宁愿选择后一种解释。

三、社会知识是否必然会遮蔽学生、构成对学生的控制？

"学生的知识最有价值"所表达的知识价值观由于把学生的个体经验、体验等（或者说学生的知识）放在教学的第一位，确认真正的知识是由学生主动建构起来的，因而从另一种角度否定了社会知识对于学生的价值，而只把它看作一种外在的控制的力量。对此，我们完全可以从人们对于种种概念（诸如知识、学习、教学、课程等）的重建中体察到这一点。

但是，问题是，否定了社会知识的教学是否还称得上是一种教学呢？或者从另外一种角度，我们首先需要廓清这样一个问题，以间接经验或者说社会知识为主的教学,是否就必然地遮蔽了学生、必然构成对学生的控制呢?

首先,我们认为,虽然批判课程理论与新教育社会学站在知识社会学的角度,揭示了学校知识与霸权、意识形态等的紧密关系,但这并不代表我们从此就应该取消"对较大可能范围的社会知识和原理进行选择"。① 正如特里·伊格尔顿(Terry Eagleton)所指出的,"后现代主义借助于揭露控制公共机构的常规,来使对公共机构的最坚定的接受非神秘化了,有时这样也就轻率地进入了某种牌号的新诡辩论,因为无论如何,所有的常规都是专横的,人们还是得遵守这个自由世界的那些常规"。② 同样地,在人们揭露了学校知识选择、分配和传递的整个过程与机制后,也没有一种天钩,可以使人们摆脱在知识选择过程中的各种权力的冲突和博弈;更没有一种天钩,可以将人们拉离社会意识形态对个体的规范和渗透,在教育中这种渗透主要是通过知识的教学来完成的。这也就是说,我们无法否定一切而使自己的自由建立在一种无根基的基础上。"因为完全难以看出在这里人可以真正地谈论自由,正如在阳光里舞蹈的灰尘粒子不是自由的一样。"③ 而人们能够做到的,就是使知识选择过程更加民主,能够反映多种声音和需求,并最终促进学生的发展。

其次,我们以为,知识虽然不可抗拒地与权力有着极其紧密的关系,但并不能就此把知识认定为某种主观的东西,或者如建构主义所说,"我们陈述的一切——我们所提出的每一样东西的表征,包括从物理到心理、地理到政府——之所以获得合法性,并不是因为它们有反映和描绘世界的能力,而是通过社会的交换过程"。④ 这也就是说,我们不能因为知识具有价值性,而完全把知识与价值(譬如权力)等同起来,除此之外,知识还具有真理的一面。这种真理性主要通过知识所具有的客观性反映出来。

---

① [美]迈克尔·W. 阿普尔. 意识形态与课程[M]. 黄忠敬,译. 上海:华东师范大学出版社,2001:8.
② [英]特里·伊格尔顿. 后现代主义的幻象[M]. 华明,译. 北京:商务印书馆,2002:35.
③ [英]特里·伊格尔顿. 后现代主义的幻象[M]. 华明,译. 北京:商务印书馆,2002:52.
④ [美]莱斯利·P. 斯特弗,等. 教育中的建构主义[M]. 高文,等,译. 上海:华东师范大学出版社,2002:19.

比如波兰尼在其《缄默的认识》一文中，首先就申明了这样一种观点，即虽然同实在有关的一切知识总是有不确定的内容，但是不相信科学能发现实在，要从事科学是不可能的；"并且我要重新确立对实在的这种信念，尽管再现的实在观念看来肯定不同于它以往的原型"。① 在《个人知识：迈向后批判哲学》中，波兰尼以"个人知识""缄默知识"概念表明知识的默会性和个人性，但是，这并不是说，知识就是主观的。在前言中，他就指出，"这就是识知者对一切理解行为的个人参与，但这并不使我们的理解变成主观的。领会既不是一项任意的行为，也不是一种被动的经验；它是一项负责任的、声称具有普遍效力的行为。从识知与某一隐藏的现实建立起联系——这种联系被定义为预期着范围不定的、依然未知的（也许还是依然无法想象的）种种真实的隐含意义的条件——这种意义上来说，这样的识知确实是客观的"。② 在"个人知识辩证"编中，他进一步指出，需要把积极地参与到我们的寄托之中的个人因素和我们仅仅于其中承受自己的感觉的种种主观状态区分开来。他认为，寄托是一种个人选择，它寻求并最终接受某种被认为与个人无关的东西；而主观性本质上完全是有关的个人所从属的某种状态。他说："这种区分确立了个人的概念，它既不是主观的也不是客观的。就个人因素服从它自己认为是独立于自己的要求而言，它不是主观的；但就它是一种受个体热情引导的行动这一点而言，它也不是客观的。它超越了主观与客观之间的裂缝。"③

在伽达默尔（Hans-Georg Gadamer）把"理解"看成求知的基本途径时，他仍然认为"理解本身不能被认为是一种主观性的行为，而要被认为是一种置身于传统事件中的行动，在这行动中过去与现在不断地进行中介"。④

---

① ［英］波拉尼. 缄默的认识［M］//唐晓杰，译. 施良方，唐晓杰. 教育学文集·智育. 北京：人民教育出版社，1993：119-120.

② ［英］迈克尔·波兰尼. 个人知识：迈向后批判哲学［M］. 许泽民，译. 贵阳：贵州人民出版社，2000：前言 2.

③ ［英］迈克尔·波兰尼. 个人知识：迈向后批判哲学［M］. 许泽民，译. 贵阳：贵州人民出版社，2000：461.

④ 洪汉鼎. 理解的真理：解读伽达默尔《真理与方法》［M］. 济南：山东人民出版社，2001：209.

伽达默尔称在海德格尔那里,"理解所包含的循环之积极的本体论意义第一次得到了明确肯定,为了达到真实性,我们的探讨应当关注于'事情本身',通过这样一种方式它或许能在'人自身内'得到把握。同样十分明显的是,忠实于文本意义的理解并非诸如一个纯朴的、多少有些朦胧的愿望或'善良意图'一类东西,相反正如海德格尔所指出的,它是阐释理解'自始至终的任务'"。① 在《真理与方法》一书中,伽达默尔通过对传统、成见、权威等的反思和再阐释阐明了理解并不是一种任意性的行为。例如,他认为,不仅理解而且一切认识都必然地包含某种成见。但是,"成见并非一定是未经证明的和错误的,以致它必然会歪曲真理。事实上,我们存在的历史性使得下述之点成为必然,即成见如其字面的意义所表明的那样,构成我们全部经验能力的最初直接性"。② 除了盲目的成见之外,还存在着具有知识创造能力的正当的成见。通过与艺术作品、文本遭遇,更一般地说,与传统所传给我们的东西遭遇,成见不断得到历练,保持对自身开放,从而达到"理解的真理"。③

我国学者王南湜指出,"作为知识,其内在的品格便是具有某种程度的必然性、普遍性,这是由反映人类活动之基本结构的思维形式所决定的"。④ 他的弟子王维国从知识的公共性维度涉入,对知识的客观有效性作出了进一步的论证。立足于马克思的实践哲学立场,王维国指出,在人类的生活实践中,人类形成了结构稳定的认知结构,它的客观有效性是直接基于人类有效生存而形成的。这种认知结构是个别实践和认识活动得以进行的"先验"构架,即"准先验综合陈述"。这种"先验"范畴作为一种深层的东西存在于"人类诸活动以及活动的物化形式之中,尤为重要的是包含于以语言符号为基础的

---

① 转引自[美]理查德·J. 伯恩斯坦. 超越客观主义与相对主义 [M]. 郭小平,等,译. 北京:光明日报出版社,1992:171.
② 转引自[美]理查德·J. 伯恩斯坦. 超越客观主义与相对主义 [M]. 郭小平,等,译. 北京:光明日报出版社,1992:158.
③ 洪汉鼎指出伽达默尔的《真理与方法》一书的任务在于"通过深入研究理解现象去使我们承认艺术的真理和一般真理的合法性"。见:洪汉鼎. 理解的真理:解读伽达默尔《真理与方法》[M]. 济南:山东人民出版社,2001:4.
④ 转引自王维国. 论知识的公共性维度 [M]. 北京:中国社会科学出版社,2003:序12.

文化体系中，而又由于工具的操作和语言符号的运用都必然以一种主体间社会交往为条件，因而人类社会交往自身便天然地具有一种认识论意义。正是在社会交往中，人类认识活动才解决了从纯粹思维形式的可能性或公共性向具有客观有效性的现实知识的过渡问题"。① 这也就是说，知识所具有的客观有效性，即某种程度的必然性、普遍性是由人类生活实践之基本结构所决定的。这就为知识的客观有效性提供了根据和作出了有力的证明。

英国教育哲学家穆尔（T. W. Moore）在《教育哲学入门》一书的第二章"知识与课程"论及教育社会学家认为课程反映了一定的阶级利益时，以寥寥数笔指出，社会的型态不同，社会发展阶段不同，就会有关于哪些知识最有价值的不同见解。虽然如此，但"不能由此得出结论说：社会创造其固有的知识，而知识由于其性质是社会地决定的，因而是相对的"。例如，"应用数学和科学的价值尽管在相当程度上依存于人们的思考和决策，但这些科目的真理并不依存于人们的思考与决定"。②

以上可见，在人们揭示了知识的价值性之后，我们仍有足够的理由认为具有某种程度的普遍性、必然性或者说真理性是知识的内在品格。而正是因为知识的这种内在品格，使它对于学生来说，具有某种潜在的价值。也就是说，学生需要通过知识的学习来获得认识世界的手段以及认识世界本身。这一点通过下面的陈述而得到加强。

再次，对于个人来说，种族经验（间接经验或者说社会知识）始终具有先在性，对个人构成先验的存在。文化人类学家认为，儿童一生下来就面临着一个复杂的文化世界，而这个文化世界是人类几千年创造、积累下来的。因此，"他必须首先从这个既定的复杂的文化世界中吸取价值和意义，而不像原始人类那样靠自己经验知识的缓慢积累来创造一个有意义的世界，然后在这个世界中肯定自己"。③ 卡西尔指出，除了在一切动物种属中都可看到的感受器和效应器系统以外，在人那里还可发现可称之为符号系统的第三环节，

---

① 王维国. 论知识的公共性维度 [M]. 北京：中国社会科学出版社，2003：210.
② [英] 穆尔. 知识与课程 [J]. 钟启泉，译. 外国教育资料，1995（6）：36-43.
③ 司马云杰. 文化价值论：关于文化建构价值意识的学说 [M]. 西安：陕西人民出版社，2003：10-11.

这个新的获得物改变了整个的人类生活。"人不再生活在一个单纯的物理宇宙之中,而是生活在一个符号宇宙之中。语言、神话、艺术和宗教则是这个符号宇宙的各部分,它们是织成符号之网的不同丝线,是人类经验的交织之网。人类在思想和经验之中取得的一切进步都使这符号之网更为精巧和牢固。人不再能直接地面对实在,他不可能仿佛是面对面地直观实在了。……他是如此地使自己被包围在语言的形式、艺术的想象、神话的符号以及宗教的仪式之中,以致除非凭借这些人为媒介物的中介,他就不可能看见或认识任何东西。"① 现象学大师舍勒(Max Scheler)从知识社会学的角度指出,在知识与社会之间,存在着一些基本公理。其中首要一条就是人类的全部知识是先于个体、预先给定的。也就是说,对于任何一个个体而言,只要他是社会的成员,那么,人类的全部知识对他而言,就不是经验性知识,而是"先天"知识,先于个体自我意识层次和自我评价意识而存在。换句话说,没有"我们"也就没有"我","我们"又充满了先于"我"而存在的内容。②

而正是这种先于个体的种族经验(社会知识)延续着种族的生存和社会的发展。李鹏程从另一侧面指出了这一点,他说:"社会化了的精神世界,是人的最重要的文化世界。在千百年的人类历史发展中,物质文化可能被毁灭,语言也可能演变,但只要记载人们的精神文化的典籍留存下来了,人们就有一笔由知识、意志和审美精神所构成的文化世界的财富。人们在一些时候,尤其在战争、外族入侵和自然灾害的危机时,是依靠这样一笔财富来维系个体以至整个民族的生存的。"③ 而反过来说,为了维系个体和种族的生存,就必须使种族经验得到传承,也就是说,需要让年青一代掌握这些种族经验(间接经验或社会知识)。

正如杜威所说,"社会群体每个成员的生和死的这些基本的不可避免的事实,决定教育的必要性。一方面,存在群体的新生成员——集体未来的唯一代表——的不成熟和掌握群体的知识和习惯的成年成员的成熟之间的对比。

---

① [德]恩斯特·卡西尔. 人论[M]. 甘阳,译. 上海:上海译文出版社,2003:41.
② [德]马克斯·舍勒. 知识社会学问题[M]. 艾彦,译. 北京:华夏出版社,2000:59.
③ 李鹏程. 当代文化哲学沉思[M]. 北京:人民出版社,1994:43.

另一方面，这些未成熟的成员有必要不仅在形体方面保存足够的数量，而且要教给他们成年成员的兴趣目的、知识、技能和实践，否则群体就将停止它特有的生活"。① 这也就说明，传递种族经验（间接经验或社会知识）既是社会赋予教育的神圣职责，也是教育诞生的关键原因。在人类社会发展的初期，人们主要通过生活和劳动对年轻一代进行教育，由年长者把工作、情感的习惯、思考传达给年轻人。这是一种非正规的教育。随着人类文明的不断进步，知识的不断积累和丰富，正规的学校教育也就成了传承这种文明经验的主要方式和途径。

因此可以说，（社会）知识不会必然地对学生造成遮蔽，而以间接经验为主、传递人类文明既是教学的内在规定，也是教学不可推卸的责任。持主体主义知识价值观的人们之所以认为以直接经验为主的知识教学必然构成对学生的控制，却是没有看到知识的传承既包含着继承，也包含着创新，是继承和创新连续发生的过程。这也就说明，只有把知识当成一种既定的真理，将知识与学生的价值关系颠倒过来时，知识才会成为一种控制的力量，使教学成为无"人"的教学。

四、相对主义知识价值观的困境

应该说，阿普尔提出"谁的知识最有价值"这一问题的初衷一方面在于阐明课程知识选择的权力冲突特征，以消解"什么知识最有价值"这一宏大叙事，将决定知识价值的隐蔽的权力主体呈现于光亮地带。这个问题因而要求人们"更多地注意课程的'原材料'，即知识来源于哪里，是谁的知识，支持哪个社会群体，等等"。② 同时，另一方面，基于进入学校的知识经常反映的是"我们社会集体中有权势者的观点和信仰"③，人们的最终目的还在于解

---

① ［美］约翰·杜威. 民主主义与教育［M］. 王承绪，译. 北京：人民教育出版社，2001：7-8.

② ［美］迈克尔·W. 阿普尔. 意识形态与课程［M］. 黄忠敬，译. 上海：华东师范大学出版社，2001：14.

③ ［美］迈克尔·W. 阿普尔. 意识形态与课程［M］. 黄忠敬，译. 上海：华东师范大学出版社，2001：8.

构这种知识与霸权的关系,这就意味着对"谁的知识最有价值"这一问题本身的消解。如阿普尔指出,"这就意味着课程学者在教育的内部和外部面对大量正面的批判必须采取一个支持的立场。其中最重要的'内在'姿态就是支持学生的权利(还有教师、被压迫群体和其他人的民主权利)。由于作为一个领域的课程其主要关注的任务之一就是获取知识和传统文化,尤其是那些已经成为选择性传统牺牲品的领域,学生有权免费获得政治上和文化上真实的信息并有权获得以此为基础的公开表达"。①

然而,只要知识还是"谁的知识",人们就必然会在课程知识的选择上面临着这样一个尴尬的境地,即不得不去追问谁的知识最有价值。这是由知识的无限多样性和丰富性与学生学习时间的有限性之间的基本矛盾所决定的。一般来说,人们所直接面临的抉择是社会知识与个人知识哪种知识最有价值的问题。在这种思维范式之下,倾向于人本主义的课程学者或其他个体把学生的知识作为最有价值的知识便是不难理解的了。

因此,问题的关键是知识究竟是不是谁的知识?以主体的尺度来界定知识又意味着什么?从谁的知识的角度来看,知识也就有女性的知识、男性的知识、农民的知识、工人的知识、教师的知识、学生的知识等等之别。在各种群体的知识之间存在着不可通约性。这就必然走向知识的相对主义。也就是说,在不同的群体那里,有着不同的衡量知识的标准,而且各种标准之间是无法由一个统一的"中心框架"加以检验的。或者正如理查德·J. 伯恩斯坦(Richard Bernstein)所指出的,"当我们着手处理像理性准则或理性标准这样一些基本问题时,相对主义者就宣称,我们永远不能摆脱谈论'我们的'和'他们的'理性标准(那些也许是'根本不可相比的'标准)的困境"②。如果进一步分析,不难发现,人们实在是以一种相对主义的知识价值观来看待各个群体或个人的"知识"的。也就是说,只有在人们承认各个群体或个人的思想观念以及生活经验都有其作为知识的价值时,这些群体或个人的知

---

① [美]迈克尔·W. 阿普尔. 意识形态与课程 [M]. 黄忠敬,译. 上海:华东师范大学出版社,2001:190.

② [美]理查德·J. 伯恩斯坦. 超越客观主义与相对主义 [M]. 郭小平,等,译. 北京:光明日报出版社,1992:10.

识才会凸显出来。或者更直接地说,知识的相对主义是建立在相对主义知识价值观之上的。比如,对于目前正在兴起的女性主义知识观来说,只有在人们不再对女性独特的生活经验、话语形式、研究范式等的价值提出质疑时,女性作为知识话语的主体才能凸显出来。这种相对主义知识价值观的实质是完全由主体决定知识之作为知识的价值,这也就是我们前面所说的主体主义。相对主义是主体主义知识价值观的必然结果。

以此来看,相对主义知识价值观尊重每一个群体乃至个人的话语权利,反对元话语和伟大叙事,以彻底的多元性来对抗普遍性与整体性的霸权,因而集中体现了社会民主化的思想。但同时,它也使人们面临着一种新的危险。即在承认每一个群体或个人都有其自身的知识的同时,也在将知识泛化为任何东西,甚至等同于个人的意见、感受或体验等等。昔日由柏拉图所明确划分出的知识与意见以及信念之间的界线在相对主义知识价值观那里已经日渐模糊,人们甚至干脆把知识定义为一种信念。从这个意义上来说,相对主义知识价值观不仅消解了知识,使知识陷入虚无化的境地,而且也在一定程度上消解了其自身。因为不存在任何确定的知识,或者说任何东西(当然这里主要指经验)都可以冠以知识的美称,当然也就无法谈及知识的价值了。

反观教育领域"学生的知识最有价值"的观点(或者说观念),虽然它以"真正的知识是学生主动建构的"等论断表明了学生知识的在场,但它又在其反面设立了社会知识(书本知识或者人类文化遗产)与其对立,从而陷入了非此即彼的矛盾境地。当然,如前所述,这一矛盾是相对主义知识价值观运用到课程领域所无法逃避的。关键的问题是,在将社会知识虚无化之后,学生的主体地位是否就因此真正地确立了起来呢?通过我们对这种观念所持的学生观的分析,我们看到,学生只是作为一种抽象的人(或一般的人)而被这种观念的持有者所赞美着。知识的虚无化带来的是虚假的主体,在众声喧哗的热闹景象背后是一种无深度、无方向,甚至是无根基的个人。

第三章 什么兴趣指向的知识最有价值
——课程知识价值观的转向

在体察了客观主义知识价值观与相对主义知识价值观的缺憾之后，我们试图在课程与教学领域重建一种新的知识价值观。俗话说，"条条大路通罗马"，这也就表明，解决问题的途径是多种的。因此，也只能把以下的建构看成是重建知识价值观的一种思路。

第三章　什么兴趣指向的知识最有价值——课程知识价值观的转向

第一节　知识、价值的重新释义

一、重申关于知识的立场

（一）知识的主观性与客观性

纵观认识论尤其是20世纪以来认识论的发展，我们看到，由实证主义所建构的科学知识具有绝对客观性的神话已日益引起人们的不满并遭到否证。人们发现，认识并不是心对物的镜式反映，人在建立认识客体时，也就将自己的需要、本质和生命活动对象化在其中了。波兰尼的个人知识理论指出，识知既是一项技能，也是一种艺术，在每一项这样的行为中，都具有一个知道什么正在被识知的人的热情洋溢的贡献，即正在识知的人的无所不在的个人参与。这也就表明，被实证主义认为是"诸精密科学的属性的完全客观性是一种错觉，事实上是一种虚假的理想"。① 相反，知识具有主观性、属人性的一面。

但是，单凭主观性或者说主体性向客体的渗透，人的认识还不足以成为知识。从人们获得知识的最终目的来看，其还在于人的有效生存。即人们希望通过正确地认识世界而使自己在世界中的生存和行动得到内在的保障。马克思认为，"人的思维是否具有客观的真理性，这不是一个理论的问题，而是一个实践的问题，人应该在实践中证明自己思维的真理性，即自己思维的现实性和力量，亦即思维的此岸性"。② 以笔者看来，马克思的这句名言不但说明了认识的真理性问题只有在实践领域才能得以真正解决，同时也从另一侧面说明了实践

---

① ［英］迈克尔·波兰尼. 个人知识：迈向后批判哲学［M］. 许泽民, 译. 贵阳：贵州人民出版社, 2000：26.

② ［德］马克思, 恩格斯. 马克思恩格斯选集：第1卷［M］. 北京：人民出版社, 1972：16.

才是认识的最终目的和最后归宿。因此，从更有效的实践（包括人的此在的生命活动以及将在的生命延续活动）这一目的出发，人们必定要求其称之为知识的东西能在一定程度上正确地反映客观事物（当然这种反映并不是实证主义或机械唯物主义所指的机械静止的反映），以使其正确地指导实践，增进人们的生存力并为人类带来福祉。从这个意义上来说，客观性不但不是人们应予解构或去之而后快的东西，反而是衡量知识之所以为知识的关键尺度。反观西方认识论史上一代又一代的哲人对知识的客观性所表现出来的如磐石般的渴求，比如笛卡尔要求我们对关于"外在"世界的知识进行普遍的怀疑，正如理查德·J.伯恩斯坦所指出的，这种"对基础或阿基米德点的寻求并不只是解决形而上学和认识论问题的一种手段。它是对某种固定支点的探求，对某种稳固的岩石的探求，在那块岩石上我们能够在时时威胁我们的自然变迁面前确保生命无虞"。[①] 虽然人们对失去知识的确定性和客观性过分担忧，因而走入客观主义的歧途，但它也从另一角度说明了知识具有客观性并不纯属哲人们的书斋臆想，而实在来源于人的有效生存的现实需要。

（二）知识的个人性与社会性

不可否认，知识是个人思想的产物，渗透着个人的情感、意志以及价值取向等。从这个意义上说，并没有一种脱离认识主体的纯粹客观的知识。但是，个人的认识要被确证为知识，却不能由单纯的个体所决定，即既不能由个体主观决定，也不能由单个个体的实践活动来决定。在马克思的视野中，对认识的真理性进行检验的实践标准并不是个体意义上的实践，而是指人类总体的实践。而个人的认识若要得到人类总体实践的检验，就必须使认识的内容和形式均具有社会性或公共性，即以他人所能理解的形式呈现出来。

实际上，知识的客观性在很大程度上是由知识的社会性或公共性加以保证的。也就是说，知识之所以为知识，在很大程度上取决于它能得到社会或公众的认可或者它就是社会的一种普遍共识。在这方面，西方的学者通过提出各种概念而不约而同地对知识的公共性或社会性进行了强调。比如维特根

[①] [美]理查德·J.伯恩斯坦. 超越客观主义与相对主义[M]. 郭小平，等，译. 北京：光明日报出版社，1992：22.

斯坦（Ludwig Wittgenstein）用"生活形式"说，皮尔士（Charles S. Peirce）、库恩（Thomas Samuel Kuhn）用"科学家共同体"，海德格尔提出"共在"，伽达默尔强调"对话共同体"，哈贝马斯、阿佩尔（Appert）则要求建立"先验交往共同体""先验语言共同体"等，这些都可以看作人们对知识的公共性或社会性的强调。在此基础上，中国学者（如王南湜和王维国等先生）运用马克思主义认识论，进一步指出，公共性或社会性之所以能够成为衡量知识的标准，或者说公共性之所以是知识的一种内在品质，乃在于人类的整体思维中内稳态的存在。比如，王维国先生指出，在人类与自然的长期的耦合过程中，即在人类生活实践总体中，人类形成了"结构稳定的认知结构"或"内稳态"，它的客观有效性是直接基于人类有效生存而获得的。① 这种内稳态或者说作为认识活动之本质结构的思维形式作为一种深层的东西包含于人类诸活动以及活动的物化形式之中，尤其包含于以语言符号为基础的文化体系中，并通过工具及语言的使用由人们运用于主体间的社会交往活动之中。人们因而可以根据这种内稳态对个体的认识作出评判或者在主体间的社会交往中逐渐达成对于事物的共识，从而间接地获得对于认识的真理性的确证。可见，知识的公共性是知识的客观性的一个不可缺少的环节。这也说明，公共性是知识之成其为知识的内在诉求。

（三）课程知识意谓

从目前来看，在教育领域，虽然人们借助概念重建对知识有多种描述和规定，并提出了"个人知识""缄默知识""学生的知识"等概念，但依笔者看来，任何个人或群体的思想或观点②要成其为知识，首先还得看其是否具有公共性和客观性。也就是说，它至少能为社会或公众所认可。因此，主观臆断不是知识，对文本的随意解读、断章取义更不是知识。

---

① 王维国. 论知识的公共性维度 [M]. 北京：中国社会科学出版社，2003：序 12.
② 在曼海姆看来，观点表示一个人看待对象的方式，表示一个人从对象中觉察到了什么，以及他如何在他的思想中解释这个对象. 参见"青年哲学论坛"部分成员. 我们应当从知识社会学汲取什么："曼海姆的知识社会学与马克思主义认识论"及其讨论 [J]. 东南学术，2004（6）：38.

同时，就教学而言，教学虽要关注学生的学，但学生的学却是须臾离不开教师的教的。从这方面来看，学生的学虽是教学的目的和归宿，但其最终还是决定于教师的教，没有教则无以为学。也就是说，要促进学生的学习，教学首先就须得在"教"上下功夫、做文章。"教什么"就是首先要考虑的问题，因而也就需要考虑何者可教、何者不可教以及如何处理可教与不可教之间的矛盾等。就缄默知识而言，一方面它的不可言传性决定了其是不可教的，因为教主要是借助于语言来完成的，同时也只有语言才能表达明确的意思。因此，从这个意义上来说，教师的缄默知识一般是难以"教"给学生的。从另一方面来说，学生要获得学科专家那样的缄默知识，关键还在于学生在教师指导下对学科知识的掌握、精通、研习、揣摩、涵泳，而不是由教师直接将其传授给学生。因此，从教育学的角度来看，过分地看重缄默知识并无多大意义。

而从教学的内在规定来看，教学主要在于传递人类所积累的文明经验，即作为人类优秀文化遗产的知识，这是由种族的生存和延续的内在需求所决定的。前文已对此作过论述，此处意在强调，因而不再赘述。

因此，无论从知识本身还是从教学的职能（或限度）以及教学的内在本质来看，课程知识都主要地指种族经验或间接经验，或者说作为人类优秀文化遗产的知识。这也是我们重建知识价值观需要把握的前提。

二、重新认识价值

此前我们已经阐述了教育领域两种关于知识价值的看法，一种是完全以客体的尺度来衡量知识的价值，以知识与客观实在相符合的程度或知识的客观性程度来权衡各种知识价值的大小，从而衍生了科学主义的知识价值观，把（自然）科学知识当成一切知识的典范和榜样。在教学中，知识成为目的，学生反而沦为手段，知识与学生同时被异化。另一种则完全从主体的尺度出发（具体地说是从主体的权利或价值出发）来论及知识的价值，以知识的价值性掩盖知识的真理要求，最终导致知识的虚无化和主体的无所依托。要摆脱这种困境，就必须摒弃关于知识价值的这种实体性思维或单极思维，而走向关系性思维。也就是说，"既要重视主体的作用，重视价值的主体性；又要

第三章　什么兴趣指向的知识最有价值——课程知识价值观的转向

重视客体的作用，重视价值的客体性；还要重视价值中介的作用，重视时间、地点、条件、环境的作用"。① 这就需要我们重新对价值进行认识和界定。

（一）不同价值概念的比较分析

不同的价值哲学流派对价值有不同的界定。一般而言，价值理论有中国与西方之分。据王玉樑总结，我国价值理论界有七种关于价值的不同观点。其中，影响最大的是以主体需要界定价值的观点，即认为价值是客体与主体需要之间的一种特定的（肯定与否定）关系。②

在西方，人们对价值的认识更是仁者见仁，智者见智。总结起来，大致可以分为三类：直觉主义、自然主义和非认识主义。直觉主义认为价值属于客体本身，是客体的特征或一种先验的质，完全不取决于主体是否需要、追求、享受或评价它们。他们断定，许多事物本身就是善的或恶的（摩尔），价值相对于它的经验是"先天的"（舍勒）。非认识主义者不直接回答价值的基础和本质问题，认为价值判断所表达的是情感、态度、欲望（情感主义者），或规定、命令（规定主义者）。自然主义者则认为事物本身不具有价值，某物之所以有价值是因为它们被人们所追求或使人们得到满足。③ 以上看来，直觉主义与非认识主义所体现的关于价值的思维正是一种实体性的思维，即或者把价值归之于客体本身的属性，或者把价值归之于主体的因素，因而应首先将其排除于我们对价值的界定之外。

在自然主义价值哲学流派内部，又存在着认知主义与非认知主义之间的区别。其中，认知主义主要以杜威为代表，而非认知主义主要以培里为代表。杜威主张，善或价值是欲望和思想的联合，即善不仅包含欲望的因素，而且包括对所欲望或所追求的东西的后果的审慎考虑。而培里则坚持认为，价值的产生是无需经过思想的反省的。说一事物是有价值的，只要它是兴趣的对象，这种兴趣甚至不需要得到主体的察觉和认知。从杜威的价值理论来看，

---

① 王玉樑. 21世纪价值哲学：从自发到自觉 [M]. 北京：人民出版社，2006：导言11.
② 王玉樑. 当代中国价值哲学 [M]. 北京：人民出版社，2004：156-166.
③ 参见江畅. 现代西方价值哲学 [M]. 武汉：湖北人民出版社，2003：28-29.

其主要是在伦理学的范畴内论述价值问题的,而且他本人也并不主张建立一般价值论。[①] 然而,培里却鲜明地指出,他的兴趣价值论是直接指向一般价值的理论建构的。因此,在二者那里,价值的内涵与外延都是不尽相同的,根据我们所要讨论的知识的价值,这里就应采纳一般价值的概念而不是伦理学意义上的价值概念。

于是这里就存在着是以需要界定价值还是以兴趣界定价值的问题。在培里那里,兴趣用以表示以情感为动力的生活的无处不在的特征,如喜欢和不喜欢、渴望和反感、想要和拒绝、趋近和逃离等。培里指出,这里使用的"兴趣"概念应与对兴趣的较宽用法和较窄用法区别开来。在较宽用法上,兴趣是注意的同义词,有兴趣的则适用于吸引注意或激起好奇心的任何对象或题目,例如突如其来的、新奇的、令人吃惊的、对比鲜明的东西。在较窄的用法上,兴趣是对自我利益或自身利益的指谓,或用它来表示一个社会团体的多少较为持久的集体兴趣。这里所使用的兴趣概念明显有别于以上两种涵义。"现在兴趣一词指的是赞成或反对的态度——有时也被叫做'原初情感'(motor-affective)态度……"[②] 而价值则应是"当一件事物(或任何事物)是某种兴趣(任何兴趣)的对象时,这件事物在原初的和一般的意义上便具有价值,或是有价值的。或者说,是兴趣对象的任何东西事实上都是有价值的"。[③] 也就是说,价值广泛地存在于任何兴趣所指向的任何对象之中。价值是任何兴趣的任何对象。

再回过头来看我国价值理论以需要所界定的价值概念。人们一般认为,主体的需要是一种客观存在,具有客观社会性,并据此来论证价值的客观性。仔细揣摩,发现其存在着以下无法解答的理论难题。第一,把需要与主观欲求区别开来,使人的需要完全受限于客观环境与社会条件,并以此来界定价值,其实质是以价值的客观性遮蔽价值的主观性。价值的世界是人的世界,

---

[①] 参见江畅. 现代西方价值哲学[M]. 武汉:湖北人民出版社,2003:237.
[②] [美] R. B. 培里,等. 价值和评价:现代英美价值论集粹[M]. 刘继,编选. 北京:中国人民大学出版社,1989:50.
[③] [美] R. B. 培里,等. 价值和评价:现代英美价值论集粹[M]. 刘继,编选. 北京:中国人民大学出版社,1989:44.

第三章　什么兴趣指向的知识最有价值——课程知识价值观的转向

具有生动活泛的生命色彩，而这恰是由人的主观性所体现出来的。以此来看，人们在避免走入唯心主义价值观的同时，却又在不设防地倒向客观主义。若以此界定知识对于学生的价值，则很可能就会把外在的要求当成学生的需要而强加给学生，导致外在的强制和灌输。第二，以满足需要来界定价值，虽然可以较好地解释物对人的工具价值，却不能合理地解释那些广泛存在着的超功利性的价值。而这正是我们在论述知识的价值时需要极力避免的，即不能只关注知识的功利价值，更要关注其对于学生的精神涵养价值。但是，以培里的兴趣价值论作为我们重建知识价值观的基础是否具有天然的合理性呢？

（二）兴趣价值论的合理性分析

1. 兴趣价值论体现了"人是目的"的价值意蕴

我们以为，培里以兴趣界定价值、把主体兴趣置于价值关系的中心位置，突出了主体的主动性、自觉性、目的性和选择性，正是体现了"人是目的"的价值意蕴。事实上，在现代西方价值理论发展的源头上，"价值"概念的提出就旨在把人从见物不见人的"工具理性"的统治下拯救出来。比如在其创始人洛采（R. H. Lotze）和尼采（F. W. Nietesche）那里，洛采反对实证主义者想要建立一个不包含价值的实在世界，而把世界划分为事实、普遍规律和价值三大领域，认为它们之间存在着目的和手段的关系，只有价值是目的，经验事实的因果必然规律都是手段。他所说的价值领域"实质上是人的目的、理想的再现"。[1] 尼采的主张则更为激烈。尼采反对理性主义价值观把价值问题变成事实问题，把道德文化变成知识问题，把人概念化、抽象化、普遍化，认为欧洲文明所表现的颓废精神其要害在于反对生命、否定自我、阻碍人类进步，因而发出了"重估一切价值"的呐喊，要求"对那些传统上或日常生活中被假定为具有最大价值的东西进行重新评价"。[2] 尼采认为，一切价值都是生命价值。他说："人类为着自存，给万物以价值。——他们创造了万物之

---

[1] 李江凌. 价值与兴趣：培里价值本质论研究 [M]. 北京：中国社会科学出版社，2004：126.

[2] 转引自江畅. 现代西方价值哲学 [M]. 武汉：湖北人民出版社，2003：21.

意义，一个人类的意义。所以他们自称为'人'，换言之，估价者。"① 估价然后才有价值，"没有估价，生存之核桃只是一个空壳。……价值的变换，——那便是创造者的变换"。② 以此来看，"价值"概念的提出、价值理论的发展，正在于人们对人在世界中的主体地位的重新认识和觉醒，因而人的主观能动性（包括主动性、选择性、创造性等）是构成价值关系的题中应有之义。在这方面，中国学者李德顺指出，"'价值'这一概念的形成和应用，体现了人类对人的内在尺度、主体的内在尺度的自觉意识，……从这个意义上来说，所谓价值关系，即主客体关系的主体性内容，也就是以主体的内在尺度为特征的关系；价值关系的运动，也就是主体内在尺度的现实的运动过程"。③ 而培里指出价值是任何兴趣的任何对象、把兴趣作为其整个价值理论的中心架构，也正是体现了这样一种人为目的的理论意旨和自觉意识。

2. 兴趣价值论是不是一种极端主观主义的价值论？

在我国，培里的兴趣价值理论常被斥责为极端主观主义④，在笔者看来，这一方面是由于中国学者习惯于对理论作二维划界，即要么是唯物主义，要么是唯心主义，因而很自然地把培里的价值理论归入唯心主义、主观主义的行列；另一方面，则是对兴趣作表面的理解，并没有注意到培里所指称的兴趣的动力特性以及其所蕴含的理性意味，而只把它当成主观随意的东西。

对于第一方面，笔者不拟作过多阐述，但需要指出的是，正是我国理论界长期以来把国外的诸多理论当成资产阶级唯心主义的东西加以拒斥，而不是以开放的心态汲取其中的精华，因而在一定程度上阻碍了理论自身的进步和发展，甚至导致理论的停顿和滞后，造成理论的傲慢和傲慢的理论。

就第二方面而言，我们看到，培里的兴趣概念总是与一定的支配性倾向或行为联系在一起。也就是说，兴趣不是静止的，它必然引起主体趋向或逃

---

① ［德］尼采. 查拉斯图拉如是说［M］. 尹溟，译. 北京：文化艺术出版社，2003：61.
② ［德］尼采. 查拉斯图拉如是说［M］. 尹溟，译. 北京：文化艺术出版社，2003：61.
③ 李德顺. 价值论——一种主体性的研究［M］. 北京：中国人民大学出版社，1987：102-103.
④ 如王玉樑将其归入主观主义价值论，江畅则称其为极端主观主义。参见王玉樑. 21世纪价值哲学：从自发到自觉［M］. 北京：人民出版社，2006：66-68；江畅. 现代西方价值哲学［M］. 武汉：湖北人民出版社，2003：205.

离、想要或拒绝等指向客体或对象的行为。正如他所说："兴趣是一连串由对结果的期望所决定的事件。或者说，当对一个事物的期望引起了期望其实现或不实现的行为时，这个事物便是一个兴趣的对象。由此，当行为被相信会增进和平或阻止和平并因此而被加以实施时，或者，当和平被期望因而某些事件被选择或被拒斥时，和平便是一个兴趣的对象。"① 培里指出，无论是在人类行为中还是在动物行为中，智力和兴趣的活动本质都在于，"它是依据动物或人的期望的某种支配倾向所选择的行为，也就是它是依据动物或人的期望的结果与某种未被实行但被预设的支配倾向之间的一致所选择的行为"。② 因而，"一个行为就其出现是由于其伴随的期望与一种主导倾向的未满足的方面之间的一致而言，是感兴趣的"。③ 总之，这里的兴趣更多地指涉主体指向客体的动力行为或倾向，具有活动的本质。主体与客体因而在主体的兴趣中获得沟通并建立起动态性的关系。因而，反过来，主体的兴趣也要在一定程度上受到客体的制约和牵制。

　　同时，主体的兴趣还受到对客体的认知的影响。"兴趣以无数的方式影响认知，如把它引向某种情景，使它伴随赞成或不赞成的态度，掂量认知建立于其上的证据。在另一方面，认知又以刺激或压抑、认识、阐明，或决定其所表达的形式等方式影响兴趣。"④ 比如：一小伙子因判断某位姑娘有钱而对她心生爱慕；某个人听到"火"的喊叫而产生恐惧，对于这个人来说，可怕的并不是"火"的喊叫本身，而是害怕其听觉材料所意味着的东西，即由"火"的喊叫而引起的对"火"本身的判断。又比如，某人期望其钱包里有钱，因而产生了打开钱包看钱的动作。如果钱包里有钱，则带来满足，相反则带来失望。满足和失望都建立在钱包里有没有钱的判断之上。这也就是说，

---

　　① [美] R. B. 培里，等. 价值和评价：现代英美价值论集粹 [M]. 刘继，编选. 北京：中国人民大学出版社，1989：45.
　　② PERRY R B. General Theory of Value [M]. New York：Longmans，Green and Co.，1926：208.
　　③ PERRY R B. General Theory of Value [M]. New York：Longmans，Green and Co.，1926：183.
　　④ PERRY R B. General Theory of Value [M]. New York：Longmans，Green and Co.，1926：307.

"我可以不带任何兴趣地去判断我的钱包里有钱,但我不能仅仅期望它而不去判断它"。① 培里把这种调节兴趣的认知因素称为兴趣判断(interest-judgment)。兴趣判断是兴趣的前提和基础。以此可以看出,兴趣通过对客体的认知与客体有着紧密的关系,客体通过主体对其的认知而间接地对主体的兴趣产生影响。因此可以说,兴趣虽是主观的,但却不是随意莽撞的,而是包含着理性的因素。并且通过兴趣,主体与客体得以联系起来,既保持其相对的独立性,又相互影响、相互作用。

当然最能把培里的兴趣价值理论与极端主观主义相区别的还在于:在培里那里,兴趣有着社会性和普遍性的一面。在他的《一般价值论》中,培里运用经验主义的方法,把兴趣、价值放置于经验世界、现实生活中进行考察,指出兴趣并不只是纯粹个人主观情感的表达,兴趣既受认知环境、经济因素等的影响,在经验上也是可知的,因而具有社会可通约性、可调节性。培里以引起主体对苹果的兴趣为例,说明主体的兴趣既是"他的内部状态和过去历史的函数",也是"有效的和认知的环境的函数"。② 培里指出,认知环境的变化往往带来兴趣的特殊化或多样化或使手段成为目的或者对现有兴趣的否定。比如在兴趣的多样化方面就有以下几种情况:第一,随着现代社会客体的范围和种类的增加,兴趣变得日益多样化;第二,随着人们认知环境范围的扩大,人们既倾向于对更多的客体产生兴趣,又对单个的客体产生更多的兴趣。这样,兴趣不但具有个人历史性,如受个人成功和失败的因素的影响,也具有社会历史性。

另一方面,兴趣并不只是个人的一种心理状态,兴趣是可知的。"兴趣的证据在于行为的可持续性中,或在多变的当下反应中的持久的预先反应。这种持续性因素或持久性可能会被另一主体更正确地观察到,鉴于他处在一个适当的位置去考察当事人的行为,或获得一个概观或角度,其中整体轮廓更为清楚。"③ 也就是说,兴趣既可以为主体自我所察觉,也可以为他人所觉知,

---

① PERRY R B. General Theory of Value [M]. New York: Longmans, Green and Co., 1926: 345.

② PERRY R B. General Theory of Value [M]. New York: Longmans, Green and Co., 1926: 549.

③ PERRY R B. General Theory of Value [M]. New York: Longmans, Green and Co., 1926: 359.

甚至有时兴趣能在不为自我所察觉的情况下为他人所觉知。兴趣的这种可知性使兴趣的沟通成为可能，从而促使兴趣的社会整合，产生普遍的兴趣。兴趣的社会整合有三种方式。第一种方式是通过共同的对象或通过表征或隐含实指相同的对象，不同主体的兴趣得以整合，比如人们对共同目标的追求；第二种方式是通过一个兴趣主体对另一兴趣主体的兴趣把不同主体的兴趣整合在一起，比如母亲对于孩子兴趣的是否满足感兴趣；第三种方式则是以上两种方式的联合。依此，培里进一步指出，一个社会体系只有通过普遍的爱才能获得和谐，而只有这个社会建立在广泛的普遍仁慈基础上，社会中的个人才有可能在一定限度内做其喜欢做的事情，并且根据个人的品位和风格做出合乎自身的选择。这也从另一角度说明兴趣或价值的相对性需要建立在一定普遍性的基础上，普遍性是相对性的前提和保障。

以上可以看出，培里的兴趣价值理论从经验主义的路向出发，既说明了兴趣的个人性、主观性，又使其不失社会性和普遍性的一面，因而不但避免了极端主观主义、相对主义的陷阱，而且避免了对价值作绝对客观决定论的解释。以此看来，以培里的兴趣价值论作为我们重建知识价值观的基础，也是契合我们超越教育领域客观主义与相对主义知识价值观的目的和构想的。

第二节 走向兴趣取向的课程知识价值观

一、兴趣价值论视角下的知识价值观

（一）知识价值的界定

前已述及，培里的"价值"概念属于一般价值范畴，是对各个特殊领域价值的共同要素的总结和提炼，因此对于知识价值领域来说，也是适合的。在以培里的兴趣价值理论界定知识的价值之前，需要指出的是，培里的兴趣

概念总是以兴趣的两极性出现的。正如他所指出的:"兴趣的主要特征之一,也是对于一般价值理论极其重要的是,兴趣的极性,或它的喜欢或反对的两重性,总是贯穿在兴趣的整个范围内,如欲望和厌恶、喜欢和不喜欢、赞成和不赞成。"① 以此,他把兴趣划分为肯定兴趣和否定兴趣。肯定兴趣是指一个肯定的期望所决定的反应;否定兴趣则是由一个否定期望所决定的反应。也就是说,肯定兴趣表示主体对客体或对象的喜欢(也可以是赞成或欲望)进而产生趋近客体的行为;否定兴趣则表示主体对客体的厌恶而产生的对客体的逃离或诸如剥夺、毁坏等的对客体的侵略性反应。

在教育领域,知识的价值通常被人们理解为知识的正向或肯定价值,甚至认为凡是知识就必定能促进学生的发展,而对于那些普遍的学生厌恶学习、痛恨学习的现象却无从解释。这正是人们忽略知识的否定价值所致。事实上,学生对知识的这种否定性兴趣不仅广泛存在,而且还会给其身心带来很大的负面影响。我们可以想想学生对知识产生厌恶但又不得已而学习之的情形。兴趣与行为的不一致或冲突不仅使行为缺乏动力性,还会在一定程度上造成主体人格的分裂和扭曲。这就要求我们对此有清醒的认识。在言说知识的价值时,不仅要注意知识的肯定价值,还要把知识的否定价值纳入我们的视野之中,以避免教育中不必要的学习浪费和生命浪费。这里,根据培里对价值的界定,我们把知识的价值定义为任何感兴趣的主体与它所指向的知识之间所形成的关系。其中主体的兴趣是知识价值的源泉和决定因素,正如培里所说,"无论如何,对于这个事实似乎是没有什么怀疑的,即事物是由于它们被意愿着而产生价值的,而它们愈被意愿着,就愈具有价值"②。

(二)知识价值的特性分析

为了更好地把握知识价值的涵义,我们还需要对知识价值的特性作一分析。既然我们把知识的价值界定为任何兴趣指向的知识对象,那么,兴趣就应是我们考察知识价值的特性的一个重要切入点或关键因素。以此也可以检

---

① PERRY R B. General Theory of Value [M]. New York: Longmans, Green and Co., 1926: 230.
② [美]培里. 现代哲学倾向[M]. 傅统先,译. 北京:商务印书馆,1962:324.

验以兴趣来界定知识的价值能在多大程度上解释现实生活中纷繁复杂的知识价值现象。

1. 稳定性和变异性

在历时性的角度上，我们发现，无论是社会主体、群体主体还是个人主体，其指向知识的兴趣在一定的历史发展阶段有着确定性或恒在性的一面，但在某种特殊因素如认知环境、经济因素、思想状况的变迁等的影响下，主体对知识的兴趣将发生大规模的变化，因而表现出变异性的一面。相应地，知识的价值也就表现为稳定性和变异性的交替，是稳定性和变异性的辩证统一。

以整个西方社会为例。在整个西方历史演进的过程当中，社会主体指向知识的兴趣发生了几次大规模的变异，每一次变异都使得知识的价值在内容和方向上发生根本性的转变。一种知识类型在彼时具有价值，受到人们的称颂，并不代表它在此时仍然具有同样的价值。随着对某种知识的兴趣的衰微或改道，此种知识的价值也就变得式微起来。同时，新的兴趣指向的知识的价值却开始凸显出来，这种知识于是在某个时期成为知识的主体，甚至代表着知识本身。

在古希腊时代，"事物的新秩序引起重大的经济变化和民主制度的建立，这进一步推动了独立思考和行动；随之而来的是这样一种欲望，即争取权力和那些能使人赢得权力的东西，如财富、声望、文化、实力和成功"[1]。人们对知识的兴趣因此首先表现为适切处理公私事务、参与城邦政治生活的实践兴趣，逻辑学、辩论术受到重视，被赋予极高的价值。另一方面，新生的精神状态导致个人主义的滋长，有些人已注意到这种思想和行为的主观主义将会严重地破坏国家和道德的基石，因而致力于为正确行为提供一个合理的基础。有关德性的知识也就具有了不同寻常的价值。苏格拉底指出："知识是至善。正确的思维是正确的行动所不可缺少的……除非一个人知道什么是德性，知道克己、勇敢、正直和虔诚以及其对立面的意义，他不能有德性。但是，知道什么是德性，他就会有善性。"[2] 在苏格拉底的学生柏拉图看来，能够为

---

[1] [美] 梯利，伍德. 西方哲学史 [M]. 葛力，译. 北京：商务印书馆，2005：42.
[2] [美] 梯利，伍德. 西方哲学史 [M]. 葛力，译. 北京：商务印书馆，2005：58.

思想和行为提供一个合理的基础的知识，正是摆脱了感知世界的流变性的善的理念。他给予它以特殊的地位：把它称之为逻各斯、宇宙的目的，一切理念的泉源，认为真正的实在和真正的善是同一的。

在近代，形而上学的知识的影响力逐渐减弱，代之而起的是新的知识类型——自然科学知识在价值序列中日益上升的地位。这还得从人们对自然界有增无减的兴趣和热情说起。梯利指出，中世纪以后那个时期的精神生活的特征是"坚定地相信人类理性的能力，对自然事物有浓厚的兴趣，强烈地渴求文明和进步"①。"重视和渴求知识，不是为其自身，而是为实用，为其实际价值：知识就是力量。"② 这种兴趣的转向并不是偶然的。首先，宗教改革、文艺复兴使人逐渐从教会的控制下摆脱出来，人性代替了神性，理性代替了权威。人的主体性意识逐渐觉醒，为自然科学的发展提供了必要的精神条件。人类征服一切的欲望也在萌动之中。其次，自然科学的发展给人们的生活带来了翻天覆地的变化，印证了人类在大自然面前的力量，因而也进一步刺激着人们征服自然的兴趣和欲望。培根说，"达到人的力量的道路和达到人的知识的道路是紧挨着的，而且几乎是一样的"，"知识就是力量"。③ 到了 19 世纪，人们普遍相信科学知识是最有价值的。实证主义甚至把科学知识当作一切知识的典范。斯宾塞满怀激情地宣称："我们很快要到这场戏的结束了，到变换位置的时候了；当这些高傲的姊妹降到应该受到的冷落的时候，被公认为最有价值和最美的科学，就要统治一切。"④

这种关于知识的价值取向到了 19 世纪后期，已达到顶点。人类征服一切的兴趣盛极而衰。接踵而来的世界大战、核武器的威胁、资源匮乏、环境严重恶化等无不挑战着人类的这种欲望。对知识的实用或功利兴趣不止一次地受到质疑。胡塞尔曾指出："实证科学正是在原则上排斥了一个在我们的不幸

---

① ［美］梯利，伍德. 西方哲学史［M］. 葛力，译. 北京：商务印书馆，2005：250.

② ［美］梯利，伍德. 西方哲学史［M］. 葛力，译. 北京：商务印书馆，2005：282.

③ 余丽嫦. 培根及其哲学［M］. 北京：人民出版社，1987：100.

④ ［英］斯宾塞. 斯宾塞教育论著选［M］. 胡毅，王承绪，译. 北京：人民教育出版社，2005：46.

的时代中，人面对命运攸关的根本变革所必须立即作出回答的问题：探问整个人生有无意义。"① 人们的兴趣从物转回到人自身，更关注知识对于提升人的生命质量的价值和意义。这种转向一方面体现在人们对科学主义、理性主义等的激烈批判之中，另一方面也体现在现时代涌现的回归生活世界、以人为本等的思潮上。在关注人生现实、人类幸福这一点上，"德里达对语言的讨论不见得与维特根斯坦的讨论有什么重要的区别，福柯对知识与权力之关系的讨论，……也不见得与杜威的讨论有什么重要的区别"②。

以上说明，知识的价值对于历时态的社会主体而言，既具有稳定性的一面，又具有变异性的一面。在稳定性中萌发着变异的种子，在变异过后，又向稳定性复归。同样，对于具体的个人而言，在其整个的生命历程中，指向知识的兴趣由于要受到外部认知环境以及内部状态和个人历史的影响，因而也不是一成不变的，有时甚至会发生方向性的逆转。在教育领域，就学生而言，由于年龄、履历的原因，其兴趣更容易地受到外在因素如社会流行、家庭、学校、教师、同伴等的影响，也就是说其对知识的趋向与逃离、喜欢与不喜欢、赞成与反对等往往具有多变性。知识的价值的变异系数因而明显大于其稳定系数。在一定时空条件下，具有肯定价值的知识对象，在另一种时空条件下，也许就具有否定的价值。

2. 统一性和多元性

以上是从时间维度对知识的价值特性进行考察。从空间维度上来说，不同的社会、同一社会的不同群体以及个人之间，其兴趣都存在着一定程度的差异。从某种意义上来说，不仅兴趣指向的知识对象存在差异，就是指向同一知识对象的兴趣也会存在差异，知识的价值因而呈现出多样性、复杂性的一面。比如，同一知识对于不同的主体而言，其价值极有可能存在着高低、强弱以及内容上的差异。知识的价值在对该知识抱有浓厚兴趣的主体那里，显然要比在对该知识只存浅薄兴趣的主体那里为高。而不同的主体，由于抱有不同的兴趣，在看待同一知识上，也就具有了不同的识见，凸显的因而往

---

① [德] 胡塞尔. 欧洲科学危机和超验现象学 [M]. 张庆熊，译. 上海：上海译文出版社，1988：6.

② [美] 理查·罗蒂. 后哲学文化 [M]. 黄勇，译. 上海：上海译文出版社，2004：12.

往是知识的价值在内容上的多元性。如鲁迅先生说《红楼梦》——"单是命意，就因读者的眼光而有种种：经学家看见《易》，道学家看见淫，才子看见缠绵，革命家看见排满，流言家看见宫闱秘事。"①

同一知识的价值具有多元性不难理解，因为价值决定于主体的兴趣，而兴趣本身就存在着广泛的差异，但这并不等于说兴趣没有沟通或重合的可能。在一定时期，某种知识或某种理论之所以占据主流的地位，就在于人们对其所持的普遍统一的兴趣。譬如在中国革命的非常时期，马克思主义一直被认为是广大人民摆脱旧制度走上新道路的救星和引路人，具有解放大众的价值和力量。从兴趣价值论的角度来看，正是马克思主义理论契合、满足并进一步激发了人们摆脱阶级压迫、从封建制度的牢笼中挣脱出来的兴趣与愿望。在这种兴趣与愿望的驱动下，马克思主义很快成为指导中国革命的理论武器，在艰苦卓绝的战争中使人们存有终有一天黎明的曙光会来临的希望。因而可以说，正是人们这种同一的解放兴趣，使马克思主义理论在不同的人们那里获得了相对统一的价值。

除此之外，知识的价值的统一性还可以从兴趣的产生这里得到说明。事实上，人们对某种知识或某种理论产生兴趣并不是无缘无故、随意而任性的。对某个事物的兴趣总是首先产生于对该事物的认知。培里曾说过，和平的价值就在于因对和平的涵义、属性、效果的认知而对其产生的兴趣。因而可以认为，某种知识或某种理论或整体的知识之所以具有价值，也是首先根源于人们对其特点、结构、效果等的认知以及由认知所产生的兴趣。这种认知虽然决定于个人认识水平，但它不可避免地要受到知识本身的制约以及社会潜在的逻辑规则、判断标准的影响。另外，某种知识或某种理论是先进还是落后、是真理还是谬误以及个人对其判断如何，最终都会一一在实践中得到检验，通过这种检验，个人也就有可能重新对该知识进行认知和判断并转换了兴趣，因而使得指向同一种知识的兴趣出现重合或统一的趋势，知识的价值的统一性也就昭然若揭了。值得注意的是，这种统一与绝对的统一有本质上的区别。首先，这种统一是一种动态的统一，在不同时期有不同的表现形态。比如，对于自然科学知识来说，在某个时期，人们可能只对其存有功利的兴

---

① 鲁迅. 鲁迅全集：第 8 卷 [M]，北京：人民文学出版社，2005：179.

趣，主要关注它转化为技术改善物质生活的能力；在另外一个时期，人们也许就会看重它所体现的科学理性精神对人们思想的陶冶和训练。其次，这种统一是以知识的价值的多样性为基础的，是一种多样综合。比如，对于苏联和中国的革命来说，马克思主义都具有同样的解放价值，但其具体的价值却是不同的，实现价值的道路也是不同的。

总之，稳定性、变异性、统一性以及多元性是知识的价值的一体多面。正是这多种特性的存在，使知识的价值丰富、复杂起来，因而人们看它也就有了"横看成岭侧成峰"的感觉。这也是我们在教育领域面对知识价值的问题时需要把握的一点。

二、兴趣取向的课程知识价值观——主体是谁？谁之兴趣？

在教育领域，我们对知识价值的讨论还在于知识的比较价值方面。因此，以什么方式进行设问并依此思路选择出最有价值的知识，是我们首先需要考虑的问题。我们前已间接地分析了"什么知识最有价值"与"谁的知识最有价值"这两种提问方式，前者暗含着知识的价值是普遍的、恒在的、无须考虑到主体的不同的假设，因而是一种元叙事的命题；后者虽看到主体对于知识价值的影响，但同时又将知识消融于主体之中，实际上取消了对知识价值的比较。而依照我们对知识价值的界定，提出以下问题是适宜的，即"什么兴趣指向的知识最有价值？"这一问题以兴趣切入，但又不致使知识本身受到遮蔽，它表达了我们对于知识价值的这样一种基本认识，即知识的价值依时间、地点以及主体的不同而不同，而这正是通过主体的兴趣体现出来的。因此，在比较知识的价值时，首先就应从对主体兴趣的考察入手，从兴趣的质（比如兴趣是促进个体的发展还是阻碍个体的进一步发展等）和量（比如兴趣的强度、偏爱度等）上进行把握。那么，主体是谁？谁之兴趣？

事实上，在我们对各种知识价值观作出分析之后，学生作为知识价值的主体似乎是不存疑义的了。即便如此，这个命题还需要得到进一步的论证。

（一）认识的发生和实现有赖于学生的兴趣

从知识选择的目的来看，知识选择的目的在于促进学生对种族经验的掌握，并最终促成学生个体的发展。也就是说，它的直接目的在于使学生在其自身与知识之间建立起一种认识关系，学生通过掌握知识加深对世界的认识并逐步提高自身的认识能力和生活能力。而学生是否能够与知识建立起一种真正的认识关系，即能动地、具有创造性地反映知识而不是机械静止地接受知识，首先还得看学生是否对所学知识怀有一定的兴趣和热情。换句话说，在学生与知识建立认识关系之前，首先必须确认所学知识是学生兴趣所指向的对象或客体，即对于学生来说，知识有着肯定的价值。

前已述及，真正的认识是一种主体卷入的活动。近代知识论与现代认识论的不同正是在于现代认识论注意到了主体的兴趣等主观因素对于认识所起到的积极作用和影响。在波兰尼看来，没有科学家纯粹的科学兴趣，没有科学家充满热情的参与，没有科学家把其一生精力的一点一滴作为赌注般的投入，任何具有重大意义的科学发现（知识）都是不可能取得的。波兰尼指出，"热情赋予物体以感情，使物体变得讨厌或吸引人。积极的热情肯定某种东西是宝贵的"。科学家的求知热情"在评估什么具有较高的意义什么具有较低的意义、在科学上什么是伟大的什么是相对渺小的时候被用作向导"。[①]

在这方面，哈贝马斯对认识与兴趣的关系进行了更加深入细致的考察。他指出，严格意义上的认识要与脱离了生活联系的认识的静观概念划清界限。彻底的认识论必须具有社会理论的形式。他指出："客观主义不会被一种新的理论的力量所破坏，而只能被客观主义所掩盖的那种东西的说明所破坏：被认识和兴趣的联系的说明所破坏。"[②]在哈贝马斯这里，兴趣就是乐趣，与康德的理性兴趣局限于道德领域相反，它贯穿于人类日常的工具行为和交往行为中。"我把兴趣称之为与人类再生产的可能性和人类自身形成的既定的基本

---

① [英]迈克尔·波兰尼. 个人知识：迈向后批判哲学 [M]. 许泽民，译. 贵阳：贵州人民出版社，2000：204，205.
② [德]哈贝马斯. 作为"意识形态"的技术与科学 [M]. 李黎，郭官义，译. 上海：学林出版社，1999：136.

第三章 什么兴趣指向的知识最有价值——课程知识价值观的转向

条件,即劳动和相互作用相联系的基本导向。"① 他指出,"认识的兴趣"是一个独特的范畴,兴趣并不是一种同理论不相关的、从外面加进来的,并且使认识的客观性模糊不清的东西,而是认识和活动的构成要素。兴趣先于认识,兴趣也只有借助于认识的力量才能实现。他举例说:"理性兴趣作为自由的一种活动,它先于自我反思;同样,理性兴趣的实现也借助于解放性的自我反思的力量。理性与乐于使用理性的这种统一性,同静观的认识概念是对立的。"②

心理学和教育学也从另一方面说明了兴趣对学习的重要影响。皮亚杰(Jean Piaget)指出,个人在兴趣的支配下将特别愿意同化所经验的东西,并随之调整自身的思想。个人运用其认知结构赋予经验以意义,并在记忆中贮存新的信息,以及通过对认知结构的调整对外部经验产生顺应,这些在很大程度上都是建立在兴趣的基础之上的。他说:"每一种智力活动都是建立在兴趣的基础上。"③ 克拉普(Andreas Krapp)等指出,兴趣在有意义学习中的角色在过去就一直为心理学和教育领域所关注。早在19世纪初,赫尔巴特就基于哲学和心理学的视角发展了一种兴趣学说。在20世纪初,则有很大一部分伟大的思想家,例如杜威、詹姆士(James)、凯兴斯坦纳(Kerschensteiner)等,都醉心于兴趣与学习关系的研究。④ 就兴趣与学习的关系来说,心理学通过实验表明,兴趣对学生的学业成就、学生对文本的理解以及对文本阅读的理解监控能力等都有着显著的积极作用。比如兴趣对文本理解的促进作用体现在:兴趣会促进读者在阅读文本时采取深加工的策略,对所读内容建立更

---

① [德]哈贝马斯. 认识与兴趣 [M]. 郭官义,李黎,译. 上海:学林出版社,1999:199.

② [德]哈贝马斯. 认识与兴趣 [M]. 郭官义,李黎,译. 上海:学林出版社,1999:211.

③ KRAPP A, FINK B. The Development and Function of Interests During the Critical Transition from Home to Preschool [M] //KRAPP A, HIDI S, RENNINGER K A. The Role of Interest in Learning and Development. Mahwah:Lawrence Erlbaum Associates, Inc., Publishes, 1992:407.

④ KRAPP A, HIDI S, RENNINGER K A. Interest, Learning, and Development [M] //KRAPP A, HIDI S, RENNINGER K A. The Role of Interest in Learning and Development. Mahwah:Lawrence Erlbaum Associates, Inc., 1992:4.

多的联系，对它进行更多的独立思考；兴趣高的读者所获得的知识具有更高的迁移水平等。①

以上说明，对于构成真正意义上的认识或者有意义的学习来说，兴趣是一种至关重要的因素。这也就是说，学生的兴趣最终决定着认识或学习的质量。以此来看，在教育中，学生是否是真正的认识主体，首先还得取决于学生是否对知识感兴趣、是否是知识价值的主体。

（二）课程知识的社会价值有赖于通过个人价值而实现

事实上，对于那些持社会价值主体说的人而言，其面临的最大问题是"要论证教育者和受教育者的价值取向与社会或国家的价值取向的一致性"。因为课程的社会工具性只是一种潜在的可能性，这种可能性必须通过教师并最终通过学生来实现。这就产生了教师和学生对课程的社会工具价值的态度问题，以及学生实现这种工具价值的个人条件问题。对于这个问题，施良方先生指出，我国以社会需要界定学校课程价值的人们还未曾正视这一问题。而杜威作为社会本位论者，其思路也是假设儿童与社会的价值取向存在着一致性，其所说的社会性也就是经由儿童而实现的社会性。② 这也就从另一角度说明，不管社会或国家对知识的选择有着怎样的要求与期望，知识的价值问题（包括知识有没有价值、有多大价值）最终还必须在学生方面得到答案和解决。也就是说，问题的终结点还在于学生是否对所要学习的知识以及相应的活动充满兴趣。因此，在社会其他主体那里，某种知识的价值纵然一般地要大于其他知识的价值，如果学生对此产生不了兴趣，那么进入课程的这种知识对于学生来说也是毫无价值的。这如同威尔逊（P. S. Wilson）所说，在引起学生兴趣方面，宾格游戏也许比彼得斯（Peters）所谓的学习科学、艺术、历史等理智活动更有教育价值。③

---

① 章凯. 兴趣与学习：一个正在复兴的研究领域 [J]. 宁波大学学报（教育科学版），2000（1）：27-31.

② 施良方. 课程理论：课程的基础、原理与问题 [M]. 北京：教育科学出版社，1996：291.

③ WILSON P S. In Defence of Bingo [J]. British Journal of Education Studies，1967（1）.

同时，我们以为，个人与社会并不构成必然的冲突和对立。我们看到，在教育领域，人们讨论得最多的问题之一是如何调和社会与个人的问题。孟禄说个人与社会的问题是人类生活中最初就有的问题，这句话从现代教育的立足点上看，是不错的，无论偏重个人或偏重社会都必定发生不良的影响。但是，如果我们肯认真地体察一下"个人"与"社会"的含义，我们就会发现，这个问题也就不是一个真问题，有关个人与社会的争论也就会落空。在我们经验所处的范围里，有谁见过纯粹独立的个人，又有谁见过脱离个人的社会呢？正如杜威所说，"我认为受教育的个人是社会的个人，而社会便是许多个人的有机结合。如果从儿童身上舍去社会的因素，我们便只剩下一个抽象的东西；如果我们从社会方面舍去个人的因素，我们便只剩下一个死板的、没有生命力的集体"①。就个体的兴趣而言，个体兴趣的起源和变异要受到认知环境和个体因素（包括个人内心状态以及以往生活经历等）的影响，它的社会性是不言而喻的。社会的兴趣只是个体的普遍兴趣的体现，因而没有纯粹意义上的社会兴趣。比如，我们前已述及的社会主体对知识兴趣的变迁，比如从对物的研究转向探问人生的意义和价值问题等，实际上只是组成社会的个体对同一对象所表现出来的普遍兴趣。这也是社会共识得以产生的根源。因此，归根结底，"社会"概念只是一种抽象意义上的概念，并没有一种实然物与其对应，有的只是一定历史下的具体的个人。

但是，这里还存在着一个问题，那就是个人总是社会的个人，这就意味着个人总是要与他人产生关系。就个体的兴趣而言，获得最大发展、实现生命优化始终是个人最大的兴趣。这一点是毋庸置疑的。但是，在实现生命优化的活动中，个体的兴趣将不可避免地会与他人的兴趣发生冲突和矛盾。比如甲乙两人同时对一个姑娘产生爱慕之情；在缺水的情况下，村民们需要引水灌溉自家的田地；等等。因此，在矛盾与冲突无法和解的情况下，就急需一个第三者予以调节，这种调节和仲裁的权力由矛盾双方授予。在更大的范围内，这个第三者就是国家或政府。国家或政府由人民授权。国家或政府从全局的利益考虑，必定会对个体的自由造成某种程度的限制，因而从这个意

---

① [美]约翰·杜威. 我的教育信条[M]//学校与社会·明日之学校. 赵祥麟，等，译. 北京：人民教育出版社，1994：5.

义上讲，个人与国家或政府构成一定的对立关系。个人往往需要服从国家或政府的要求和指令。但是，从国家或政府的起源来看，其又必须使它的作为符合于促进个体的最大发展这一目的。在教育这一层面上，这一目的也就应表述为促进全体学生的发展或者说促进每一个学生全面而自由的发展。因此，基于第一点所阐述的，知识的选择就应从学生的兴趣出发。也就是说，知识选择的问题并不在于要不要依据学生的兴趣，而是依据学生的什么兴趣的问题。总之，无论从哪种角度来看，指向知识的兴趣的主体都应该是学生，而不是其他。

第四章 什么兴趣指向的知识最有价值
——历史上的兴趣课程理论与实践

事实上，并不是今天我们才意识到需要从学生的兴趣出发考虑课程知识。巴格莱（W. C. Bagley）指出，"强调兴趣、自由、目前需要、个人经验、心理组织和学生主动性的理论"，从古希腊教育开始就有着漫长的历史，"一个多世纪以来，这些理论日益加深……今天，这些理论如此大量地被明确地表现在各种运动中"。① 从历史上看，第一次大张旗鼓地提出"兴趣"应被视为学习的原则和目的的是卢梭。之后赫尔巴特和杜威对其进行了更深入的阐释，并对教育实践产生着深刻的影响。"可以说，克伯屈'设计教学法'的兴趣原则、桑代克学科与活动的'兴趣标准'、'德可乐利法'的兴趣中心课程组织、克拉帕瑞德以兴趣需要为基础的'机能教育'、沙茨基'单元教学一体化课程'的兴趣组织、皮亚杰智力发展的'兴趣律'以及奥托'合科教学法'的教材联络等，都是杜威兴趣说和课程教学思想的具体表现和例证。"② 这些教育中关于兴趣的思想和实践是在以社会需要为主流的课程知识选择历史中开出的奇异的花朵，提醒并激励着人们冲破"教材应该使学生厌恶——不但不要有趣味，而是恰恰相反"的陈旧思想，试着从解放儿童的视角出发对课程作出重新诠释和建构。

---

① 转引自［美］丹尼尔. 坦纳，劳雷尔. 坦纳. 学校课程史［M］. 崔允漷，等，译. 北京：教育科学出版社，2006：155.
② 郭戈. 兴趣课程观述评［J］. 课程·教材·教法，2012（3）：3-11.

第四章　什么兴趣指向的知识最有价值——历史上的兴趣课程理论与实践

第一节　赫尔巴特的"多方面兴趣说"及其评析

一、赫尔巴特的"多方面兴趣说"

前已述及，在历史上，赫尔巴特第一次系统地提出了兴趣课程的思想，要求将课程的设置建立在学生多方面兴趣的基础上。那么，在赫尔巴特这里，兴趣指的是什么呢？多方面兴趣又是什么？

在《普通教育学》中，赫尔巴特认为，兴趣是同漠不关心相对立的。兴趣就是专心所追随的、审思所积聚的对象。"在兴趣中，一个人可以容易地去完成他的各种决定，而且使他觉得到处都很容易，并不会因为有其他要求而取消他的计划。"[1] 教育的目的就是要培养学生多方面的兴趣。这里的多方面兴趣并不是指对诸多事情都浅尝辄止一番，而是指平衡的多方面兴趣，即一切能力的和谐发展。所以，多方面性又是全面性和整体性的同义词。赫尔巴特说："我们虽然不能期望所有这些兴趣在每个人身上均衡地得到发展，但我们必须期望一大批学生具有这全部兴趣。每一个人越接近这样一种智育，即所有的这些兴趣受到同样程度的激发，那么就越能符合多方面性的要求。"[2]

在赫尔巴特看来，多方面的兴趣既是教育的目的，又是课程设置与教学开展的依据。如赫尔巴特认为，兴趣来源于使人感兴趣的事物与活动。多方面的兴趣产生于这些事物与活动的富源之中。"创造这种富源，并把它恰如其

---

[1] [德] 赫尔巴特. 普遍教育学. 教育学讲授纲要 [M]. 李其龙, 译. 杭州：浙江教育出版社，2002：63.

[2] [德] 赫尔巴特. 普遍教育学. 教育学讲授纲要 [M]. 李其龙, 译. 杭州：浙江教育出版社，2002：255.

分地奉献给儿童乃是教学的任务。"从课程设置来看,赫尔巴特认为学生的多方面兴趣包括认识的兴趣和同情的兴趣两大类。认识的兴趣又包括经验的兴趣、思辨的兴趣和审美的兴趣。同情的兴趣又包括对人类的同情、对社会的同情以及两者对社会的关系。因而从这个角度出发,赫尔巴特把知识分为两类,一类是人的知识,一类是物的知识,前者对应同情的兴趣,后者对应认识的兴趣。与经验的兴趣相适应的学科为自然、物理、化学、地理等;与思辨的兴趣相适应的学科为数学、逻辑学、文法等;与审美的兴趣相适应的学科有文学、绘画、音乐等;对人类的同情的兴趣通过本国语、外国语等学科来培养;社会的兴趣与之相适应的学科为历史、政治、法律等;培养宗教的兴趣的有神学等。赫尔巴特认为各个兴趣并不是孤立的,而是互相有联系的。学校开设的科目类型越多也越能激发学生的兴趣。同时,一门学科虽然优先地满足于某种兴趣,但并非不会激起别的兴趣。例如,赫尔巴特认为,文学属于审美兴趣,"历史可以激发起对优秀人物和社会兴衰的同情,语言通过这两者甚至于可间接地对引起宗教兴趣发生作用。……假如加上对这种语言的语法结构的探索,那么甚至还会引出思辨的兴趣来。但是,历史课程不应局限在古代方面,文学知识也应拓宽,以便更全面地激起那几类兴趣"。[①] 因此,这些课程通过直接地激起学生的某种兴趣以及间接地激起学生的他种兴趣,"使青年人的智慧获得符合多方面兴趣的发展方向"。[②] 这样赫尔巴特就成功地从学生的兴趣的视角出发,建立了一个逻辑严密的兴趣课程知识体系。

当然,赫尔巴特对于兴趣的宣扬并不止于此。他还从心理学的角度对于教学如何激发和培养学生的兴趣进行了详细的阐释。赫尔巴特认为,学生精神生活的核心不能仅仅通过儿童的自发活动——经验和交际来形成,还需要通过教学来培养。他认为,从经验中获得的知识往往是碎片化的知识,交际的任意发展也并不能为儿童带来多少"高尚的感情",只有教学才能满足平衡地培养广泛的多方面性的要求。赫尔巴特指出,"教学必须把认识与同情作为

[①] [德] 赫尔巴特. 普遍教育学. 教育学讲授纲要 [M]. 李其龙, 译. 杭州: 浙江教育出版社, 2002: 257.

[②] [德] 赫尔巴特. 普遍教育学. 教育学讲授纲要 [M]. 李其龙, 译. 杭州: 浙江教育出版社, 2002: 258.

第四章　什么兴趣指向的知识最有价值——历史上的兴趣课程理论与实践

彼此不同、基本上独立的心理状态同时地加以发展"。① 教育者必须具有那种他们应当在儿童心灵中看到各种兴趣的细微活动迹象的教养。但也"绝不可以在可塑的年龄阶段把儿童偶然突出的表现看作通过教育能更大地发挥出来的标志"。② 赫尔巴特指出，兴趣的发展在心理上表现为注意、期望、要求、行动等这四个阶段。在赫尔巴特看来，兴趣来源于对外界实在的注意，注意是指一种观念突出于其他观念，并对它们发生作用的这样一种心理状态。当实在延缓显示于人的感觉之前时，兴趣便在期望中出现了。人所期望的事物自然并不与激发起期望的事物相一致。如果期望中的事物并没有变成现实，并且存在于期望中的忍耐消失了的话，那么兴趣就可能变为欲望，"欲望却力争把握它还不占有的未来的对象"③，这种欲望就会通过其对事物的要求显示出来，并随后以行动出现。赫尔巴特认为，在培养同情心时，尤其要十分重视使兴趣达到更高级阶段。他说："同时还有一种要求，它是一定要过渡到行动的，这就是同情的要求。"④ "假如教育不能给予学生确立为人类福利与社会福利而工作的决心，不能给予学生的宗教要求以一定动力，那么这种教育将是徒劳的。"⑤ 另外，赫尔巴特还从专心和审思的角度谈到兴趣的多样与统一。他认为，兴趣就是专心所追随的、审思所积聚的对象。专心是一个人想要明晰地把握一件事、全心全意地献身于一件事的心理状态。因此，各种专心活动是相互排斥的。我们所要求的专心活动不能同时发生，它们必须逐个产生。审思则是把各种专心活动统一起来最终使人达到意识的统一乃至人格的统一。"精神的呼吸"意味着，一方面我们要献身于经验，另一方面必须使它与我们的心灵联系起来，赫尔巴特把这称为专心与审思的交替。"人格的统一不能因

---

　　① ［德］赫尔巴特. 普遍教育学. 教育学讲授纲要［M］. 李其龙, 译. 杭州: 浙江教育出版社, 2002: 75.
　　② ［德］赫尔巴特. 普遍教育学. 教育学讲授纲要［M］. 李其龙, 译. 杭州: 浙江教育出版社, 2002: 74.
　　③ ［德］赫尔巴特. 普遍教育学. 教育学讲授纲要［M］. 李其龙, 译. 杭州: 浙江教育出版社, 2002: 62.
　　④ ［德］赫尔巴特. 普遍教育学. 教育学讲授纲要［M］. 李其龙, 译. 杭州: 浙江教育出版社, 2002: 79.
　　⑤ ［德］赫尔巴特. 普遍教育学. 教育学讲授纲要［M］. 李其龙, 译. 杭州: 浙江教育出版社, 2002: 78.

为倾心于多种兴趣及其对象而丧失。假如我们把这种倾心的收获不断地归入我们业已获得的认识系统中,那么就不会丧失这种统一。"①

二、"不朽的赫尔巴特"——"多方面兴趣说"的历史贡献

正如赫尔曼·诺尔所说:"赫尔巴特学派对教育,可以说对全世界教育,作出了巨大贡献,它以它的方式维护了19世纪德意志运动的精神,并把这种精神传播到海外。"② 对于赫尔巴特来说,提出兴趣说是"他真正哥白尼式的对于教育学说的拨乱反正"。③ 他也因此得到了学界的高度评价和广泛赞誉。尤福(C. Ufer)说:"兴趣说是赫尔巴特的一盏明灯,为处在黑暗和迷津般教学理论和教师带来了光明。"④ 海华德(F. H. Hayward)指出,"赫尔巴特的要旨是兴趣",它是"教育性教学的基本概念",并在《对赫尔巴特学说评论》(1903)一书的扉页上以大写字母赫然写着"兴趣是教育中最伟大的词汇"。⑤ 康纳尔(W. F. Connell)评论道:"由于赫尔巴特将对形而上学、伦理学的兴趣与对兴趣学、哲学的兴趣结合为一体,成为名留后世的德国哲学家。"⑥ 赫尔巴特系统地论述了兴趣的概念、类型及其发展,并以此为依据,构建了包括教育目的的确定、课程设置以及教学的思想在内的完整的兴趣教育理论体系。正如郭戈教授所说,"这样一来,赫尔巴特就将其教育理论特别是课程教学论建立在'兴趣说'的心理学分析的基础上,真正把儿童多方面的兴趣与

---

① 赫尔曼·诺尔. 不朽的赫尔巴特[M]//[德]赫尔巴特. 普遍教育学. 教育学讲授纲要. 李其龙, 译. 杭州: 浙江教育出版社, 2002: 400.
② 赫尔曼·诺尔. 不朽的赫尔巴特[M]//[德]赫尔巴特. 普遍教育学. 教育学讲授纲要. 李其龙, 译. 杭州: 浙江教育出版社, 2002: 396.
③ 赫尔曼·诺尔. 不朽的赫尔巴特[M]//[德]赫尔巴特. 普遍教育学. 教育学讲授纲要. 李其龙, 译. 杭州: 浙江教育出版社, 2002: 397.
④ [澳] W. F. 康纳尔. 二十世纪世界教育史[M]. 孟湘砥, 胡若愚, 主译. 长沙: 湖南教育出版社, 1991: 110.
⑤ [澳] W. F. 康纳尔. 二十世纪世界教育史[M]. 孟湘砥, 胡若愚, 主译. 长沙: 湖南教育出版社, 1991: 114.
⑥ [澳] W. F. 康纳尔. 二十世纪世界教育史[M]. 孟湘砥, 胡若愚, 主译. 长沙: 湖南教育出版社, 1991: 94.

第四章 什么兴趣指向的知识最有价值——历史上的兴趣课程理论与实践

整个教育教学体系紧密地结合起来。从此以后,兴趣的概念牢固地进入了教育学和心理学之中"。[①] 赫尔巴特的贡献尤其体现在以下三方面。

(一)颠覆了人们关于学习与兴趣的关系的看法

如上所述,赫尔巴特旗帜鲜明地提出教育的目的是培养学生的多方面的兴趣。他说:"一个人可以树立的目的的对象对于教育者来说是根本不感兴趣的,而教育者感兴趣的主要是成长着的一代人的活动,即他那内在的和明显地表露出来的活动力与积极性的总和。"赫尔巴特把人的这种精神活动称为他的兴趣。兴趣是人的精神生活的源泉。为此,他颠覆了人们以往关于学习与兴趣的关系的看法。就像赫尔巴特自己所说的,"人们要求青少年对学习与认识产生兴趣,'仿佛学习是目的,而兴趣是手段。我把这种关系颠倒过来,学习应当为从中产生兴趣服务。学习将过去,而兴趣应在整个一生中保持下来'"。[②] 赫尔曼·诺尔对此评论道,"即使最激进的现代教育学也不能超过这一点"。[③] 这一观点后来成为赫尔巴特主义者的核心观点。赫尔巴特主义者"肯定兴趣是教学的最高目标,观念是达到目标的手段,这就是说,兴趣是终结而知识是手段。对教育过程进行测试的并不是所获知识的数量,而是兴趣发展的广度和深度。培养一个有多方面兴趣的人是赫尔巴特主义者的理想。技艺与知识的掌握是重要的,但是不可估量的价值则在于掌握比例和谐的才能、多向度的思维力。在一系列有意义的事物中作出有目的的选择,这都取决于多方面兴趣的正确发展"。[④]

(二)明确了教育在学生多方面兴趣发展中的地位

正如前面所提到的,赫尔巴特认为,虽然兴趣可以在儿童的自发的经验

[①] 郭戈. 兴趣教育思想发展的"三部曲":卢梭、赫尔巴特和杜威的兴趣说[J]. 当代教育与文化,2011(4):38-45.

[②] 赫尔曼·诺尔. 不朽的赫尔巴特[M] // [德]赫尔巴特. 普遍教育学. 教育学讲授纲要. 李其龙,译. 杭州:浙江教育出版社,2002:397-398.

[③] 赫尔曼·诺尔. 不朽的赫尔巴特[M] // [德]赫尔巴特. 普遍教育学. 教育学讲授纲要. 李其龙,译. 杭州:浙江教育出版社,2002:398.

[④] [澳]W.F.康纳尔. 二十世纪世界教育史[M]. 孟湘砥,胡若愚,主译. 长沙:湖南教育出版社,1991:115.

和交际活动中产生，但是，儿童精神生活的核心不能卓有成效地通过经验与交际来培养。在这里，他就否定了卢梭关于来自人的教育和来自物的教育要顺应自然的教育的看法。他说："把人交给自然，或者甚至把人引向自然并让自然来训练，那是愚蠢的。……人类的天性似乎适宜于最不同的各种条件，具有这样的普遍性，以至于进一步确定其发展与促使其完善的工作完全应当留给人类去做。"[①] 经验只是不加选择地、偶然而不连贯地给儿童的东西，好恶混杂地动摇着儿童；教学应当实现对儿童的一定的思想、感情和志向的引导。这就明确了教育在学生多方面兴趣发展中的作用和地位。这也就将在浪漫自然主义学派那里的所谓的消极教育转变为积极可为的教育，也无疑为教育和教育学的独特性和合理性提供了有力的论证。从而也在很大程度上摆脱了人的发展的宿命论和先验主义自由论。从宿命论来看，人的发展是由其自然天性决定的，是早已"定型"的，因而无需教育。而先验主义自由论其本质也是一种宿命论，因为它过度强调人自然、天赋的自由意志，否认人接受教育的可能性与必要性。这种发展观无疑使教育变成一种无所作为的活动，也就在一定程度上取消了教育。而且"把人交给自然"带来的后果是，儿童不能获得良好的精神生活，只能任随其好恶混杂地生长着。就像他说的："人并不要求一定的气候，而可以在任何气候下生存下去；人可以任意地变成野兽，或成为理智的人，他不断地受到环境的塑造——人需要建造他、设计他的艺术，以使他获得正当的形象。"[②] 而这种艺术就是教育和教学。

（三）构建了从兴趣出发的全面的课程知识体系

如前所述，赫尔巴特从培养"平衡的多方面兴趣"亦即培养"一切能力的和谐发展"的人这一教育目的出发，构建了包含了语言、历史、数学、逻辑学、文法、物理、化学、地理等多种学科的全面的课程知识体系。与卢梭相比，赫尔巴特重视人文学科知识和自然学科知识的价值，强调两者在满足

---

① ［德］赫尔巴特. 普遍教育学. 教育学讲授纲要［M］. 李其龙，译. 杭州：浙江教育出版社，2002：68.
② 赫尔曼·诺尔. 不朽的赫尔巴特［M］//［德］赫尔巴特. 普遍教育学. 教育学讲授纲要. 李其龙，译. 杭州：浙江教育出版社，2002：399.

学生的多方面兴趣及个性形成中的重要作用。这无疑是对卢梭的观点的一种超越。卢梭从他的自然教育思想出发，认为能真正引起学生兴趣的"只有有形的物质的东西"，认为人从感觉到知觉、从知性到理性的发育，只能通过"物"的教育来完成，即通过使用（use）和劳动（work）来完成。《爱弥儿》中所讲的种豆子，以及爱弥儿所读的《鲁宾逊漂流记》的故事等都表明了他这样的看法和观点。虽然卢梭对书本知识的排斥来源于他对当时人文知识用来作为人的装饰和炫耀的对象的社会风气的不满，因而要求教育的根本是"趁早给你的孩子的灵魂周围筑起一道围墙"，以免被那些违反自然的社会习惯所侵害，但是其也终究不符合教育的原有之义，也在一定程度上窄化了学生的兴趣和学习的范围。虽然"知识未必能够进入人的自然成长，知识未必能够达成关于真理的判断，知识未必能够改善人的现实处境，知识也未必能够实现人类文明的获得和传承"[①]，但知识（包括人文科学知识和自然科学知识）对于人的精神塑造和建设却是不可缺少的。

三、静态的兴趣观和无差别的兴趣观——赫尔巴特兴趣说的局限

前已述及，赫尔巴特虽然构建了以兴趣为基础的包括人文学科和自然学科的全面的学科课程知识体系。但是，这也只是从静态的角度来看待学生的兴趣，而没有注意到学生兴趣的发展。就赫尔巴特所提出的两大类兴趣——认识的兴趣和社会的兴趣而言，不同年龄阶段的学生其认识的兴趣和社会的兴趣所指向的对象是不同的，其兴趣的对象存在着扩大、缩小或者改变等诸多的可能。如芬克（Fink）通过研究发现，随着时间的进展学生的兴趣结构也在发生着变化。如研究者发现，有一位学生对与动物有关的几乎所有东西（读物、图片、动画等）都特别感兴趣，在四个时间点上，研究者都发现该学生围绕着动物这一主题，显现出了相对稳定的兴趣结构模式，但就各时间点的纵向比较来看，该学生对动物的兴趣结构又显现出了明显的变动、重组或承继。譬如，该学生在四个时间点上均对参观动物园及阅读与动物有关的书

---

① 渠敬东. 卢梭对现代教育传统的奠基[J]. 北京大学教育评论，2009（3）：3-16，188.

籍表现出了异常深厚的兴趣,但在第一个时间点上关爱动物的兴趣,在第四个时间点上却消失了,与此同时,在第四个时间点上诞生了扮演动物角色游戏的新兴趣。① 这说明,不同时期学生的兴趣是不同的,那么课程也应该与不同年龄学生的兴趣程度及形式相适应。至于不同年龄阶段学生的兴趣程度及形式是怎样的,赫尔巴特并没有对其进行过多的研究,因此,其提出的对应两大类六种兴趣的几十门学科课程知识体系只能是笼统的,而不能反映学生兴趣的动态发展,因而也不能达到课程与不同年龄学生的兴趣程度及形式相适应的目的。当然这也是囿于当时的心理学学科的发展。也因此,虽然赫尔巴特强调教材必须在学生统觉能力的程度之内,必须与学生头脑中已建立的观念相联系,但是依然要求八岁以下幼儿学习超出其接受范围的古希腊文。

与此同时,赫尔巴特的兴趣观还是一种无差别的兴趣观。如前所述,赫尔巴特认为学生普遍地拥有认识的兴趣和同情的兴趣,认识的兴趣又包括经验的兴趣、思辨的兴趣和审美的兴趣;同情的兴趣又包括对人类同情的兴趣、社会的兴趣和宗教的兴趣。并从这六种兴趣出发,列出与之相应的几十门学科课程。这说明,在赫尔巴特那里,学生的兴趣是毫无差别的,每个学生毫无例外地拥有这些兴趣。实际上,我们知道,由于学生的个性特点、生活背景、学习体验等的不同,同一年龄阶段的学生的兴趣既表现出同一性的一面,又表现差异性的一面。比如,在认识的兴趣方面,相比于一个学生的经验兴趣,另一个学生可能对思辨更感兴趣;而在思辨的兴趣方面,不同的学生其兴趣所指向的知识对象也可能是不同的,一个学生对逻辑学感兴趣,而另一个学生则对文法更感兴趣;又比如,对于同一门学科物理学,有的学生对物理学的基本理论感兴趣,有的学生则对与自己生活密切联系的物理现象更感兴趣;等等。因此,课程的设置既要反映学生兴趣的同一性,又要反映其差异性。很显然,赫尔巴特并没有考虑到这一点,他所提出的课程知识体系因而也体现出一种无变化性和无差别性。

---

① FINK B. Interest Development as Structural Change in Person-object Relationships [M] //OPPENHEIMER L, VALSINER J, The Origins of Action: Interdisciplinary and International Perspectives. New York: Springer, 1991: 175-204.

第四章　什么兴趣指向的知识最有价值——历史上的兴趣课程理论与实践

第二节　杜威的兴趣说及其评析

西尔伯曼（Charle Silberman）在1970年出版的《教室里的危机》（Crisis in the Classroom）一书中评论美国教育改革时说："改革派学者忽视了以往的经验，特别是二十年代和三十年代教育改革的经验。他们不理解他们所涉及的问题几乎都曾被杜威（John Deway）等人早已阐述过了；也不知道他们想搞的工作，都曾被杜威和富莱兹纳（A. Felxenr）早就阐述过和搞过了。"这可见杜威的教育理论在教育学历史中的重要地位。杜威是现代教育思潮的领袖。杜威的《教育中的兴趣和努力》一书对"兴趣"以及兴趣与努力的关系进行了系统而深刻的剖析和论述。该著作的出版被泰勒（R. W. Tyler）誉为"20世纪最重要的五个课程事件之一"。杜威的观点——"在制定学校目标和为学校课程选择学习经验时应该考虑学生的兴趣"被人们广为接受，并在实际中加以践行。克伯屈"设计教学法"的兴趣原则、桑代克学科与活动的"兴趣标准""德可乐利法"的兴趣中心课程组织、克拉帕瑞德以兴趣需要为基础的"机能教育"、沙茨基"单元教学一体化课程"的兴趣组织、皮亚杰智力发展的"兴趣律"及奥托"合科教学法"的教材联络等，都是杜威兴趣说和课程教学思想的具体表现和例证。①

---

① 郭戈. 兴趣课程观述评 [J]. 课程·教材·教法，2012（3）：3-11.

一、杜威的"兴趣说"[①]

（一）何谓兴趣——"兴趣就是统一的活动"

在杜威看来，"兴趣就是统一的活动"。兴趣这个词的根本意思就是由于认清其价值而集中注意、全神贯注、专心致志于某种活动。"兴趣标志着在个人与他的行动材料和结果之间没有距离。兴趣是它们有机统一的标志。"[②] 杜威认为，兴趣首先是积极的、投射的。对任何事物感兴趣就是积极地与那个事物发生关系。其次，兴趣是客观的。兴趣总是体现在一个相关的对象中。再次，兴趣是个人的。"它意味着直接的关心，意味着对某种事情得失攸关的承认；意味着某种结果对个人具有重要意义的事情。"[③] 杜威指出，以往互相对峙的兴趣理论与努力理论，其实都不自觉地基于一个共同原则或假设。"这个共同的假设就是对于自我控制的对象、观念或目的外在性的假设。"[④] 由这个假设出发，兴趣理论主张诉诸兴趣的方法是通过人为刺激使事物变得有趣。而努力理论则反对这种做法，认为只需求助于努力即可。杜威分析，由于这两种主张均假定对象或目的存在于自我之外，因而无论诉诸努力还是诉诸兴趣，都会带来能量的分裂。在不愉快的努力情况下，这种分裂是同时发生的，比如儿童一方面在完成教师布置的背诵任务，另一方面却放任他的思想去想象那些真正使他感兴趣的东西。而在对象被赋予兴趣时，能量的分裂则是相继的。它把儿童的注意力引向外部人为的刺激。这样获得的愉快只是一些感官上的愉快。它会导致儿童在激动与冷漠之间摇摆不定。杜威因而批评，把

[①] 以下摘自笔者论文．邓素文．杜威的兴趣理论及其启示 [C] //中国地方教育史志研究会，《教育史研究》编辑部．纪念《教育史研究》创刊二十周年论文集（16）：外国教育思想史与人物研究．2009：955-958．

[②] ［美］约翰·杜威．学校与社会·明日之学校 [M]．赵祥麟，等，译．北京：人民教育出版社，2005：172．

[③] ［美］约翰·杜威．学校与社会·明日之学校 [M]．赵祥麟，等，译．北京：人民教育出版社，2005：172．．

[④] ［美］约翰·杜威．学校与社会·明日之学校 [M]．赵祥麟，等，译．北京：人民教育出版社，2005：167．

某种富有魅力的特征加到本来不感兴趣的教材，用快乐行贿，引诱儿童注意和努力，这种方法其实是一种"软"教学法和"施粥所"的教育理论。真正的兴趣原理是所要学习的事实或所建议的行动和正在成长的自我之间公认的一致性原理。

（二）直接兴趣与间接兴趣——作为手段的兴趣与作为目的的兴趣的相互转化

杜威认为，在有些情况下，行动是直接的、即时的；而在有些情况下，兴趣又是间接的、迁移的。直接的行动是自我满足并自行满足的，它既是手段也是目的，因此不存在思想上的方法和目的之间的鸿沟。这是直接的兴趣。间接的兴趣是指行动是为了一个更远的、有价值的目的，因而必须采用本身看来并不重要的中介方法。此时，目的和方法存在着思想上的区分。在直接兴趣与间接兴趣之间并没有严格的不可逾越的界线。在杜威看来，从直接兴趣到间接兴趣的发展"只是一个征兆，它标志着简单的活动生成或展开成为复杂的、需要更长得多的时间去实行的、因而包含着推迟达成对中介步骤具有决定性意义和充分价值的目的的那种活动"。[①] 杜威指出，在个人的活动意义的程度和范围增长之处，会发现，一方面，比较狭隘、比较简单的兴趣（需要较短的时间去完成它）已经在向包括更长时间的兴趣发展。随之兴趣也变得更丰富更完满。以前那些不令人感兴趣的或令人讨厌的事物，当人们把它看作是能达到已经支配着注意目的的方法时，它也就变得有兴趣和有意义了。另一方面，这些当初被看成达到目的的方法而变得有意义的事物，在后来的活动中逐渐地变得具有自身独立的价值，有时甚至取代了它们原来赖以成为的那种活动，也就是说，方法转化成了目的。

杜威批评了教育上（教师）对居间兴趣心理学的错误运用。比如通过惩罚、哄孩子，或许诺能得到教师的喜爱，或升级，或能赚钱，或在社会上得到一个职位等使学生做其不感兴趣的事情。杜威分析道，靠给没有趣味的事情（之所以没有趣味，是因为它存在于个人的活动计划之外）披上外加的令

---

① ［美］约翰·杜威. 学校与社会·明日之学校［M］. 赵祥麟，等，译. 北京：人民教育出版社，2005：182.

人愉快的特性外衣，或者靠恐吓的方法——靠创造出聊胜于不注意结果的兴趣，这两种方法都不是正确地提出问题以及解决问题的方法。其错误在于忽视儿童已经从事的活动，或假定它们并无意义。"实际上，'使事物变得有趣'这条原则的意思是参照儿童现在的经验、能力和需要选择教材。"[1] 也就是说，新教材的提出要使儿童能够联系到已经对他有意义的事情去理解新教材的意义和价值。为此，杜威提出判断兴趣原则是否正确运用的一个标准是：如果活动包含着生长和发展，兴趣就是正常的，依此它在教育上就是合理的。如果兴趣是活动中发展停止的征兆和原因，它就是被不合理地利用了。

（三）具有教育意义的兴趣类型

杜威指出，具有真正教育意义的兴趣活动，其类型会因年龄、天赋、个人经历等而不同。但是，从普遍的角度来看，仍然可以将它大致分为身体本能活动的兴趣、制造的兴趣、纯粹理智的兴趣以及社会的兴趣四类。

身体活动的兴趣是儿童与生俱来的一种本能。它不仅带来身体本身的生长和成熟，而且还具有心理和智力上的意义。但是这种意义却被以往的教育忽略了。人们假定自我活动可以单纯从内部获得，而不需要游戏、建造物件和操作材料、工具等身体外部的动作。杜威慨叹："在这种制度下，认为儿童天性厌恶学习，或认为智力活动与他们的天性格格不入，使他们被迫或被巧妙地哄骗着去学习，这是不足为奇的！因此，教育家们责怪儿童或人性的堕落，而不去抨击由于使学习脱离对天生行动器官的运用而使学习变得既困难又繁重的情况。"[2]

制造的兴趣是儿童运用工具对外部对象或材料进行控制、加工的兴趣。杜威认为用"工作"称呼这种活动是再恰当不过了。工作与游戏的区别在于工作体现了更多理智的特点。在工作中，儿童能根据某个较长远的目的来规划他的一系列行为。工作包括为了达到目的有意识的或深思熟虑的努力。杜

---

[1] ［美］约翰·杜威. 学校与社会·明日之学校［M］. 赵祥麟，等，译. 北京：人民教育出版社，2005：175.

[2] ［美］约翰·杜威. 学校与社会·明日之学校［M］. 赵祥麟，等，译. 北京：人民教育出版社，2005：196.

第四章　什么兴趣指向的知识最有价值——历史上的兴趣课程理论与实践

威说:"如果孩子已准备好了从事这种意义上的工作而不引导他去做,不是武断地阻碍他的发展,就是在他已准备好了按照一个观念去行动以后还强使他停留于感觉-兴奋的水平。"① 这在教育上是有害的。

杜威认为,对于理智的兴趣,上述活动中它都存在。只不过它在其中是从属的、辅助的。而一旦它在完成一个过程中占据了支配地位,就可以称之为纯粹的理智的兴趣。他指出,科学的基本原则是与因果关系结合在一起的。在儿童开始从事活动时,他首先是对活动的结果感兴趣,但是随着兴趣与富于思考的努力紧密结合,对目的或结果的兴趣也就逐渐转移到对方法或者说原因的兴趣上,因而产生了探究发现的行为。当个体对问题以及探究和解决问题的知识发生兴趣时,兴趣就具有理智的特点。

在杜威看来,社会的兴趣是一种强烈的特殊兴趣,也是与前述几种兴趣纠缠在一起的兴趣。儿童正是通过直接地或想象地参与到别人的活动中去,他发现了他的全部经验中最有意义、最有益的经验。"从这个意义上说,儿童似乎在兴趣上比一般成人更富于社会性。"② 杜威指出,纯粹抽象的智育学科使很多儿童感到厌烦,这只是反映了一个事实,即向他们提出的事物——事实和真理——是孤立于人类关系之外的。总之,杜威认为,对别的兴趣或对别人的活动和目标的兴趣是使活动范围变得广阔、丰富、开明的自然资源;而与客体融为一体的身体的、手工的、科学的兴趣则有助于扩充自我。

(四)兴趣、努力与训练

在以往的兴趣理论与努力理论中,兴趣与努力是水火不相容的。兴趣说的一方竭力突出兴趣的作用,认为努力毫无意义;而努力说的一方则强调努力在形成坚强品格中的作用,认为求助于兴趣,把一切事情都裹上糖衣,只会毁掉孩子。杜威指出,把兴趣与努力对立起来,非此即彼,这是将对象或目的与自我进行分离。兴趣并不是"使事物变得有趣",而努力也不只是增加

---

① [美]约翰·杜威. 学校与社会·明日之学校 [M]. 赵祥麟,等,译. 北京:人民教育出版社,2005:202.
② [美]约翰·杜威. 学校与社会·明日之学校 [M]. 赵祥麟,等,译. 北京:人民教育出版社,2005:189.

能量耗费的紧张程度。如果确认真正的兴趣是自我通过行动与某一对象或观念融为一体的伴随物，而要求努力就是要求在面对困难时要有连续性，"唤起努力真正功能的条件首先是使个人更加认清自身行为的目的和宗旨；其次是使他的精力从盲目的或不加思考的挣扎变成经过思考的判断"①，那么，兴趣和努力的对立性就会立刻消解，或者毋宁说，兴趣与努力从来就不是敌对的。在杜威看来，努力是从直接兴趣发展成为间接兴趣的活动过程中的一个部分。随着目的变得遥远（活动的完成需要更长时间），更大量的有待克服的困难和随之而来的对努力的需要也就产生了。"当活动具有积极的、持久的兴趣，即能激起人们对目的有更清晰的认识并对完成活动的方法有更为深思熟虑的考虑时，所需的努力就可以得到。"②

在对待努力这个问题上，杜威认为，如果把任务看作不过是包含着必须克服的困难的事情，那么，儿童、青年和成年同样需要有任务，以便使他们能继续发展。但是，如果把任务看作某种没有兴趣、没有吸引力的事，看作完全异己的，问题就完全不同。也就是说，在教育中需要避免为努力而努力的事情。对于训练来说，道理也是一样的。以前的训练说把心智与教材孤立开来，因而不管是形式训练说还是特殊训练说，都把心智和教材分别看成自身完成了的东西，把兴趣与训练对立起来。杜威认为，关于兴趣的种种事实表明，这些观念都是无稽之谈。心智是根据对未来可能结果的预测而应对目前刺激的能力，因而不可能离开目前的事物来谈心智。杜威说："如果我们能训练一个人，使他能考虑他的行动，并且深思熟虑地实行这种行动，这个人到这种程度就是一个有训练的人。如果在这种能力以外，加上在外诱、迷乱和困难面前，坚持明智地进行所选择进程的能力，他就有了训练的真髓。"③因此，杜威断言，把学习对象和课题与推动有目的的活动联系起来，乃是教育上真正兴趣理论最重要的定论。

---

① ［美］约翰·杜威. 学校与社会·明日之学校［M］. 赵祥麟，等，译. 北京：人民教育出版社，2005：191.

② ［美］约翰·杜威. 学校与社会·明日之学校［M］. 赵祥麟，等，译. 北京：人民教育出版社，2005：192.

③ ［美］约翰·杜威. 民主主义与教育［M］. 王承绪，译. 北京：人民教育出版社，1990：142.

二、杜威的"兴趣说"评析

（一）既指出了兴趣是教育的起点，又批评了"放任儿童兴趣自发发展"的兴趣观

与赫尔巴特一样，杜威并不赞成以卢梭为代表的浪漫自然主义所谓的把人交给自然、任儿童兴趣自发地发展的思想。他说："如果你从儿童的观念、冲动和兴趣出发，一切都是如此粗率，如此不规则，如此散乱，如此没有经过提炼、没有精神上的意义，他将怎样获得必要的训练、陶冶和知识呢？……如果你放任这种兴趣，让儿童漫无目的地去做，那就没有生成，而生成不是出于偶然。"[1] 杜威认为，"天赋活动和偶然的和随意的练习相反，它们是通过运用发展的。社会环境的职责在于通过充分利用这些能力来指导发展。本能的活动，用比喻的说法，可以称它们是自发的；但是如果以为这些活动是自发的、正常的发展，纯粹是神话。自然的或天赋的能力，提供一切教育中的起发动作用和限制作用的力量；但是它们并不提供教育目的。除了从不学而能的能力开始学习以外，便没有学习，但是学习并不是不学而能的能力的自发的溢流"。[2]

与赫尔巴特把兴趣看作是学习与认识的目的不同，杜威又强调教育应该重视儿童的充满活力的、无意识的态度的作用。他指出，儿童的兴趣既不应予以放任，也不应予以压制。压制兴趣等于压抑心智的好奇性、灵敏性和创造性，并使兴趣僵化。杜威肯定赫尔巴特的伟大贡献在于使教学工作脱离了陈规陋习和全凭偶然的领域，把教学带进了有意识的方法的范围，使它成为具有特定目的和过程的有意识的事情，而不是一种偶然的灵感和屈从传统的混合物。但他又批评赫尔巴特是外部塑造的代表，依靠外部的教材，通过内容的种种联系或联结而塑造心灵，教育是通过严格意义上的教学进行，从外

---

[1] ［美］约翰·杜威. 学校与社会·明日之学校［M］. 赵祥麟，等，译. 北京：人民教育出版社，1994：45-47.

[2] ［美］约翰·杜威. 民主主义与教育［M］. 王承绪，译. 北京：人民教育出版社，2001：126.

部构筑心灵。他指出赫尔巴特夸大了形成和运用方法的可能性，而低估了充满活力的、无意识的态度的作用。杜威对应从儿童自己的本能和能力来寻求教育的起点以及教育的素材的强调，也使其区别于赫尔巴特，而成为儿童中心主义思想的代表人物。

（二）突破了固定的、一成不变的兴趣观，看到了兴趣的丰富性和动态发展性

与赫尔巴特把兴趣看成是静态的、一成不变的相反，杜威看到了兴趣的丰富性和动态发展性。如前所述，杜威明确指出，具有真正教育意义的兴趣活动，其类型会因年龄、天赋、个人经历等而不同。因此，杜威没有把儿童目前的兴趣看作是已经完成了的东西，相反，他认为它们只是某些生长倾向的一种信号或标志。杜威指出，从道德上和理智上对儿童（儿童的兴趣）的极端轻视和对他们过于热情的理想化，都有他们共同错误的根源。两者都来源于把儿童的生长各阶段看成是某些不相联系的和固定的东西。前者没有看到，希望包含在那些把它们孤立起来看是没有希望的和令人讨厌的感情和动作里；后者没有看到，即便是那些最令人喜悦的和美好的表现，不过是一种信号，而且当它们一旦被看作是一些完成了的东西时，它们就受到糟蹋和损坏。①

正因为杜威看到了儿童兴趣的发展变化性，因此，他既没有像赫尔巴特一样要求八岁以下幼儿学习超出他接受范围的古希腊文，后者认为儿童天然具有一种学习系统知识的纯粹理智的兴趣；也没有像卢梭一样把儿童本能的冲动和活动当作应该讴歌和赞美的对象。相反，他走了一条折中的路线。在儿童现在的兴趣与反映人类兴趣的知识体系的关系上，杜威指出，"进入儿童的现在经验里的事实和真理，和包含在各门科目的事实和真理，是一个现实的起点和终点。把一方和另一方对立起来就是使同一成长中的生活的幼年期和成熟期生活对立起来；这是使同一过程的前进中的倾向和最后的结果互相

---

① [美]约翰·杜威. 学校与社会·明日之学校[M]. 赵祥麟，等，译. 北京：人民教育出版社，1994：121-122.

第四章　什么兴趣指向的知识最有价值——历史上的兴趣课程理论与实践

对立，这是认为儿童的天性和达到的目的处于交战的状态"。① 杜威指出，我们应该看到儿童的经验的本身就包含着在发展和组织教材达到现有的水平中已经起着作用的那些态度、动机和兴趣。因此，他说："抛弃把教材当作某些固定和现成的东西，当作在儿童的经验之外的东西的见解；不再把儿童的经验当作是一成不变的东西，而把它当作某些变化的、在形成中的、有生命力的东西；我们认识到，儿童和课程仅仅是构成一个单一的过程的两极。正如两点构成一条直线一样，儿童现在的观点以及构成各种科目的事实和真理，构成了教学。从儿童的现在经验进展到以有组织体系的真理即我们称之为各门科目为代表的东西，是继续改造的过程。"② 以上可以看出，正是因为杜威把兴趣看成是发展变化的，才克服了儿童和课程的对立，因而也克服了长久以来所存在的兴趣理论与努力理论的对立和冲突。

（三）克服了兴趣与努力的二元对立，阐明了兴趣与努力的辩证统一性

如前所述，杜威很明确地表示，兴趣与努力并不是截然对立的，而是具有辩证统一性。事实上，这既纠正了形式训练说对"训练"的片面强调的思想以及要素主义和永恒主义对努力的强调，也纠正了进步主义教育运动对兴趣的一味强调。在20世纪初美国教育的现实中，要素主义、永恒主义与进步主义各执一端，就"强调努力还是兴趣"争论不休。要素主义坚持纪律的重要性，强调努力这个概念，认为较高的和较持久的兴趣并不是一开始就能感觉到的，而是要通过长时间刻苦用功才能产生的，如果不鼓励儿童培养克服眼前欲望的能力，就会妨碍他去充分使用他的才智。实现任何有价值的目的，都需要一种自我约束和自我控制能力。③ 永恒主义也指出，取悦学生，俯就学生，按照学生自己的速度，以容易接受的东西来教他们，的确要容易得多；如果让儿童以明显的懒散和肤浅来决定他们学习什么，实际上就妨碍了他们

---

① ［美］约翰·杜威. 学校与社会·明日之学校［M］. 赵祥麟，等，译. 北京：人民教育出版社，1994：121.
② ［美］约翰·杜威. 学校与社会·明日之学校［M］. 赵祥麟，等，译. 北京：人民教育出版社，1994：120.
③ ［美］泰勒. 教育哲学导论［M］//陈友松. 当代西方教育哲学. 北京：教育科学出版社，1982：88.

去发展他们的真正才能。大多数美国青年人的头脑从来没有真正受过学习理智教材的锻炼，就是因为教师们过度地漠不关心并且没有抓紧这种锻炼。① 而进步主义教育则把教育的原则定为：教育应当是主动的，并且要与儿童的兴趣联系起来；儿童通过解决问题来学习，而不是通过教材来学习；教育就是经验的改造，教育是生活本身，而不是生活的准备；儿童应当按照自己的需要和兴趣来学习，所以老师应该更多地像一个向导或劝告者，而不应该完全凭权威行事，学校应该培养合作的精神而不是竞争的精神；教育意味着民主，民主意味着教育，应该以民主的方式来管理学校。② 以上可见，二者把努力、训练与兴趣视为水火不容的东西，实在失之偏颇。

杜威批评说，"指导和控制"是这一个学派的口号，"自由和主动性"是另一个学派的口号。规律是这里所维护的；自发性是那里所宣称的。一个学派认为许多年代在苦痛的和艰难中造成的那种旧的和保存下来的东西是可贵的，而那些新的、变动中的和进步的东西却博得另一个学派的喜爱。死气沉沉和墨守成规，乱作一团和无政府主义，是两个学派反复来回的指控。杜威指出，这种对立的观点是很少达到它们的逻辑的结论的。二者均陷在对训练、努力与兴趣的辩证统一性无法看清的泥潭里，因而在实际的教育中产生了很多误区。

第三节　进步主义教育运动对儿童兴趣的观照及其误区

美国进步主义教育运动兴起于19世纪末20世纪初。这一运动的基本原

---

① ［美］泰勒. 教育哲学导论［M］//陈友松. 当代西方教育哲学. 北京：教育科学出版社，1982：69.

② ［美］泰勒. 教育哲学导论［M］//陈友松. 当代西方教育哲学. 北京：教育科学出版社，1982：172.

第四章 什么兴趣指向的知识最有价值——历史上的兴趣课程理论与实践

则与中心内容是反对死读书本的传统教育,倡导儿童个性、兴趣与活动能力的自由发展。"进步主义教育将注意力集中在儿童身上;认识到学习兴趣的重要性;强调活动是所有真实的教育的根本,认为学习是个性的发展;维护作为一个自由个性的儿童应有的权利。"① 于1919年成立的进步教育协会成员科布回忆说:"从一开始,我们的目标中就没有'谦虚'这个词,我们的目标可以说是改革美国整个教育制度。——将传统教育从死记硬背、昏睡和机械的常规中唤醒,新学校自由的氛围与孩子们身上洋溢的自主精神具有迷人的魅力。"② 的确,从其诞生到20世纪50年代,进步主义教育运动在差不多半个世纪的时间里极大地推动、发展了美国的儿童教育改革。此后,在进步主义教育运动中凸显的对"学生兴趣""学生需要"等的关注也总是以不同的提法出现在后来的教育改革中,对教育理论和实践产生着影响。

一、进步主义教育实验及其对儿童兴趣的观照

在进步主义教育运动中,涌现出许多致力于改变学校教育的充满热情的教育实践家。他们进行了一系列令人振奋的教育实验。杜威的《明日之学校》就集中描述了这样的一些学校,如梅里安(Junius Meriam)的密苏里大学实验学校、芝加哥的弗兰西斯·帕克学校、纽约的普拉特(Caroline Pratt)游戏学校、哥伦比亚大学师范学院幼儿园,以及葛雷市、芝加哥、印第安纳波利斯的一些公立学校。除此之外,还有玛丽艾塔·约翰逊(Marietta Johnson)的有机教育学校,以及以克伯屈为首创立的设计教学法、帕克赫斯特的道尔顿制等等,这些都堪称进步主义教育实验中最突出的典范。克雷明指出,《明日之学校》作为一种"进步教育运动"及其在1915年前后情况的记录,其资料是非常珍贵的。它通篇生动地描述了"明日之学校"中的体育、自然研究、手工劳动、工业训练以及许许多多"社会化活动",令人振奋地论及了

---

① [美]劳伦斯·阿瑟·克雷明. 学校的变革[M]. 单中惠,马晓斌,译. 济南:山东教育出版社,2009:233.
② [美]劳伦斯·阿瑟·克雷明. 学校的变革[M]. 单中惠,马晓斌,译. 济南:山东教育出版社,2009:217.

儿童的自由、对个人生长和发展的更大关注、教育和生活之间新的统一、一种更有意义的学校课程、文化和学习的广泛民主化。它比任何书都更引人注目地表达了进步教育运动的信念和乐观主义。① 以下我们就以杜威在《明日之学校》中提到的学校为例，来说明进步主义教育实验的主要特点。

（一）兴趣是教育过程中最关键的因素

从兴趣出发，把兴趣当作教育过程中最关键的因素，可以说是进步主义教育的一个最重要的原则。在杜威的影响下，进步教育、新教育者"都像杜威一样一致赞成学校与生活接近"，"想教育绝应适合儿童的兴趣"。② 帕克的弟子库克在1912年回顾学校工作时写道："兴趣是注意和教育努力的根本规律。"③兴趣是督促学生努力工作的刺激物，学生的兴趣是开展有价值活动的最佳起点。使旧兴趣发展成为更高水平的新兴趣，是教师永恒不变的任务。坦纳夫妇在《学校课程史》中也提出，对于当时的儿童中心学校而言，"凡是不是从儿童兴趣或儿童'感到需要'而引申出来的东西，儿童都不应该学"。④

"兴趣原则"被贯穿于课程教材和知识内容的选择上。例如，桑代克提出"学科与活动的抉择"的"兴趣标准"："若其他情形相等，即须选择于儿童最有兴趣的教材或活动"。⑤ 泰勒选择学习经验的五个原则都把对学生兴趣的了解和兴趣的发展置于显著位置（即常以阅读兴趣为例），其中"对旨在形成学生兴趣的学习经验的基本要求是：它们要能使学生从为形成兴趣而安排的经验领域中获得满足。因此，为形成兴趣而提供的学习经验，应该使学生有机

---

① ［美］劳伦斯·阿瑟·克雷明. 学校的变革［M］. 单中惠，马晓斌，译. 济南：山东教育出版社，2009：158.

② ［比］汉玛宜. 比利时德可尔利的新教育法［M］. 崔载阳，译. 上海：中华书局，1932：序.

③ ［澳］W. F. 康纳尔. 二十世纪世界教育史［M］. 孟湘砥，胡若愚，主译. 长沙：湖南教育出版社，1991：211.

④ ［美］丹尼尔·坦纳，劳雷尔·坦纳. 学校课程史［M］. 崔允漷，等，译. 北京：教育科学出版社，2006：181.

⑤ ［美］桑代克，盖兹. 教育之基本原理［M］. 宋桂煌，译. 上海：商务印书馆，1934：150.

第四章　什么兴趣指向的知识最有价值——历史上的兴趣课程理论与实践

会探索要使他们形成兴趣的领域，并从这些探索中得到满意的结果"。①

说到兴趣，在杜威所描述的"明日之学校"中，在有机教育学校的创办者约翰逊那里，没有一个儿童被迫去做没有吸引力的工作，其布置的功课是必然有兴趣的；每个学生可以做他喜欢做的事情，他要做多久就可以做多久，不受其他人的干涉。但学校也不允许任何一个儿童任性和懒散。约翰逊认为，当儿童对工作感兴趣的时候，就没有必要用无意义的束缚和烦琐的禁令去阻止他们去完成这项工作。她指出，教育必须等待儿童的愿望，等待自觉的需要，然后迅速地提出满足儿童的愿望的方法。因此学校教育需要找出儿童在教育的各个阶段有哪些需要和兴趣，以此来设计课程，以满足儿童的兴趣和需要。在分班上，约翰逊主张以一般的发展而不是以获得知识的分量来对学生进行分班。班则叫生活班（life class），而不叫年级。第一个生活班以八至九岁儿童为主，第二个班则以十一至十二岁儿童为主。除此之外，由于在青少年时期发生的兴趣和爱好会有明显的变化，因此还有特别的中学班。生活班里的功课是根据给予学生在身体、心理和精神发展的年龄所需要的经验来安排的。幼儿园里有唱歌、跳舞、根据兴趣和实际内容讲故事、郊游并谈论所看到的植物和动物、创造性的手工以及自发的和富有想象力的戏剧表演。这些活动一直延续到三个生活班，随后逐渐增加更系统的阅读、书写、拼法、算术、工艺美术和音乐方面的科目。在高级中学，学生涉足传统的学习领域。但学校仍强调抛弃测验、废除年级和正规的要求，以有利于不断鼓励每个儿童去实现他自己的目的、最充分地发挥他自己的才能、创造他自己评判结果的标准。②

（二）活动课程是最主要的课程形态

在进步主义学校那里，活动课程是其最主要的课程形态。杜威提到，在进步学校中，人们通过实验一直在试图回答这样一些问题：在儿童显然是无

---

① ［美］拉尔夫·泰勒. 课程与教学的基本原理［M］. 施良方，译. 北京：人民教育出版社，1994：62.

② ［美］劳伦斯·阿瑟·克雷明. 学校的变革［M］. 单中惠，马晓斌，译. 济南：山东教育出版社，2009：134.

目的无价值的自发活动中,有可能发现一些东西,这些东西可被用来作为有公认价值的目的的起点吗?这些出自天性的动作表现,倘若指导得当,其中有些东西是否可以发展为美术和工艺的开端呢?如果要保持儿童的个性及自由,自发的活动需要达到什么程度?教师有可能完全像孩子那样去确定适合生长方式的问题和目的,并且鼓励儿童怀着同样的热忱,伴随自发的活动,去选定这些问题和目的吗?[1]

约翰逊女士对在学校中盛行中的"静听式教育"进行了批判。她认为,自然没有使幼年儿童去适应那狭窄的课桌、繁重的课程,静静地聆听各种复杂的基本知识。他(她)的真正的生活和生长全靠活动,可是学校每次强迫他几小时束缚在固定的座位上,以便教师确实认为他是在静听和学习书本。除此之外,仅允许给予其短暂时间的体操作为诱饵,使他在其余时间保持安静,而这些短暂的放松,不足以补偿他必须作出的努力。但是,对于儿童来说,他(她)在身体和精神两方面都是迫切地要求活动的。儿童的个别活动如同身体的发展和精神的发展必须同步前进一样。他的身体的活动和心智的觉醒是相互依存的。约翰逊说:"所有学校教育都应该是工场,但工作者和劳动者是有区别的。工作者是艺术的,从自己的活动中获得快乐和满足,并有自己的优秀标准。他是一个创造者。费尔霍普的学校就是活动学校,在这里,作业吸引了每一个学生的全部能量和精力,并且是一次创造性的体验;在这里,作业富有吸引力,并在个人的全神贯注下得以增强,当目的达到时,给人们以内在的满足和力量的自我感觉。"[2]

在杜威所描述的明日之学校中,由梅里亚姆教授领导的哥伦比亚的密苏里大学附属小学也遵循着儿童的自然发展这一根本思想,倡导通过"工作与游戏"对儿童进行教育。与大多数的教育改革家一样,梅里亚姆教授认为,过去的学校太注重向儿童传授成人的事实,在追求系统化和规范化中,课程忽略了个别儿童的需要。他认为,儿童在日常生活中所进行的种种活动就是

---

[1] [美]约翰·杜威. 学校与社会·明日之学校[M]. 赵祥麟,等,译. 北京:人民教育出版社,1994:281.

[2] [澳]W. F. 康纳尔. 二十世纪世界教育史[M]. 孟湘砥,胡若愚,主译. 长沙:湖南教育出版社,1991:213.

学校课程的来源。因此，学校的课程设计应考虑这样一个问题：假如没有学校，这些儿童会自然地做些什么呢？他把一天分成四个阶段，进行下列基本活动：游戏，讲故事，观察和手工。对于较为年幼的儿童，其活动几乎全部取材于他们的生活环境；他们花时间从已熟悉的事物中发现更多的东西。等到他们的年龄的增长使他们的兴趣转移到更为间接的事情上去后，开始学习历史、地理和科学。[①]

在纽约市普拉特小姐指导的"游戏学校"，所有的工作都围绕幼儿的游戏活动组织起来。在学校里，每个儿童有自己铺着地毯的一块地板，还有屏风把他与别人完全隔开，使他的活动真正是个人的。室内有一个小小的工作间，学生在那里可以制造或改制游戏所需要的各种物品。教师的作用就是在儿童需要时教他们各种工具的使用。

（三）生活是教材的主要来源

杜威在《明日之学校》中指出，儿童的日常经验，他的一天天的生活，以及学校课堂的教材，都是同一事物的各个部分。教育如果忽视了儿童身上蕴藏的这种充满生机的冲动，就会流于"学院派的""抽象的"。如果教材被用作唯一的材料，教师的工作就难得多，因为除了一切东西要自己去教以外，他还必须经常压抑和阻止儿童的好动倾向。就儿童来说，教学成了一种缺乏意义和目的的外在的提示。任何材料，如果不是从先前在儿童生活中占据重要地位的事情中引出，就会流于贫乏的和无生命力的。它们不过是一些儿童在学校中被要求研究和学习的象形文字而已。只有当儿童在校外，即在实际生活中学到了同样的材料，它才开始对儿童具有意义。

杜威介绍了好几所从生活中引出教材的做法的学校。例如印第安纳波利斯市的学校系统的第 45 公立学校正在进行的一系列的实验，就是上述做法最好的示例。在五年级，手工训练课、英语课、美术课等等都围绕儿童在盖的一所平房进行。在手工训练课上，班里的孩子要进行盖房活动，不过在他们动工前，每个学生都要起草一份盖房计划。算术课上，学生被要求计算他们

[①] ［美］约翰·杜威. 学校与社会·明日之学校［M］. 赵祥麟，等，译. 北京：人民教育出版社，1994：236.

所需要的木材数量和费用。同时还要计算地板和墙壁的面积，每个房间的空间，等等。英语课也同样以盖平房和它的居民生活为中心。拼读课以他们在建筑等活动中用到的词汇来进行。完成房子的计划，房屋及用具的说明，以及对住在这房子内的家庭生活所作的描述，为作文习字课提供了无穷的材料。儿童将自己的作文朗读给全班听，让全班来评议，这又成了修辞课；甚至语法课也因为引用有关农场的句子而变得更有趣味了。

杜威指出，类似这样的例子在当时争取进步的学校几乎随处可见。全国许多学校都尝试办起了由学生自己掌管的印刷所。印刷设备的安装不是要教学生掌握这一行业的各道工序，而是要使儿童可以自己印一些小册子、海报，或者任何学校经常需要的其他文件等。学生对排版、印刷及拿到印刷品表现出极大的兴趣，不仅这样，就是这项工作本身，也被证明对英语教学有特殊的价值。排字是练习拼音、标点、分段以及语法的极好方法，因为排印一篇东西为避免犯错误提供了一个动力，而这种动力在学生为应付教师而做的书面练习时是绝不会有的。校对也是同一种类的另一项练习。在这些学校里，一年所需要的几乎所有出版物，都是这些印刷所印刷的，其中包括拼音字母表、课程表以及学校文件等。

印第安纳州英特雷肯（Interlaken）的男生学校的箴言"教孩子们生活"，与其说是通过专门设计来使课程更有活力和更具体，或者通过取消教科书以及师生间过去那种储水池和抽水机般的关系来达到的，不如说是通过给儿童一个充满了要做的有趣的事的环境来达到的。这所学校的建筑是学生造的，包括四五幢大的木料建筑物，制订计划，打地基和铺地基，木工活动和房屋装饰等。照明和取暖设备是学生管理的，所有的电线及灯管也由他们安装和维修。校内有一个600英亩的农场，农场里有牛奶房、猪圈及养鸡场，还要播种和收割庄稼。所有这一切几乎也都是学生干的，大一点的男孩操作收割机和捆谷机，小一点的孩子在一旁看怎么做。屋内的事情，以同样的方式由学生经营。每个男孩看管他自己的房间，课堂及走廊中的工作则由学生们轮流值日。有一个湖可供游泳和划船，有充分的时间进行各种传统的体育活动。学校也从邻近村庄购来当地的报纸，并且编辑和印刷反映地方和学校新闻的每期四面的周刊。学生们要搜集新闻，大部分稿子和全部编辑印刷工作都由

第四章 什么兴趣指向的知识最有价值——历史上的兴趣课程理论与实践

他们负责；他们还是刊物经纪人，要做登广告、刊物订阅发行等工作。英语教员也常常给他们必要的帮助。他们做这一切，并不是因为他们想了解某些工序，以便帮助他们离校后谋生，而是为了使用工具，从一个工种转换到另一个工种，应付各种不同问题，从事户外锻炼，学会满足个人日常需要等等，所有这一切，都具有教育的影响，它们能培养技能、创造性、独立性和体力——一句话，能培育人的性格和知识。

二、进步主义教育运动的误区

杜威指出，一种新的运动往往有种危险，即当它抛弃了它将取而代之的一些目标和方法时，它可能只是消极地而不是积极地、建设性地提出它的原则，在实践中，它是从被它抛弃的东西里获得解决问题的启示。[①] 进步主义教育运动在一定程度上存在着矫枉过正的危险。美国教育学者布鲁巴克认为进步主义的哲学基础"与其说是实用主义不如说是浪漫的自然主义"。浪漫自然主义早在19世纪40年代就由贺拉斯·曼和亨利·巴纳德带入美国，当杜威开始探讨教育问题时，浪漫的自然主义就已处于支配地位了。伯内特认为，杜威和浪漫的自然主义之所以会走到一起，主要是因为他们有共同的敌人——传统教育。基于此，伯内特将进步主义分为实用主义的进步主义与浪漫主义的进步主义。[②] 当我们看到进步学校的一些可喜的变化时，同时也看到了浪漫的自然主义将儿童中心演绎到极致，变成了一种极端的儿童中心主义。

（一）放任儿童的兴趣

进步主义教育运动发展到极端的时候，讲求一切听从于儿童的本能、自发的兴趣，而放弃了对儿童的有效的指导。杜威就曾批评过进步主义教育运动中所泛滥的这种极端儿童中心主义的思想。他说："有关游戏、自我表现和

[①] [美] 约翰·杜威. 我们怎样思维·经验与教育 [M]. 姜文闵, 译. 北京：人民教育出版社, 1991：250.

[②] 转引自张斌贤, 褚宏启, 等. 西方教育思想史 [M]. 成都：四川教育出版社, 1994：601-602.

自然生长等的各种概念，几乎都被援引，似乎是为了说明各种自发的活动都意味着必然具有训练思维的能力。他们甚至援引神话般的脑生理学，用来证明任何筋肉的锻炼都能训练思维能力。"① 教师的指导是帮助儿童选择对本能和冲动的适当的刺激，以促进他（她）的发展。但极端儿童中心主义者却放弃了教师对儿童的这种指导。克雷明在《学校的变革》中描绘道，在许许多多教室里，放纵被当作是自由，没有计划被当作是自发性，固执被当作是个性，模糊被当作是艺术，混乱被当作是教育——所有这一切都用表现主义的华丽辞藻来说明其合理性。因此，这样至少就出现了一幅有关进步教育的漫画，上面画着幽默家们（完全可以理解）与至少一代人在狂欢作乐，浪费时间。② 坦纳夫妇指出，在儿童中心主义者那里，"兴趣被视为一种'神秘的、仅为自动获取教育的成果而释放的驱动力量'"，并且，更为滑稽的是这样一种误解，即所有的课程都必须建立在即时兴趣上，而忽视了责任感和长时兴趣。③ 因此，1934年，杜威指出，"兴趣是儿童随口说出的选择。了解儿童的想法与需要，这是教师而非学生的任务"。④ 他警告道，一些课程把教师的责任转移到受教育者身上。当问到儿童想干什么时，杜威认为他们要表达的是暂时的、偶然的兴趣而非长久的兴趣。儿童自身有许多逐渐展露出来的兴趣与倾向。杜威主张，识别和培养儿童为社会所认可的兴趣，指导儿童按社会要求来生活，这些都是教师应承担的责任。

（二）废弃学科知识学习

在极端的儿童中心主义之下，进步主义教育否认对学科知识的学习，最终走向一种反智主义。进步主义教育宣称，我们教儿童而不教科目，珍视儿

---

① ［美］约翰·杜威. 我们怎样思维. 经验与教育［M］. 姜文闵，译. 北京：人民教育出版社，1991：43.

② ［美］劳伦斯·阿瑟·克雷明. 学校的变革［M］. 单中惠，马晓斌，译. 济南：山东教育出版社，2009：126，186.

③ ［美］丹尼尔·坦纳，劳雷尔·坦纳. 学校课程史［M］. 崔允漷，等，译. 北京：教育科学出版社，2006：181.

④ ［美］约翰·杜威. 学校与社会·明日之学校［M］. 赵祥麟，等，译. 北京：人民教育出版社，1994：166.

第四章　什么兴趣指向的知识最有价值——历史上的兴趣课程理论与实践

童创造性的自我表现，尊重学习者的需要与内在驱动力。对此，贝斯特批评道："我们并不教历史，我们教儿童"，将儿童与学科隔离开来，把儿童的经验与学科所承载的传统智慧隔离开来，可是如何教儿童？没有一间教室是位于空无一切的沙漠之中。反智主义否定学科与传统智慧的价值，威胁着学校，满足于废弃智力的价值而在智力和文化的真空中为教学技术而发展教学技术，这无疑将教育的大厦置于一片荒地。①

坦纳在《学校课程史》一书中也批评道："令人遗憾的是，儿童中心学校的活动概念在很大程度上是为活动而活动的，很少为了一个明确的目标而开展活动。在这种情况下，完全由儿童自己去创生课程，其结果只能是令人失望的。在改革家们将学校人性化的尝试中，也努力使课程人性化。在大多数事例中，他们采取否定的形式，全盘否定任何形式的课程组织，并彻底废除了有组织的学科内容。"② 坦纳夫妇还特别比较了克伯屈所倡导的设计教学法与杜威学校的区别。他们认为，杜威学校的目标是开发一种全新的课程，即从儿童的经验出发，学习组织好的学科内容。而克伯屈基于"儿童未来的需求是未定的"这样一个观点，反对"预先确定"学科内容。克伯屈让儿童将已学的零散材料在需要时组织成有意义的整体。正如克雷明所解释的，克伯屈对学科内容的反对，"打破了杜威教学范式中的平衡，并将这种平衡转移给儿童。这种对儿童中心的片面强调，使人们想起了杜威本人最初在《儿童与课程》（1902）及后来在《经验与教育》（1938）中所坚决反对的观点"。③

（三）放弃社会理想

坦纳夫妇指出："对于那些完全从儿童的兴趣出发寻求课程发展的人来

---

① [美]劳伦斯·阿瑟克·雷明. 学校的变革 [M]. 单中惠，马晓斌，译. 济南：山东教育出版社，2009：126.
② [美]丹尼尔·坦纳，劳雷尔·坦纳. 学校课程史 [M]. 崔允漷，等，译. 北京：教育科学出版社，2006：170.
③ [美]丹尼尔·坦纳，劳雷尔·坦纳. 学校课程史 [M]. 崔允漷，等，译. 北京：教育科学出版社，2006：174.

说，他们最大的错误或许是对社会理想的放弃。"① 比如，坦纳夫妇指出克伯屈的设计教学法与杜威学校的另一个区别是：杜威主张的是社会问题的解决，是为提高儿童社会能力和洞察力提供一种工具，而克伯屈"有目的的活动"虽然装模作样地提及了"社会环境"，其实只是儿童中心主义的教学方法。儿童中心主义的这种做法为课程发展提供了一个不可能的基础——造成了课程领域空乏无力，它还使教育失去了社会这一稳定而可靠的基础。

杜威指出，如果"旧教育"倾向于轻视能动的素质和儿童现在经验固有的那种发展的力量，而且因而认为指导和控制正是武断地把儿童置于一定的轨道上，并强迫他在那里走，那么，"新教育"的危险就在于把发展的观念全然是形式地和空洞地来理解。"我们希望儿童从他自己心中'发展'出这个或那个事实或真理，我们叫他自己思维，自己创造，而不提供发动并指导思想所必需的任何周围环境的条件。没有一个东西能够从无中生有发展出来，从粗糙的东西发展出来的只能是粗糙的东西——而且，当我们依靠儿童实现的自我作为终极的东西，并要求他从已实现的自我中构思出自然和行为的真理时，这种情况确是会发生的。希望一个儿童从他自己小小的心灵发展到一个宇宙，就像哲学家力图完成这种任务一样，当然不会有效果。"②

因此，坦纳夫妇总结道，进步教育者在废除旧的方面相当成功，但在建立一些新事物代替旧事物方面却很不成功。③ 以致在 20 世纪 60 年代及 70 年代早期，浪漫的自然主义教育者回过头来把儿童看成是课程的制定者时，历史的错误再次重演，原有的理论难题仍然出现，"让儿童顺从其兴趣"作为一个课程理论再次失败了。

---

① [美] 丹尼尔·坦纳，劳雷尔·坦纳. 学校课程史 [M]. 崔允漷，等，译. 北京：教育科学出版社，2006：174.

② [美] 约翰·杜威. 学校与社会·明日之学校 [M]. 赵祥麟，等，译. 北京：人民教育出版社，1994：124-125.

③ [美] 丹尼尔·坦纳，劳雷尔·坦纳. 学校课程史 [M]. 崔允漷，等，译. 北京：教育科学出版社，2006：142.

第五章 什么兴趣指向的知识最有价值
——课程知识的选择

在课程知识的选择上，以上我们分析了两种做法，一种是从客体主义知识价值观出发，仅从知识本身出发来衡量各种知识的价值，以此选出最有价值的知识，最终造成知识对学生的压制。另外一种做法则像浪漫自然主义一样，把儿童即时的、自发的兴趣视为圭臬，把课程建立在儿童这样的兴趣上，以浅薄的兴趣活动代替对学科知识的学习，最终也不得不以失败告终。那么，在吸取历史经验的基础上以及在兴趣价值论的指引下，我们又将如何对课程知识进行选择呢，谁又是课程知识选择的主体呢？以下作一具体阐述。

第一节　谁来选择——课程知识选择的主体

说学生是课程知识价值的主体，并不等于说：除了学生之外，其他人都没有选择课程知识的权利。恰恰相反，为了使所选择的知识与学生的兴趣有更好的契合，知识选择的主体就应该具有一定的涵括性和代表性。除了学生之外，课程知识选择的主体还应包括教师、家长、课程专家、学科专家等。正像杜威所说，识别和培养儿童为社会所认可的兴趣，指导儿童按社会要求来生活，这些都是教师应承担的责任。

一、兴趣的可知性为教师、家长、课程专家以及学科专家参与课程知识的选择提供了可能性

兴趣是可知的。兴趣不是纯粹的心理现象，兴趣是可以经验观察、证实的心理行为事实。培里指出，在行为主义心理学看来，精神肉体是作为活动与器官的结合体，"精神的活动被解释为是可观察和可描述的、肉体的有机体的功能，它随着生命有机体的那些有形因素的持续而持续，并在样式和复杂性上而不是在组成要素上与它们相区别"。[1] 兴趣的证据存在于行为的持续性之中。在这方面，兴趣的主体并不一定就是认知兴趣的主体。个体在其感兴趣的时候，虽然必定会意识到其感兴趣的对象，但他（她）也许会对自身的兴趣浑然不觉，而处于适当位置的他人或许更能清楚地察觉到这种兴趣。

培里指出，"如果我的兴趣在最深刻的意义之下是属于我所有的，这一点是真的，那么它们对任何有理智的观察者看来是明显的，这一点也同样是真

---

[1] PERRY R B. General Theory of Value [M]. New York: Longmans, Green and Co., 1926: 142.

的"。① 因此，关于兴趣的知识可以分为两类，一类是某人关于他自己的兴趣的知识，另一类则是某人关于其他主体兴趣的知识。这也就说明，对于特定主体的兴趣来说，外部观察者或其他主体将有可能比该主体本人获得更为清晰的认识。培里指出，"就支配性倾向的存在而言，或者一个支配当事人的稳定兴趣来说，认知的优势在外部观察者那里"。② 他说："就兴趣自我之知而言，我们不必急于下结论认为它比社会之知更确实可靠。正如我们所知，兴趣存在于所希望的行动的控制之中。兴趣的根据在于行为的持续性中，或在于多变的当下反应中的持久的预见反应之中。这种持续性或恒久性可以被一个第二主体更准确地观察到。因为他居于一个适当的位置去考察这些动因行为；或者他能获得关于这一持续性或恒久性的更为明确的概观和正确的看法。"③

海蒂（Suzanne E. Hidi）等人在将兴趣的发展分为四个阶段的基础上，指出在每个兴趣发展的阶段都有一些可以辨识的特征。如我们可以通过集中了的注意力和积极的情感来辨识早期兴趣的发展。后期兴趣的发展既由积极的情感组成又由个体所具有的知识和价值构成，因此，除了积极的情感外，我们还可以由个体所具有的知识和一再参与某一事件或活动的重复的行为动作等来辨识。④ 芬克也指出，我们可以在经验上通过以下指标来判断某个人是否偏好于某对象：该对象在人眼中的相对可取性、与该对象相处的时间以及在选择的时候作出有利于某些与兴趣有关的活动的决定。⑤

兴趣的可知性既然为人们察知其他主体的兴趣提供了可能，那么它也就为人们研究和测评他人的兴趣提供了可能。也就是说，人们既可以根据目前

---

① [美] 培里. 现代哲学倾向 [M]. 傅统先，译. 北京：商务印书馆，1962：294.

② PERRY R B. General Theory of Value [M]. New York：Longmans，Green and Co.，1926：362.

③ [美] 培里. 现代哲学倾向 [M]. 傅统先，译. 北京：商务印书馆，1962：304.

④ HIDI S，RENNINGER K A. The Four-Phase Model of Interest Development [J]. Educational Psychologist，2006，41（2）：111-127.

⑤ FINK B. Interest Development as Structural Change in Person-object Relationships [M] // OPPENHEIMER L，VALSINER J. The Origins of Action：Interdisciplinary and International Perspectives. New York：Springer，1991：175-204.

主体的行为或支配性倾向对其兴趣作出分析和推断，又可以利用所获悉的兴趣数据（比如主体的以及类主体的兴趣数据）对基于一定情境的主体兴趣作出一定的预测和把握。

二、兴趣的自发性、未分化性使教师、家长、课程专家以及学科专家参与课程知识的选择成为必要

兴趣的自发性是指学生指向知识的兴趣往往是不自觉的。我们知道，学生具有一种天生的求知热情。亚里士多德在他的《形而上学》一书中开篇提出，"所有的人天生就在追求知识"。[1] 比如儿童天生就对事物充满了好奇，在儿童那里总有各种各样千奇百怪的问题考验着人们的耐心；一个儿童可以连续地玩着搭积木的游戏而乐此不疲；儿童会饶有兴趣地蹲在树下看蚂蚁是如何搬家的；当拿到新课本时，儿童也会急切地想知道这些课本将为他们打开一个怎样的世界……这些都说明学生对知识怀有一股原始的渴望和热情，即迫切地想要认识周围、认识世界。兴趣的这种自发性和原始性常常使学生沉浸于探求兴趣对象的活动之中，而对其本身的这种兴趣浑然不知。

另一方面，由于学生对事物以及世界知之不多，在进入学校学习之前，事实上，学生并不了解有关知识的特点和内容，由此学生也就不能发展出对于某种特定事物或关于某个领域的知识的更为深入和具体的兴趣，因而学生指向知识的兴趣尤其是低年级学生的兴趣常表现为笼统性或未分化性的特征。即学生虽然表现出了指向一定事物或关于该事物知识的兴趣的倾向性，但这种兴趣仍然是不明显的，或者说这种心理状态还只是一种模糊或朦胧的状态。比如有的同学会对诗歌表现出某种特别的偏好，这种偏好也许源自于他偶然参加的一次诗歌朗诵会，也许来自于他所崇拜的人诸如父亲等对诗歌的热爱，或者……不管这种兴趣是如何产生的，但如果该兴趣的主体对诗歌并没有进一步的认识和研究，他的这种指向诗歌的兴趣也只能停留于一种抽象而笼统的层面上，而无法言及对诗歌节奏美以及韵律美的陶醉，也无法言及在拜伦

---

[1] ［德］维莱娜·卡斯特. 无聊与兴趣[M]. 晏松，译. 上海：上海人民出版社，2003：133.

的十四行诗与舒婷的新体例诗之间其到底偏爱哪一个。

因此,面对学生对于知识的这种原始自发的,但又并不指向特定主题的知识的兴趣,教育就应预判性地通过为学生提供某种外部支持以引发学生对知识的兴趣。心理学家克拉普等指出,虽然人们基于不同的理论研究取向对兴趣进行了不同的界定,但透过这些不同,仍然可以发现其中关于兴趣的一个共同的假设,那就是兴趣产生于个体与环境的相互作用。① 杜威认为,真正的兴趣是自我通过行动与某一对象或观念融为一体的伴随物,因为必须有那个对象或观念维持自我主动的活动。② 我们也已在前面指出兴趣行为或目的行为是一种因为预期的反应与未完成或内含的支配倾向相一致而采取的行动。这就提醒我们,学生对于知识的兴趣既可以在某种适切的环境中得到舒张和拓展,由星星之火而发展成燎原之势,也可能因为找不到具体而适切的对象而受到压抑甚至最终熄灭。海伦·凯勒的经历尤其能说明这一点。海伦在很小的时候就又聋又瞎,多年来像野兽一样被困在黑暗的世界里。她周围的成年人无法接近或驯服她,直到安妮·沙利文老师的到来。安妮教她如何用手指拼写,她会把一个东西放在海伦的一只手里,然后在另一只手里迅速地拼出这个东西的名字。尽管海伦模仿得很好,但她不明白安妮试图教她什么。她的耐心很快耗尽了,直到有一次安妮把她的手放在流水之下,并拼写"water"时,海伦突然意识到安妮一直试图向她展示的东西。可以说,水的事件是海伦兴趣发展的一个触发器,它让她发现了符号和事物之间的联系。海伦的事例说明了外在的支持(有时甚至是一些看似无效的支持)对引发她的兴趣的重要性。同时,海伦的事例也说明了兴趣的发展并不一定涉及元认知或者反思意识,即海伦在一开始并没有意识到她的兴趣被激发,直到兴趣发展的后期。甚至在兴趣发展的后期,他们也可能如此专注于某件事情或某种活动,以至于并没有意识到自己的兴趣。

---

① KRAPP A, HIDI S, RENNINGER K A. Interest, Learning, and Development [M] // KRAPP A, HIDI S, RENNINGER K A. The Role of Interest in Learning and Development. Mahwah: Lawrence Erlbaum Associates, Inc., 1992: 5.

② [美] 约翰·杜威. 教育中的兴趣与努力 [M] //学校与社会·明日之学校. 赵祥麟, 等, 译. 北京: 人民教育出版社, 1994: 175.

因此，在对学生兴趣的认识方面，鉴于学生对自身兴趣的多半不自觉性，学生也就并不见得比家长、教师以及课程专家更了解自身的兴趣所在；同时，由于教师和课程专家站在一个更宏观的立场上，因而既能注意到学生个体的兴趣，同时又能兼顾学生群体的兴趣，较之于学生个体，对兴趣的认识无疑更为全面。杜威就曾指出，了解儿童的想法与需要，这是教师而非学生的任务。对于究竟怎样的知识才能满足学生的兴趣，学科专家的意见也是不容忽视的。在我国新基础教育改革中，由于没有听取或吸收学科专家的意见，就数学新课标而言，其中不但反复出现某种常识性错误，而且完全以生活性遮蔽数学本来的精髓。这使教师教得很苦，学生学得也很苦，改革最终不得不被教育部叫停，这种教训值得记取。学科专家对自己领域的知识十分熟悉，这是公认的。比如，某人对文言文感兴趣，他就绝对不会在语言学家在场的情况下，向一位数学家或其他人请教。当然，学科知识并不能完全等同于课程知识。学科知识要改造成为课程知识，还需要教师、课程专家以及学科专家的共同协作和努力。

需要指出的是，把学生对于知识的兴趣的特点概括为原始自发以及未分化性，只是从其相对意义上而言的，即主要是相对于成人来说的。从学生本身的兴趣发展来看，其有着从自发性向自觉性、未分化性向具体分化性转化的趋势。比如，随着对事物或对知识本身认识的深入，学生有可能对原有的事物产生更多的兴趣（比如学生原来也许基于一种功利性兴趣学习某种知识，而后逐渐发展出对它的理性的兴趣或审美的兴趣），或者对与感兴趣的事物或知识相联系的其他事物或知识发生兴趣（用成语形容则是爱屋及乌），或者对感兴趣的事物或知识所在的类发生兴趣（比如通过学习马的知识而对整个关于动物的知识感兴趣），或者由对原来事物的兴趣转向对其他事物或知识的兴趣，等等。这些都有可能发生。实际上，在现实中这样的情况我们也会经常碰到。这也就是说，在认识的基础上，学生对自身兴趣的觉醒或自觉带来兴趣的进一步具体化和深化，而兴趣的深化与拓展也会使学生愈来愈自觉地认识到自身的兴趣。从这个意义上来讲，尊重学生自身的意见，给予学生表达自身兴趣的权利，也是课程知识选择过程中所不可忽略的。

第二节 如何选择——学生兴趣的类型与课程知识的选择

学生的兴趣既然是我们选择知识的依据，那么怎样依据学生的兴趣以及依据学生的什么兴趣进行知识选择则是我们最终需要探讨的问题。这里我们拟从空间和时间两个层面展开探讨。在空间层面上，我们又可以分别从个体与群体的角度涉入。

一、个体兴趣与课程知识的选择

（一）自然兴趣、文化兴趣与课程知识的选择

从学生个体的角度来看，首先至少要区分两类兴趣。一类是自然的兴趣，另一类则是文化的兴趣。自然的兴趣是指由个体的内在本能和冲动所引起的对事物的趋近或逃离、想要或拒绝、喜欢或不喜欢等的态度和行为。这是一种原始自发的兴趣，一般建立在感官愉悦的基础上。比如个体因饥饿而对食物感兴趣，由此产生吃的行为；因寒冷而对衣服感兴趣，并因此产生编织或购买的行为；等等。自然兴趣一旦获得满足，便随之消失。比如个体在吃饱之后，对食物不再发生兴趣，直到下一次饥饿的来临。而文化的兴趣则是指个体为了实现生命的优化而有意识地对某种事物或某些事物趋近、逃离或拒绝的态度和行为。一般来说，文化的兴趣是基于自然的兴趣而产生的。自然兴趣是文化兴趣的前提和依据。较之于自然兴趣，文化兴趣则更为理性、更具针对性。文化兴趣是兴趣发展的更高级形式。比如一个人因为饥饿可以对任何食物感兴趣，但他也可以只对那些精美的、色香味俱全的食物感兴趣，在这里自然兴趣也就发展成了文化兴趣，这也是食文化产生的最初由来。而古人所说的"不为五斗米折腰"，则说明个人可以为了一种更高尚的文化兴趣

而舍弃对满足自然兴趣的追求。

就学生的兴趣而言，其兴趣的构成以自然兴趣为主，且正处于由自然兴趣向文化兴趣发展的阶段。在依据学生的兴趣进行知识的选择时，就需要辨别哪些是源于内在本能和冲动的自然兴趣，哪些又是指向获得生命发展最大可能性的文化兴趣。正如有些父母把孩子的本能夸大为天赋一样，教育不可只停留于对学生自然兴趣的满足，把学生的自然兴趣当作兴趣发展的最后阶段。经常会发生这样的情况：一谈到满足学生的兴趣，人们就会把那些打扮得花里胡哨的知识提供给学生，认为只要在形式上吸引学生的注意力、使其引人注目，而不管其内容如何，都算实现了满足学生兴趣的意图。殊不知，学生的自然兴趣一旦得到满足，其兴趣的强度就会逐渐减弱，直至消失。这层包裹着知识的糖衣一旦剥掉，便剩下索然无味的知识。因而最终仍不能说是满足了学生的兴趣。这种对于兴趣的理解因而也是导致人们批评兴趣说的主要原因。我们以为，在知识的选择方面，既要考虑到对学生自然兴趣的满足，又要注意到在其自然兴趣中所隐含的文化兴趣的种子，并最终以发展学生的文化兴趣为目的。这就需要我们不断阐明学生所表现出来的自然兴趣所蕴藏的文化兴趣的含义，并据此选择出适当的知识。这有时就会使所选择出来的知识表面上看起来并不符合学生的兴趣，但只要通过正确的途径，学生就会逐渐显露出对该知识的兴趣，并产生越来越浓厚的兴趣。这也就牵涉到教学的问题。好的教学会把学生潜在的文化兴趣转变为现实的兴趣，因而使知识的学习变得充满生趣。而坏的教学则通过把最精彩的内容变成最枯燥无味的东西扼杀学生的兴趣。因而从这个意义上讲，课程与教学并不是截然分开的，而是一体化的过程，并最终指向学生的最大发展。

（二）相容的兴趣、冲突的兴趣与课程知识的选择

个体的各种兴趣之间又可以构成两种关系。一种是相容的兴趣，一种则是冲突的兴趣。相容的兴趣是指各种兴趣互不干扰，比如一个人可以在上午听音乐，下午打篮球，晚上看戏等。冲突的兴趣又可以分为两种，即相互抵触的兴趣和不相容的兴趣。相互抵触的兴趣是指个体对同一对象所表现出来的两种相反的兴趣。比如，对一个人既爱又恨等。这两个兴趣不能同时都实

现，但可以共存。不相容的兴趣则是指由于个体时间能量、才华以及其他资源的有限，一个兴趣的实现则会带来另一个兴趣的不实现。比如个体在同一时间既想去打球，也想去看戏，打球与看戏便成为一对冲突的兴趣。又比如在同一个房间内，儿子乐于嬉戏，而父亲则要静心工作，如果儿子意识到这一点，儿子对嬉戏的兴趣便会与儿子对父亲的爱产生冲突。兴趣的冲突带来内心的矛盾和挣扎，兴趣因而也只能半心半意地实现。兴趣冲突的持久存在最终会造成人格的不和谐。

因此，在作知识选择时，面对学生的兴趣，需要尽力避免使其处于冲突的状态。但是，我们看到，教育中的一种经常的做法是：突出学生的某种兴趣，以一种兴趣压制另一种兴趣，在兴趣之间造成人为的冲突。比如我们前面论述过的科学主义，只突出学生的功利兴趣，而悬置其对于精神涵养与提升的兴趣。古典人文主义虽看到了学生对精神、道德、理智生活的兴趣，却忽视学生物质层面的兴趣。这都是以人为的方式造成学生兴趣的冲突，使一种兴趣的实现带来另一种兴趣的未实现。事实上，无论是功利兴趣，还是精神兴趣，都无法要求在个体那里获得绝对的优先权。功利兴趣与精神兴趣也并不会构成必然的冲突。实际上，我们既可以通过提供不同的知识满足学生不同的兴趣，比如提供人文知识满足学生的精神兴趣，提供科学知识以及职业技术知识满足学生的功利兴趣，也可以通过提供同一知识满足学生不同的兴趣，这里又涉及几种情况。一种情况是经过适当的选择，同一类型的知识能够满足学生不同的兴趣，比如在科学中引入科学史的内容，既让学生看到科学发现的最终成果，也让学生了解渗透着科学家个人因素以及社会因素的科学发现过程。另一种情况就是单凭一种类型的知识确实无法满足学生不同的兴趣，这就可以通过知识融合的形式来进行。知识融合的形式有多种。在这方面，人们早已作出过探索，比如综合课程的研究与实践。一般来说，综合课程的出现和兴起有几种原因，一是由于学科本身的综合化发展趋势，另外则是社会生活本身的整体性所致，然而最根本的原因还是在于个体要求他的兴趣达到一种和谐的状态。兴趣的和谐才能带来人格的和谐。

二、群体兴趣与课程知识的选择

（一）群体的普遍兴趣与课程知识的选择

在赫尔巴特的兴趣说中，我们看到，赫尔巴特从心理学的角度将学生的兴趣分为两大类：认识的兴趣和同情的兴趣。在认识的兴趣之下，又有经验的兴趣、思辨的兴趣、审美的兴趣；同情的兴趣又分为对人类同情的兴趣、社会的兴趣和宗教的兴趣。依据这六种兴趣，赫尔巴特建立了一个庞大的课程知识体系作为教学的内容。比如依据经验兴趣，应设有自然、物理、化学、地理等学科，根据思辨兴趣，应设有数学、逻辑、文法等学科，依据审美兴趣，应设有文学、唱歌、图画等学科，等等。杜威所指出的儿童具有身体本能活动的兴趣、制造的兴趣、纯粹理智的兴趣以及社会的兴趣等，也是从普遍性的层面来讲的。

这说明，就群体而言，群体的兴趣具有普遍性的一面。对于兴趣的普遍性，我们前面已有诸多论述，此处不再赘述。需要指出的是，兴趣的普遍性可以表现为两种形式，一种是不同的个体在基本兴趣方面的同一性，比如赫尔巴特所谓的学生都有认识的兴趣和同情的兴趣，而至于个体有着什么样的认识的兴趣与同情的兴趣，则还需要根据不同个体的情况加以具体分析。也就是说，在基本的兴趣之下，个体的兴趣的具体内容和主题方向就很有可能存在着差异。比如两个人都爱好运动，在这个共同的兴趣之下，可以是一个人喜欢打篮球，而另一个喜欢跑步。又比如，两个人都爱好音乐，但一个人喜欢巴赫的音乐，而另一个人则对施特劳斯有所偏好。对于这种普遍性的兴趣，则需要教育提供涵盖面较广的知识，以能包容个体在普遍性兴趣之下的不同具体兴趣。兴趣的普遍性的另一种表现形式则是，不同的个体既在基本兴趣上表现一致，又指向共同的具体兴趣对象。这也就使教育将完全同样的知识内容传授给不同的个体成为可能。

（二）群体的不同兴趣与课程知识的选择

如前章所述，赫尔巴特看到了作为群体的学生的兴趣的普遍性，而杜威看到了不同学生兴趣的差异性，主张通过各种形式的活动来满足学生的这些不同兴趣。由于时间以及资源上的限制，这些不同的兴趣必然会构成潜在的冲突。因而兴趣的冲突既可以发生在个体身上，也可以发生在个体与他人的兴趣之间。在社会领域，兴趣冲突的典型实例是渴望财富或优先权的兴趣。这种兴趣要求独占外部机会，是引起社会争端的主要原因。在教育领域也会存在类似的现象和问题。比如，在同一时空下，教育不能同时满足甲同学的音乐兴趣和乙同学的体育运动兴趣。即便如此，在进行知识的选择时，我们仍有可能通过积极的途径满足学生的这些不同的兴趣。事实上，以上我们所提到的避免个体兴趣冲突并促进兴趣的和谐的做法，在这里也同样适用于不同学生的不同兴趣。只不过，对于同一个体而言，存在着这样的情况：他的不同兴趣无法同时得到满足，因而只能通过在这一时间满足这种兴趣，而在另外的时间满足其他兴趣的方式保证兴趣之间的和谐。比如以上提到的个体可以通过打完球后去看戏或者看完戏后再去打球的方式避免兴趣的冲突。而在不同的个体那里，则不存在着这样的情况。对于那些不能使其在同一时空下得到满足的学生的不同兴趣来说，教育可以通过同时提供不同的知识，而使学生的兴趣各得其所。比如，开设各种不同的选修课以满足学生不同的兴趣。总之，满足学生兴趣的差异性的途径有两种。一种是在学生的不同兴趣指向同一知识对象的情况下，提供这种知识，比如学生对于同一种知识，可能有的对其知识本身的内容感兴趣，有的对知识发现的过程感兴趣，而有的则可能会对其中所包含的技能性要求感兴趣。或者再比如，有的学生学习某一种知识是为了功利的兴趣，而有的则是出于对自身修养提高的兴趣，等等。另外一种则是在同一种知识（包括分科知识以及综合知识）无法满足学生不同兴趣的情况下，提供不同的知识来达到这一目的，这种课程也就是选修课程。目前来看，我国加大了选修课程在中小学课程中的比例。根据 2022 年版的《义务教育课程方案》，劳动、综合实践活动课程、地方课程和校本课程所占的比例为 14%—18%。但从选修课程的设置来看，义务教育阶段的选修课程主要由地方和学校来设置和实施。由于地方和学校的水平参差不齐，也导致选修课程开设的水平参差不齐。有很多学校甚至由于师资、场地等的匮乏，除了国家课程之外，地方课程和校本课程根本没有办法开设，选修课程有名无实。如何通过选修课程的设置满足学生的不同兴趣已是一个迫切需要解决的问题。

第三节 如何选择——学生兴趣的发展与课程知识的选择

关于学生学习兴趣的发展，诸多学者均对其进行了相关方面的研究。如海蒂等人指出学习兴趣发展的四阶段理论，认为学生学习兴趣的发展大致会经历情境兴趣的激发、情境兴趣的维持、个人兴趣出现以及个人兴趣良好发展等四个阶段。每一个兴趣的阶段都可以由不同的情感、知识和价值等的有关数据来描述。每一种兴趣阶段的时间长短和特征受到个人经验、气质和先天倾向的影响。[1] 芬克通过对兴趣结构的分析指出儿童的兴趣发展有三种模式，即精细化模式（the growth model）、通道模型（the channeling model）和重叠模式（the overlap model）。[2] 在海蒂等的兴趣发展的四阶段理论中，兴趣是否能从早期的兴趣发展到后期的作为一种稳定的个性特征的兴趣还取决于外在的支持、个人经验等各方面的因素。因此，在具体的个人那里，兴趣并不必然地一定会从情境兴趣发展到个人兴趣。芬克则是从儿童对某学科或某知识主题兴趣的内在结构变动过程来看兴趣的发展，其涵括了儿童兴趣发展的诸多可能模式。以下我们根据芬克的兴趣发展理论来阐述兴趣的发展与课程知识的选择。

---

[1] HIDI S, RENNINGER K A. The Four-Phase Model of Interest Development [J]. Educational Psychologist, 2006, 41 (2): 111-127.

[2] FINK B. Interest Development as Structural Change in Person-object Relationships [M]//OPPENHEIMER L, VALSINER J. The Origins of Action: Interdisciplinary and International Perspectives. New York: Springer, 1991: 175-204.

一、学生兴趣发展的精细化模式与课程知识的选择

（一）兴趣发展的精细化模式

兴趣发展的精细化模式是指儿童既有兴趣结构模式的不断精细化，包括与特定主题相关的知识越来越复杂，对特定知识主题的情感和价值反应日益增强，且对该知识主题的兴趣日益成为整个兴趣结构的中心。根据这个模型，"结构性增长"来自于对熟悉的维度的维护和不断增加的整合。即新的要素被整合进原有的兴趣结构中，不但如此，原有的要素不断分化并增加了这个结构的复杂性。如图5-1所示。

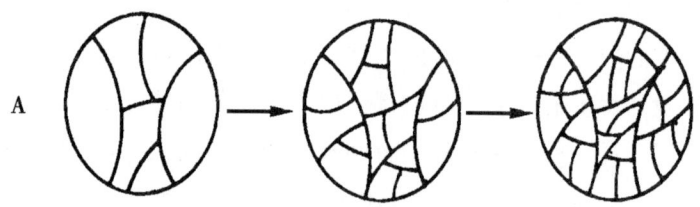

图5-1 兴趣发展的精细化模式

芬克列举了他所研究的一位儿童德克（Dirk）的兴趣发展。德克关于动物的兴趣的发展就属于这种兴趣发展的精细化模式。德克首先显示了一个以动物主题为中心的高度偏好的复杂PO（个体与对象）关系。在所有的测量点上，这个以动物为主题的兴趣结构其发展趋势是指向更大的分化，如动物角色扮演作为一种高度偏好的活动经历了不断的扩展和变化。新的主题，如"马戏团表演"或"护理生病的动物"，被添加到最初的动物角色扮演中。后来，德克在这些游戏中加入了照顾自己的宠物，而"收集动物玩具"的活动也在不断地延伸。德克最初收集的动物玩具很少，他会在各种动物游戏中使用这些玩具，但慢慢地收集的动物玩具的数量就逐年增加起来。后来，他收集活的动物，包括蜗牛、蠕虫和蝌蚪（后者促使他尝试培育青蛙）。最后，观看、阅读动物书籍和参考文献也在德克的PO关系中发挥了重要作用。在调查过程中，一些简单的PO关系被排除在外（例如，骑小马），但大多数简单的PO关系被保留下来，并越来越多地纳入"动物"这一对象维度。

（二）兴趣发展的精细化模式下课程知识的选择

学生兴趣发展的精细化模式要求课程知识的选择能围绕某一学生感兴趣的知识主题，以不断拓展的形式为学生提供关于这一知识主题的丰富的知识。如上例中面对学生关于动物的兴趣的发展，教育就应该提供各种各样关于动物的活动以及关于不同的动物的知识以满足学生对动物的不断扩散的兴趣。又或者假如某位（些）学生对礼仪感兴趣，那么学校可以围绕这一主题在不同阶段开展不同的课程，如家庭礼仪、学校礼仪、节日礼仪等等，以适应并推动学生兴趣的发展，并帮助学生形成关于这一主题的多样化的兴趣。

又比如就"环境"这一专题来说，可以根据学生的年龄特点在不同的年级阶段安排不同的课程内容（知识），以丰富和扩大学生在这方面的见识，促进兴趣的精细化发展。如北京小学在其关于"环境专题"的地方课程中，在不同的年级阶段有着不同的课程内容和要求：如一年级（上）的课程目标是感知身边环境的特点及变化，以"大树朋友""植物有生命""动物——人类的朋友""天气"等作为课程内容；一年级（下）的课程目标是表达自己对身边环境的感受，以"粮食知多少""服装变形记""垃圾分类""做个环保购物袋"等作为课程内容；二年级（上）以"知道日常生活需要空间，需要自然资源和能源"作为课程目标，以"铅笔的旅程""纸的来历""什么能源最环保""环保嘉年华"等作为课程内容；二年级（下）以"感知日常生活对自然环境的影响"为课程目标，以"家庭用水大调查""城市的好天气""消失的足迹""我从太空看地球"等作为课程内容；等等。[①] 这样的课程安排，围绕"环境"这一大专题，涉及许多不同的小主题，如植物、动物、粮食、服装、垃圾以及环保等，使学生关于"环境"的兴趣结构因为这些小主题而得到不断的分化，构成日益复杂的"个体-对象"（PO）兴趣结构，最终促进学生兴趣发展的精细化。

[①] 北京小学. 校本化课程建设思考与实践：北京小学课程实践研究报告[G] //北京市基础教育课程教材改革实验工作领导小组，北京教育科学研究院基础教育课程教材发展研究中心. 北京市基础教育课程建设优秀成果选辑（一）. 北京：中国劳动社会保障出版社，2011：283-285.

二、学生兴趣发展的通道模式与课程知识的选择

（一）学生兴趣发展的通道模式

根据学生兴趣发展的通道模型，复杂 PO 关系的结构重组是以牺牲其他方面为代价，增加复杂 PO 关系中某一方面的分化来实现的。也就是说，一个方面变得至关重要，而整个复杂 PO 关系中涉及的活动、对象和主题的范围变得更窄。因此，分化过程集中在一个特定兴趣的结构部分，这导致了局部"通道"。如图 5-2。

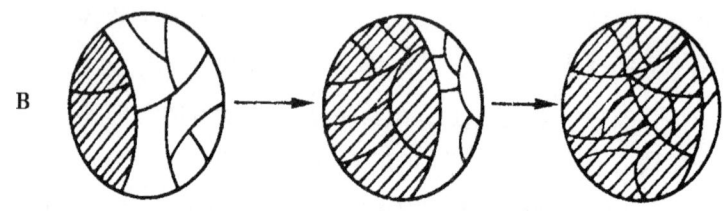

图 5-2　兴趣发展的通道模式

芬克也列举了一个关于兴趣发展的通道模式的例子。在最初的检测点，莎宾（Sabine）展示了一个复杂的以"水上游戏"为中心的 PO 关系（"水上游戏"），其中集成了几个简单的 PO 关系（例如"在充气游泳池里泼水"）。在兴趣发展过程中，这些 PO 关系中的一些关系被排除在更大的复杂 PO 关系之外。莎宾开始将在游泳池里泼水与游泳和跳水联系起来，即便她还没有掌握这些技能。在后来的时间检测点（参加游泳课程后），莎宾反复将游泳和跳水与高度偏好的泼水联系起来。这样，游戏和跳水被整合到先前的 PO 关系结构中。它们可以被看成早期泼水的一个分化的形式。简单的 PO 关系"水滑梯"和"高跳水"被纳入到 PO 关系的上级结构中，说明了复杂 PO 关系"玩水游戏"原本的全局结构被缩小（引导）到一个单一的、局部的方面，可以被限定为"运动与水的相互作用"。

（二）兴趣发展的通道模式下课程知识的选择

学生兴趣发展的通道模式要求课程知识的选择首先能够为学生提供关于

某一主题的丰富多样的知识，并且能够随着学生兴趣结构中主题、活动等的进一步窄化和深化提供关于特定主题的越来越深入的知识或越来越精进的技能学习。比如上面儿童关于"水上游戏"的兴趣逐渐窄化为对游泳和跳水活动的兴趣，随着学生对游泳和跳水越来越浓厚的兴趣，学校就应适时地提供满足学生这种兴趣的课程，并以不断提升的要求和内容难度满足学生深度学习的需要。

比如在江苏锡山中学的 1996—1997 学年第一学期高一年级的课程安排中，在其体育选修课程中，就安排了男排、女排、男足、男篮、乒乓、武术、围棋等选修课程，供学生在完成体育课程大纲规定的必修课程后，熟练掌握一门健身技能。在艺术课程中，又开设了铜管乐演奏、竖笛、民乐演奏、声乐合唱、摄影技术、写美术字、实用美术、花鸟与国画等选修课程，以培养学生的音乐、美术兴趣，使学生的特长得到发挥。[①]

又比如人大附中，在语言与文学类课程方面，文学类课程包括儒家哲学——《论语》研读、走近"红楼"——《红楼梦》人物赏析、中国传统文化概述等，语言类包括意大利语、芬兰语、阿拉伯语、日语、德语、俄语、荷兰语、西班牙语、韩国语班、法语、American Culture through Music、商务英语、American Culture Elective、American Cooking、Western History、Literature、English Math、Logic and Puzzles、English Physics、Speech 等。除开设的这些语言类选修课程外，其还设有英语周、英语角的活动，每个班每年都要排练英语剧，并在校园里进行公演。另外每个寒暑假都要组织部分学生去国外或短期留学，或参观交流。这些丰富的课程和丰富的活动既满足了不同学生的兴趣需要，也帮助学生在众多的选择中找到自己的兴趣所在，并且推动兴趣的聚焦和发展。又如该校开设的数学校本选修课程除趣味数学、趣味逻辑之外，主要针对具备一定能力的学习优秀学生，重点开设了高等数学基础、线性代数等大学选修课程，除此之外还有数学史选讲、初等数论初步、不等式选讲、矩阵与变换、优选法与试验设计、对称与群。还包括各年

---

① 崔允漷. 从"选修课和活动课"走向"校本课程"："江苏省锡山高级中学校本课程"个案研究 [J]. 教育发展研究, 2000 (2): 22-26.

级的数学竞赛、数学思想方法、数学史、数学建模、数字图像处理等。① 这样，通过提供数学领域越来越深入的知识，促进学生关于数学兴趣的通道模式的发展。

三、学生兴趣发展的交叠模式与课程知识的选择

（一）学生兴趣发展交叠模式

根据交叠模式，当性质不同的 PO 关系在结构上交织在一起时，就会发生感兴趣的结构发展，从而导致新的共享结构元素的形成。单个 PO 关系的重复"重叠"可能导致一个新的（上级的）锚维，它又会合并其他简单的 PO 关系。因此，分化以类似于前面模型中描述的方式增加。最后，新发现的上级锚点维度也可以在某些情况下启动质的发展变化（例如，更高认知水平的对抗）（如图 5-3）。

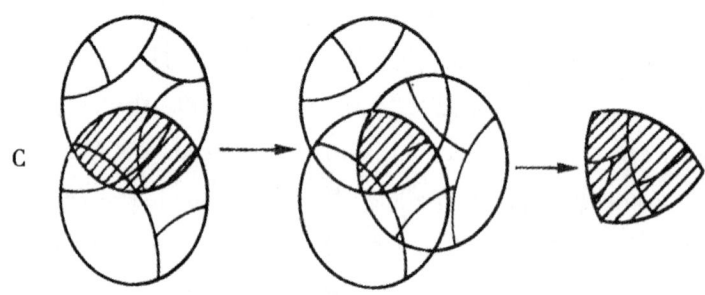

图 5-3　兴趣发展的交叠模式

比如，一开始，莎宾的兴趣仅限于涉及相对较少的绘画工具和巧合的、虚构的主题的"绘画活动"。随着时间的推移，她开始更加热衷于绘画，并将绘画扩展到其他表现形式和相关活动中。在这一阶段出现了一个显著的发展变化，即绘画与其他独立的 PO 关系越来越紧密地联系在一起。比如将绘画

---

① 中国人民大学附属中学（刘彭芝）. 与明天的教育接轨：中国人民大学附属中学校本课程建设的实践探索［G］//北京市基础教育课程教材改革实验工作领导小组，北京教育科学研究院基础教育课程教材发展研究中心. 北京市基础教育课程建设优秀成果选辑（一）. 北京：中国劳动社会保障出版社，2011：141-142.

与"参观艺术展"和"收藏艺术明信片"联系起来,表明在这些 PO 关系中发现了共同的结构成分。莎宾通过重叠这些 PO 关系创建了一个新的维度。因此,莎宾能够超越简单的绘画活动,并引入一种新的品质,这种品质后来可能演变为艺术绘画。

(二)兴趣发展的交叠模式下课程知识的选择

根据学生兴趣发展的交叠模式,在课程知识的选择上,教育应该更多地讲求知识的综合,让学生看到知识与知识之间的联系,对所选出的各种课程要素依据内容划分出不同的学习领域,在承认差异的前提下,寻找它们之间的内在联系。

综合课程打破学科的界限,强调学生对知识整体性的把握、运用多种学科知识解决问题的能力以及学生对于世界的总体感知。综合课程将不同领域的知识整合起来,构成知识之间的内在联系,为学生的交叠模式的兴趣发展提供了认识上的便利。

从 20 世纪 90 年代起,许多国家开始了课程综合化的实践,如英国的跨课程联结、日本的综合学习时间、法国的《课程宪章》中对学科综合性的强调、美国历史上第一部科学教育标准的颁布等。2001 年,我国正式出台《基础教育课程改革纲要(试行)》,要求改变以往"过于强调学科本位、科目过多和缺乏整合"的现状,明确要求设置综合课程。《纲要》规定:小学阶段开设品德与生活、品德与社会、科学、艺术(或音乐、美术)及综合实践活动课程;初中开设科学(或物理、化学、生物)、艺术(或音乐、美术)、历史与社会(或历史、地理)及综合实践活动等。在《义务教育课程方案(2022年版)》中,在国家课程中设置了道德与法治、体育与健康、艺术、劳动、综合实践活动等综合课程。这些综合课程的设置虽然在一定程度上满足了学生整体认知世界的需求,但在实际实施中,由于我国幅员广阔、各地学校教育差异巨大,对于一些薄弱地区和薄弱学校来说,他们在课程内容的选择和组织、教材的本土适应、课程资源开发、教学模式的建构以及教师适应性等上面临着巨大的挑战。这就直接影响了综合课程的落地和成效。

另外,毕竟在国家课程中综合课程的开设也是有限的,因而即使其得到开展了，还是无法完全满足学生们所显现出来的不同的交叠兴趣。因而需要在学校层面上对国家综合课程进行一定的调适，并在学校层面上根据学生的兴趣开设出不同的综合课程。在这方面，一些学校为此进行了校本综合课程设置的探索，为其他地方和学校综合课程的发展提供了优秀的经验启示。如：北京十一学校的走班制，为全校学生开设了包括艺术、游学、研究性学习等在内的 34 门综合课程，满足学生个性发展和自主选择的需求；重庆巴蜀小学设计的律动课程不仅实现了学科内容之间的综合，也促进了课程实施方式和学生学习方式的综合；东北师范大学附属小学构建"开放式学校"，利用不同主题将学习探究的内容联结起来，开设了丰富多彩的综合实践活动课程；清华附小构建了极富特色的"1+X"课程体系，将国家课程与地方和学校课程进行整合，形成了品德与健康、语言与阅读、数学与科技、艺术与审美等四大课程领域，在各大领域中保证基础性课程和拓展性课程的协同开展，促进了学生交叠式兴趣的发展。

如果是分科课程，也需要加强课程与课程之间的横向衔接，让学生找到学科之间内容和思维方式上的关联。如克劳切（Crouch）等人发现，在生物学专业学生要学习的物理学导论课程中，融合生命科学的内容（如光学、细胞膜电位），能培养起学生对物理学的足够兴趣。换句话说，通过将学生感兴趣的生命科学内容融入到物理学导论的课程中（学生学习物理学的目的是其能够发展他们在生命科学背景下与物理相关的定量技能和解决问题的能力，以及当他们进入医学专业或医学研究时能够使用他们的物理理解力和技能），学生能够发展将物理与生命科学结合起来的交叠兴趣。研究结果表明，那些在课程开始时对物理几乎没有兴趣，在传统课程中表现不佳的学生，通过在第二学期的实验课程中引入生命科学的例子，他们的兴趣被激发并保持了。在课程开始时对物理兴趣不高的学生报告说，这些例子帮助他们与物理内容建立了有意义的联系；对物理更感兴趣的学生报告说，这些例子使他们看到了学科之间的联系，他们知道了更多关于生命科学的信息，但当这些例子使他们加深了对例子内容及其功能的某些方面的知识时，他们受到了挑战，这是他们最感兴趣的部分。①

综上所述，在知识选择的空间层面，我们看到，一幅依据兴趣而构建的知识全景图已初露端倪。在这幅知识的全景图中，各种知识并不因其本身的性质和特点而具有高下之分。毋宁说，它们因学生的兴趣而联结，由学生兴趣的和谐（包括个体层面和群体层面）而带来相互的和平共处，并最终指向学生的最大发展。同时，需要指出的是，这种知识体系并不是孤立的、静止的。就学生的兴趣而言，其始终处于变化发展之中。较之成人的兴趣，学生的兴趣变易的指数更大。这就决定了所选择的知识体系只能是一种动态开放的知识体系。这种知识体系也就是一种生态式的知识体系。从"生态"的原始意义来看，"生态"一词源于古希腊文字，意思是指家（house）或者我们的环境。简单地说，生态就是指一切生物的生存状态，以及它们之间和它与环境之间环环相扣的关系。在此，知识生态体系是指各种知识的相互作用、互补共生，以及在促进学生发展的功能上的统一。因此，从这个意义上来说，用知识生态体系形容我们依据学生兴趣所进行的知识选择是完全贴切的。

---

① RENNINGER K A，HIDI S E. The Cambridge Handbook of Motivation and Learning [M]. Cambridge：Cambridge University Press，2019：266-276.

第六章　课程知识价值的实现

以上我们讨论了如何根据学生的兴趣选择课程知识，回答了"什么兴趣指向的知识最有价值"这一问题。但课程知识价值的实现，还需要经历将课程知识转化为教材知识、教材知识再转化为个人知识的历程。这也就是说，当课程知识经由教材知识最终转化为学生的个人知识、促进学生的发展时，课程知识的价值才算实现。

第一节　呈现更有趣的教材文本知识

从目前来看，课程知识的主要载体是教材。教材文本是一种专供学生（和教师）阅读、旨在开展教学的以语言文字、数字、图像等符号为主的文字存在。许多学者对于教材的重要性都作过阐述。如石鸥先生指出，教科书是培养时代新人过程中最重要、最直接、影响最深远的工具……一定程度上可以说，有什么样的教科书，就有什么样的年轻人，也就有什么样的国家未来、民族未来。① 也有人认为，教材是大中小学教育教学活动的重要依托，也是帮助青少年培根铸魂、启智增慧的关键载体。青少年正处于世界观、人生观、价值观养成的"拔节孕穗期"，立德树人是教材建设必须肩负的使命。至于什么样的教材是好的教材，更是仁者见仁、智者见智。王本陆先生指出，判断好教材的三个标准分别是教育性、科学性和教学性标准。他认为，评判教材的首要标准是教育性标准，即教材是为培养人服务的，教材应该具有促进学生德智体美劳全面发展的功用。教材应体现人类真善美的价值追求，在引领学生追求人类进步、国家富强和个人成长的美好理想，促进学生形成正确的人生观、世界观和职业观，陶冶情操、修身养性，培育健康人格等方面，发挥独特的教育作用。其实就是教材的科学性，即一方面，教材内容应准确反映人类社会生活和生产实践的基本经验，体现科学技术发展的整体格局和时代水平；另一方面，教材内容又要基于教育逻辑，把人类经验、科学技术加以精简平衡和结构重组，使教材内容兼具基础性和前沿性、稳定性和动态性、理论性和实用性，体现教书育人的内在品质。最后，教材还应具有教学性。教学性即指教材所具有的遵循教学规律、合理规划教学、便于师生使用的品

---

① 石鸥. 教科书概论[M]. 广州：广东教育出版社，2019：序1.

质和特性。① 以上从教材的功能——教育性、教材内容的特点——科学性、教材的编排——教学性等方面对什么是好的教材作出了规定。这些都是不错的。事实上，对于什么样的教材具有教学性，能够便教利学，我们认为，这样的教材文本首先应是有趣的，是唤起学生注意力、激发学生学习兴趣的教材，是学生带着兴味能时时翻阅、主动学习的教材，而不只是被学生当作上课的工具书。在现实中，不乏这样的现象：高考一结束，学生就开始撕书，甚至撕成了一道"壮观的"风景，这里虽然有学生痛恨考试的原因，其实也隐含着学生只是把教材（教科书）当作上课、考试的工具书，对教材不感兴趣，一旦考试结束，将其撕毁也并不觉得可惜。有调查化学教科书的使用情况的研究显示，学生在课外学习中用到教科书的时间并不高，只有28.8%的学生"课下阅读化学教科书"②。而有趣的教材既能让学生获得知识，也能让学生在获得知识的同时体验到愉悦和快乐，因此，学生才有兴味不时翻阅它，而教材的功能——促进学生德智体美劳等全面发展也才能得以顺利实现。赵占良先生在总结教材的功能时，也认为教材之于学生的具体功能首先应是激发学生的学习兴趣。他说："学生如果没有兴趣，教材的功能设计得再强大，也无济于事。"③

至于什么样的教材文本是有趣的，国内外学者在这方面都做过许多研究。如国外学者对文本兴趣的研究表明，文本的以下特征能激发学生的学习兴趣：连贯性、易理解性、先前知识、简单词汇、悬念、生动性、作者的声音、具体性、意义性、意象性、阅读者的关联、惊奇性、重要性、角色认同、熟悉性、意外性、情感性、参与性。美国学者保罗·西尔维亚（Paul J. Silvia）把它们总结为：连贯性、易理解性、先前知识、具体性、生动性五个方面的特征。连贯性是指语篇信息和组织的完整性；易理解性是指文本知识对于学生来说是容易理解的；先前知识是指学生要学习的文本知识应建立在学生原

---

① 潘新民，王永红. 小学课程与教学论［M］. 北京：北京师范大学出版社，2022：总序2.
② 毕华林，万延岚. 学校需要什么样的教科书：基于教师和学生使用化学教科书的调查研究［J］. 教育学报，2013（2）：70-75.
③ 赵占良. 试论教材的功能定位［J］. 课程·教材·教法，2021（12）：4-10.

有知识的基础上；具体性是相对于抽象而言的；生动性指的是那些引人注目的文本片段，因为它们创造了悬念、惊喜或其他与众不同的东西。① 国内学者在研究教师和学生需要什么样的教材时，也有类似的观点。如教材的编写要建立在学生已有的知识基础上，要遵循学生的认知规律；教材的编写要能通过问题或故事引发悬念；教材的语言要生动活泼，便于学生理解等。在人们讨论的基础上，我们从文本知识的表达、文本知识的编排、文本知识的丰富性等几个方面来看什么是有趣的教材文本。

一、教材文本知识的表达要生动明了

一直以来，人们对教材有着不同的理解。其中，最流行的是以下这两种观点：一是把教材当作"权威""标准"，提倡教师"教教材"，认为教材是经权威部门或专家选择出来的、年轻一代必须掌握的科学文化知识的总体，教师的任务是不作添减地将这些知识教给学生；二是把教材当作教师用于教学的文本材料，提倡教师"用教材教"，教师可以对教材进行加工和处理、二次开发。依我们看来，虽然二者对教师是否具有加工教材的权利看法不一，但其实都是把教材看作教师教学的工具，而不是学生学习的工具。我们认为，教材既是教师教学的工具，更是学生学习的工具。事实上，一本好的教材首先要考虑的就是如何编写得有利于学生学习。教材首先应该是"学材"。并且正如杜威所说，教材要起着向学生进行解释并指导学生的作用。他说："教材不是有待于完成的遥远的和渺茫的结果，而是对付现在的一种指导方法。换句话说，成人心目中系统的和精确的经验对我们具有的价值，在于按照儿童生活直接所表现的那样来解释它，而且还继续对它进行引导和指导。"② 因此，对于教材来说，它实际上要扮演与学生进行对话的对话者角色。因而，首先在知识的表达上要做到生动形象、清晰明了，易于被学生理解和接受。

---

① ［美］保罗·西尔维亚. 兴趣心理学探索［M］. 刘聪慧，译. 北京：人民教育出版社，2018：83-86.
② ［美］约翰·杜威. 学校与社会·明日之学校［M］. 赵祥麟，等，译. 北京：人民教育出版社，2005：117.

（一）知识的文字语言表达

知识有两种表达方式：一种是以文字的形式进行表达，一种是以图像的形式进行表达。在文字的表达上，又有两种不同的语言：一种是科学型的语言，一种是文学型的语言。科学语言本质上比较清晰，逻辑性强，词义明确，适合于对客观现象以及量化关系等进行描述。文学语言则比较含糊，富于情感色彩，具有强故事性，其主要用于表达情感和进行审美。比如科学语言可以是这样的：生物的生存离不开周围环境，只有当环境满足它们需要的时候，它们才能够生存下来。各种生物之间也有着许多复杂的关系。例如，动物的生存一般都离不开植物，一些动物离不开另一些动物。文学语言可以是这样的：对于光，我们都很熟悉。白天我们在和煦的阳光下工作学习，夜晚我们在皎洁的月光中散步休息；在海上，灯塔给航船指引方向；在野外，篝火给游人带来快乐。可以说我们离不开光，它给我们以光明和温暖。依照语言的不同，我们可以把教材分为科学类教材和文学类教材，比如数学、生物、物理等这些教材可以归为科学类教材，比如语文、英语等这些教材可以归为文学类教材。科学类教材以科学语言为主，文学类教材以文学语言为主。虽然如此，科学类教材也可以辅之以文学语言，使文本知识生动有趣。当然，文学类教材也不能缺少科学语言，尤其在概念、原理等的表述上。事实上，好的教材文字表达应是科学性和文学性的统一。

现在教材语言文字表达面临的一个最大的问题是科学语言表达有余而文学语言表达不足。由于教材容量有限，为了节省教材空间，大多教材都使用高度概括的科学语言进行描述。这样虽然避免了教材内容繁冗，但也会使学生读来不免觉得枯燥乏味。如八年级上册的《中国历史》教材，通篇都是高度概括和凝练的文字叙述。如：鸦片泛滥给中华民族带来深重灾难。白银大量外流直接威胁到清政府的财政；许多官员、士兵吸食鸦片，不但严重摧残了他们的体质，更导致政治腐败和军队战斗力削弱。这些都引起统治阶级中一些有识之士的重视。1838年底，道光帝派力主禁烟的林则徐为钦差大臣，前往广东查禁鸦片。[①] 这些文字虽然对历史进行了客观真实的描述，但由于缺

---

① 中国历史（八年级上册）[M]，北京：人民教育出版社，2017：3.

乏一些生动的有意义的细节，学生并不能对其产生真实的理解和体验，从而无法激起对历史学习的兴趣。比如教材对林则徐的介绍，只是以简练的语言对林则徐的禁烟之举进行了介绍，所描绘的人物形象不够立体和丰满，因而很难让学生对其产生深刻的印象。齐世荣认为，近几十年出版的中学历史教材，其中一个普遍的弱点就是人物讲得少，即便出现，也写得单薄，言行都不够具体。如此一来，"事件就显得干巴巴的，提不起学生阅读的兴趣"[1]。吴桂翎认为，注重细节，历来是我国史书叙述生动的一个重要因素。"《史记》和《汉书》之所以具有强烈的感染力，是因为它们善于将复杂的历史活动记述与人物活动细节描写结合起来，既能突出事件的主线，写出最主要的历史场面，又能写出人物的神情风貌，从而能够在一定意义上鲜活地'再现历史'，给读者以深刻的印象。"[2] 心理学研究表明，生动的文本能够激发学生兴趣，促进学生较长时间的阅读，进而增加更深层次的理解。生动的文本包含丰富的意象、悬念、令人惊讶的煽动性信息和引人入胜的主题。研究表明，如果生动的文本信息与学习任务相关，那么文本的生动性对兴趣和学习有积极的影响。因此，如何通过文学语言的叙事补足教材在感性、生动性、趣味性等方面的不足，是诸多教材需要思考的问题。

还有一种情况就是教材语言的专业性有余而通俗性不足。专业语言具有意义上的法定性、单义性与准确性的特征，表述规范、含义清晰、外延确定，在思维领域的概念与现实世界的事实之间存在着严密的指称和对应关系，能够精准地揭示事物和现象的本质特征。通俗语言指的是人们在日常生产生活中进行沟通交流时所使用的语言。教材作为规范性的文本，当然首先要讲求语言的专业性，但同时也要考虑到学生是否可接受。因此，在语言的运用上，教材一方面要注意其用语的专业性，同时也要保证其叙述通俗、有时代感。教材只有以学生喜闻乐见的形式写出来，才能使其乐于接受和喜爱。心理学在文本兴趣方面的研究表明，文本的相关性有利于激发学生阅读的兴趣。相

---

[1] 齐世荣. 略谈中学历史教材编写方法的几个原则 [J]. 课程·教材·教法，2010 (6)：3-9.

[2] 吴桂翎. 怎样提高中学历史教材语言表述水平：以古代历史撰述为借鉴 [J]. 教育学报，2011 (4)：121-128.

关性是指文本片段与读者的目标和目的直接相关。如文本片段能和读者的生活密切联系起来。在施劳（Gregory Schraw）等人的研究中，即使不同的群体阅读相同的文本片段，相关性也会显著增加兴趣。[①] 有学者指出，现行的大多数教材，虽然都在努力克服专业化和成人化倾向，增强文本的可读性，但总的来说仍然让人感觉专业性很强，概念化语言太多，特别是正文部分叙述过于严肃，不够通俗，学生阅读时难免感到枯燥呆板，单调无味。[②] 如下面的文字：九一八事变激起了全国人民的抗日怒潮。东北各族民众与未撤走的东北军爱国官兵组织抗日义勇军，抵抗日军的侵略。中国共产党派杨靖宇等人在东北组织游击队，开展抗日游击战争。中国人民的局部抗战开始了。无疑，教材的语言一方面要强调其专业性、规范性和严肃性，但另一方面，同样的意思，如果换用符合时代特色的、恰当、传神、活泼的语言表述，会更贴近学生的阅读心理，让学生觉得更有兴趣。关键是如何把好二者的度的问题。

（二）知识的图表语言表达

教材中的插图是辅助学生学习的重要工具，是一种文字信息与图形兼容并行的视觉表达方式。插图与教科书中的文字共同承担着传递知识的重要任务，它的主要作用是将文字形象化，将文字语言转换成视觉语言。教材插图通过视觉语言的描绘，一方面能够大大地开阔学生的视野，拓宽其想象空间，继而增强教材的可读性，另一方面，文字和图表的结合能够在很大程度上促进学生的记忆和理解，因而能广泛地提高学生的学习兴趣。

古代哲学家认为，人类所有的追求可归为"对真理的追求""对善与权利的追求"和"对美的追求"。正如教材的文字表达要注意科学性、思想性和艺术性的统一一样，教材的插图也应讲求三者的统一。教材插图的科学性是指"插图应以直观、准确、形象、生动、感性的特性补充文字叙述的不足，对其中一些定义、公式、观点和理论的论述，通过图形和图注并举的形式加以诠

---

① SCHRAW G, FLOWERDAY T, LEHMAN S. Increasing Situational Interest in the Classroom [J]. Educational Psychology Review, 2001, 13 (3): 211-224.

② 吴桂翎. 怎样提高中学历史教材语言表述水平：以古代历史撰述为借鉴 [J]. 教育学报, 2011 (4): 121-128.

释、补充和升华，以最简洁、明确、清晰的途径将学习内容传递给学习者，让学习者通过这一'特殊的艺术语言'准确地认识、理解和领悟教材所阐述的事物形态和变化规律"①。插图的思想性是指插图跟文字一样，也担负着对学生进行思想引领和价值引领的重任。插图的艺术性主要是指插图能给学生带来美感，能以激动人心、迷人、引人入胜、令人兴奋等的品质吸引学生，给学生以美的陶冶。激发学生兴趣的首先一定是美的事物。以下我们主要从教材插图的艺术性方面来讨论教材插图如何更好地激发学生兴趣。

审美是人从精神上把握世界的基本方式。教材插图面对着的是审美意识、审美能力等正在形成中的年轻一代，作为图像的插图，影响着学生如何去认知世界和看待生活，知晓什么是美的、什么是丑的。虽然说审美具有主观性，每个人对美的感受不一样，但美的插图不管在内容上还是形式上都有着共同的品质，如激动人心、迷人、引人入胜、令人兴奋等。在培养学生审美的阶段，教材应该做好基础性引导。作为教材尤其要注意，根据当下时代特色和审美，绘制符合时代风貌的插图，发挥教材引导学生审美的作用。发生在2022年5月的人教版小学数学教材插图事件，正是由于没有注意到这一点，才引起人们的热议和不满。"从网上传播的图片来看，这些教材里的插画人物眼神奇怪、毫无美感。对比其他版本的教材，存在明显差异。网友表示，教材面对的受众是小学生，会潜移默化影响孩子的审美，更需要审慎对待。"②人教社通过约谈相关人员，调阅原始资料，听取数学、思政、美术等方面专家意见，征求一线数学和美术教师意见等方式，对教材插图进行了调查核实，也承认教材插图存在着以下三方面的问题。一是不美观向上，与立德树人根本要求存在差距。整体画风不符合大众审美习惯，部分插图人物形象比较丑陋，精神风貌不佳，没有恰当体现出我国少年儿童阳光向上的形象。二是不严肃规范，个别插图甚至存在错误。插图数量过多，部分插图制作专业水准不高，个别插图存在科学性、规范性问题。三是不细致准确，部分插图容易

---

① 杜晓丹. 教材插图绘制要点初探 [J]. 中国编辑，2016（4）：62-68.
② 人教版数学教材插图毫无美感引发热议，你怎么看？［EB/OL］.（2022-05-26）［2023-04-26］. https://baike.baidu.com/reference/61255937/b603gVnLawuQ3mNfjG6DCFRlUv37EKce0kjhyKyaZsjSYSw4c3PZq6XEe9mhsryaU0w82xncconRnisTGQNeVabHzUElu2Ks.

173

引人误读。部分插图绘制粗糙，一些线条绘制和元素选择不当，图片比例不协调。① 因为此类事情关系重大，按照教育部要求，人教社重新组织专家团队对小学数学教材插图进行了重绘。新绘制的小学数学教材插图在整体上力求体现出"中国风""时代感""精气神"和"数学味"的风格特点，展现新时代中国少年儿童阳光、向上、愉悦的精神面貌，坚持大众主流审美取向，遵循儿童认知与身心发展规律，清新雅正，简洁大方，图文相融。这样的教训值得我们吸取。

事实上，古往今来，优秀的绘画师，在教材插画或儿童绘本的研制上，留下了许多脍炙人口的作品。如英国维多利亚时期的儿童插图家凯特·格林纳威（Kate Greenaway）创作的著名插图绘本《在窗下》，其画风唯美，充满浪漫主义色彩和田园气息，采用唯美主义手法描绘出美丽得体、天真优雅的儿童形象，绿草、花园、小路、房屋整洁古雅，营造出仙境般的场景。其通过精致服饰和美丽花园的描绘，给孩子们奉献了一个梦境般的美丽空间，给孩子们以美的陶冶，对其产生着深远的影响。又如民国时期由丰子恺绘制的《开明国语课本》的插图，通过简洁而又形象的笔法和浓淡相宜的墨色搭配，与文字有机的配合，既符合了儿童认知规律、文本内容表达、艺术意境体现，又充分反映了画的审美意趣与意象美，让学生受到美的陶冶和熏陶。整套教材充满了童真和童趣。在这些插图中，"不论是室内还是户外，丰子恺都有意识地突出并优化儿童的童趣生活体验，且有活动指导的意味……丰子恺有意识地描绘出儿童学习与生活世界，突出教育中儿童本真的态度并顺应儿童敏锐的感知，使其越来越丰富，而不是断裂与迟钝"②。如《钟走的太快了》一课，小孩子们为了能早点去看戏，决定将钟表拨快，配的插图中姐姐正背对着人在拨弄钟表，弟弟在一旁急切地仰着头看着姐姐弄，另一个最小的弟弟则在一旁一脸期待。整个插画将儿童的急切心情与对时间的误解表现得栩栩

---

① 教育部关于人民教育出版社小学数学教材插图问题的调查处理通报［EB/OL］.(2022-08-22)［2022-09-21］. http://www.moe.gov.cn/jyb_xwfb/gzdt_gzdt/s5987/202208/t20220822_654438.html.

② 吴小鸥，徐莹. 本体契合：《开明国语课本》插图的"儿童相"［J］. 教育理论与实践，2015（23）：21-24.

如生,在画外就能体会到真切的童真童趣。总之,这套课本的插图,是丰子恺先生代入儿童,用心体会儿童的感情,以儿童为中心,描绘出的一个真正属于儿童的画的王国。插图用充满着童趣的艺术形象来拉近与儿童的距离,将课文知识以一种儿童更乐于接受的形式呈现出来,更易于理解课文内容。同时,这些简洁却形象的插图,让儿童感受着其中的无尽艺术魅力,极大地提升了他们的审美意识和审美能力,让儿童在观看时获得美的启迪,引发内心的情感共鸣。因此,如何根据不同学生的特点和具体的学科内容特点,通过形象、色彩、光影等多种要素的恰当运用,设计和创作为学生所理解和接受的、富于美感的插画,成为后续教材插图研究的重点。

值得一提的是,教材插图除了要重视图片等的绘制外,还要重视模式图、示意图、概念关系图、表格等的运用。这些模式图、示意图、概念关系图、表格等的运用能对文字知识起必要的补充、解释、比较、组织和归纳的作用,从而在很大程度上减轻学生阅读的负担,提高学生学习效率,最终激发学生学习的兴趣。比如模式图和示意图对于理解、表征微观和抽象的知识有重要作用,形象、立体的模式图可以将抽象知识具体化,既可加深概念的理解,又有助于学生空间构造思维的训练。示意图将复杂过程简单化、可视化。概念关系图能帮助学生梳理概念之间的本质联系。有学者在将化学教材中的插图分为生活现实图、化学实验图、化学史图、物质结构与微观原理图、数据表格图、知识归纳图、科技前沿图、工业流程图等的基础上,对2019年版和2007年版人教版化学必修教材的插图进行了比较研究,发现新旧教材在插图类型和数量上存在着较大的不同。新版教材中的知识归纳类、科技前沿类图表数量明显超过旧版教材,同时新版教材在"整理与提升"栏目上也采取了大量诸如思维导图、流程图、树状图等以知识归纳为目标的插图,说明我国在教材插图的绘制上越来越重视插图除装饰和解释之外的其他功能。后续需要进一步研究的问题是:随着学生年龄的增加、认知水平的提升,如何在减少装饰类插图的基础上,增加比较类、组织归纳类、解释类等插图的运用,以帮助学生通过多种表征形式对知识进行加工和处理,降低认知难度,提高学习兴趣。比如上述作者在对比新旧化学必修教材时,指出虽然新版教材在组织类插图的数量和比例上有一定的增加,但还需要增加解释类插图的比例,认为解释类插图"往往讲述微观世界的本质，将宏观现象与微观本质通过化学语言进行呈现与说明，这是化学教材插图非常重要的功能"①。从而大大提高教材的可读性和趣味性。

二、教材文本知识编排要连贯流畅

心理学关于文本信息的诸多研究表明，文本知识的连贯性会增加读者的阅读兴趣。连贯性是指语篇信息和组织的完整性。一般来说，读者需要较少推理的文本被认为更连贯。连贯的文章会增加读者的兴趣，因为连贯的文章比不连贯的文章更容易理解。连贯文本的特点是思想流畅，这样每一个新的文本片段都可以很容易地与前面的片段相结合。具有连贯性的文本使读者能够通过将文本中的信息与先前的知识联系起来进行推理。此外，连贯性减少了工作记忆负荷，使读者能够在文本中关注更多的整体关系。在两种情况下，文本是最连贯的：当它们最大限度地减少片段之间的参考推理的数量时，以及当它们通过呈现彼此接近的片段来促进必要推理的产生时。在对兴趣文献的回顾中，海蒂报告说，组织良好的文本被认为比组织不佳的文本更有趣。威德（Wade）等人发现39%的读者认为低连贯的文本不如高连贯的文本有趣。同样，施勒特和瑞德（Schallert & Reed）发现，连贯的文本（即那些具有更大的片段间连贯性的文本）被认为更有趣和吸引人。施劳等人使用说明性文本发现，连贯性和易理解性解释了超过50%的情景兴趣变化对语篇连贯与篇章学习的中介关系。也就是说，连贯性好的文本容易激发读者的阅读兴趣，而这种兴趣进一步促进了学习。②

这也就提示我们，为了激发学生学习兴趣，教材知识的编排需要讲求知识的连贯性，避免知识的跳跃和杂乱无章、人为造成学生学习上的困难。在这方面，我们曾有过这样的教训。比如，在本世纪初的新课程改革中，姜伯

---

① 张晨，沈甸. 新旧人教版化学必修教材插图的比较研究[J]. 化学教育（中英文），2021（13）：8-13.

② SCHRAW, G, FLOWERDAY T, LEHMAN S. Increasing Situational Interest in the Classroom [J]. Educational Psychology Review, 2001, 13 (3): 211-224.

驹先生指出，数学新课标"全面否定过去的教学体系"，"知识的讲授跳跃杂乱。它过低地估计学生的理解力，学生稍一问个为什么要等待'螺旋上升'的下一个循环。广大的中学教师拿到新教材后无所适从，不得不想办法应对：水平很高的经验丰富的老师，他们按照自己的思路讲；重点或准重点中学的一般老师，他们拿着过去的教材把定理和定义补齐；但更多的老师特别是西部边远地区的老师，他们缺少教具，也没有多媒体，教材中大量所谓贴近生活的实例农村孩子都没有听说过，不知道怎么教了。家长找老师补课，补旧教材，穿新鞋走老路，反而大大加重了学生与家长的负担"。[1] 鉴于这种现象和问题，教育部随后不得不叫停数学新课标的实施。可见，如果不重视知识编排的连贯性和逻辑性，将会给教师的教、学生的学带来多大的困难。这样势必也难以激发学生学习的兴趣。

因此，在教材知识的编排上，我们势必要做到逻辑严密、脉络清晰、连贯流畅。这里我们可以从两方面来讨论：一是关于分科课程的教材知识编排问题，另外则是关于综合课程的教材知识编排问题。

在分科课程的教材知识编排上，就目前来看，有两种编排方式，一种是以主题式进行编排，一种是以顺序性（包括知识的逻辑顺序或时间的先后顺序）进行编排。在主题式编排上，各个主题之间大多是一种平行的关系，这些主题构成整个知识系统。主题式编排能够让学生明了知识的整体结构，使教材整体上的逻辑发展脉络更清晰。例如人教版八年级上册物理由六个主题构成，"机械运动""声现象""物态变化""光现象""透镜及其应用""质量与密度"，每个主题都涉及特定的现象和问题，这些主题又构成知识的整体。主题式编排较适用于那些相关主题的知识界限比较清晰的分科课程。对于那些主题知识相互缠绕的分科课程，仅以主题式进行编排可能会造成知识间跳跃性大、线索比较繁乱的问题。这时候就要考虑是否按照知识的逻辑性顺序或时间的先后性顺序进行编排，或者按综合主题式和顺序性进行编排。如有学者指出现行的人教版中学历史教材，其主题式编排就存在上述问题。再加上教材表述过于笼统概括而使基本史实、概念和理论不清楚、不恰当，以上问题就更突出了。有教师也指出，高中历史教材模块式编排，时间区域跨度

---

[1] 姜伯驹. 新课标让数学课失去了什么？[N]. 光明日报，2005-03-16（5）.

较大，加之中考开卷考试，学生初中知识记忆基础薄弱，给学生的学习带来较大的障碍。① 因此，他们建议：在编排组织上，可以学习优秀历史著作脉络清晰、详略有度、剪裁得法、收放自如、笔法严实等叙事撰文技巧，同时发展传统史学体裁繁富、综合运用的优良传统，在充分考虑历史的年代顺序、历史事件发生地点以及历史事件和历史人物的内在关系的基础上，多体裁融合，构建相对完整清晰的历史发展基本脉络和主要线索，注意内容的过渡和联系，避免太强的跳跃性，以利于学生形成历史的通感，培养学生在纷繁复杂的历史现象中分析、认识人类和社会发展的历史思维能力。《美国国家历史课程标准》也指出，"时序思维能力是历史推理的核心。如果没有历史地看待时间的明确意识，学生肯定会把诸多事件看作一大堆杂乱无章的东西。没有强烈的年代学意识，学生就不可能考察它们之间的相互关系或解释历史因果联系"。② 这说明从分科课程来看，教材知识的编排应遵循学科知识本身的特点。

在综合课程的教材知识编排上，我们需要从课程目标的实现出发，考虑如何以清晰的线索将不同学科的知识整合起来。这里有两种思路。第一种思路就是以主题或问题的形式将不同学科的知识整合起来。如我国的道德与法治课程从"发展学生核心素养，引导学生学习和掌握道德与法律的基本规范，提升思想政治素质、道德修养、法治素养和人格修养"课程目标和主旨出发，将课程内容划分为"道德教育""生命安全与健康教育""法治教育""中华优秀传统文化与革命传统教育""国情教育"等五大主题。各主题内容又以"成长中的我"为原点，将学生不断扩大的生活和交往范围作为建构课程的基础，依据我与自身，我与自然、家庭、他人、社会，我与国家和人类文明关系的逻辑来组织和呈现教育主题。比如，七年级下册的《道德与法治》教材的几个主题"青春时光""做情绪情感的主人""在集体中成长""走进法治天地"，围绕"成长中的我"所关心的议题，融合"道德教育""法治教育""生命安

---

① 关成刚，张美静. 我们期待怎样的历史教科书：高中历史教师视角下的教科书发展取向探索 [J]. 当代教育与文化，2019 (7)：51-56.

② 齐世荣. 略谈中学历史教材编写方法的几个原则 [J]. 课程·教材·教法，2010 (6)：3-9.

全与健康教育"等内容，既让学生易于理解，也容易激发学生的兴趣。主题或问题式编排需要注意的问题是，要厘清各主题之间的逻辑关联，既要保证各主题之间边界清晰，同时也要保证其最终构成一个有机的整体，以防各个主题各自为政，让学生看不到知识或主题之间的关联。

综合课程的教材知识编排的第二种思路是以大概念的形式将不同学科的知识整合起来。"大概念"由威金斯与麦克泰（Wiggins & McTighe）在《追求理解的课程设计》中最早阐述。大概念主要是指居于学科基本结构的核心概念或若干居于课程核心位置的抽象概念。大概念具有统摄性、内核性、基础性和衍生性等特征，能够将多种知识有意义地联结起来。有学者从认识论、方法论和价值论的层面对大概念进行了论述："首先，从认识论上看，大概念是在事实和经验基础上，对概念之间关系的抽象概括，是从事实、经验和概念中简明扼要地抽取和总结出来的共同本质特征，因而常常是一门学科中处于更高层次的上位概念、居于中心地位的核心概念和藏于更深层次的本质概念。其次，从方法论上看，大概念如同一个'认知文件夹'，为人们认识事物和建构知识提供一个认知框架或结构。借助这个认知框架或结构，人们不仅能够沟通各个事实、经验、事物、概念之间的内在联系，而且能够在一个连续的整体中去理解各个事实、经验、事物和概念的意义。最后，从价值论上看，大概念不仅对各种具体的事实、经验、事物和概念具有连接与整合作用，而且能促进学习者的持久记忆、深度理解和广泛迁移；不仅对事物的理解、知识的建构与迁移具有重要价值，而且它本身还可能蕴含着人们对于自我、自然和社会的价值观念。"[①] 正因为大概念具有的如此功效，因而在近些年来被各国广泛运用到课程内容的研制中。如韩国天主教大学的邦·达米（Bang Dami）研究团队以大概念为中心开发了小学综合科学课程框架。课程内容由"多样性""结构性""交互性""动态性"这几个科学大概念统摄，以大概念、跨学科概念、学科概念以及示例模式等四个部分搭建起课程内容的整体框架。如图 6-1 所示。

[①] 宗德柱. 大概念教学的意义、困境与实现路径［J］. 当代教育科学，2019（5）：25-28，57.

```
         ┌─────────────────┐
         │     大概念        │
         │    结构性         │
         │ 构成整体的每个部分都具 │
         │ 有执行特定功能的结构， │
         │ 并包含相互关联和对整体 │
         │    有贡献的原则      │
      ┌──┴─────────────────┴──┐
      │      跨学科概念           │
      │    要素、关联、功能        │
┌─────┴───────────┬─────────────┴─────┐
│   基本问题        │    学科概念          │
│ 1. 整体是由哪些部分构成的 │ 星系的结构       │
│ 2. 结构与功能的关系是什么 │ 太阳系的结构      │
│ 3. 每个部分的作用及其如何对整 │ 动物的结构和功能  │
│    体做出贡献       │ 植物的结构和功能   │
│                 │ 物质组成材料的结构与功能 │
│                 │ 原子和离子的结构     │
├─────────┬───────┬───────┬───────────┤
│ 具体问题  │ Know  │  Do   │    Be     │
│ 植物如何获取营养物质│ 1.事实：植物叶子能够利用│1.学科内行为：观察叶子光合作用产物│意识到营养成分对于维持生命的重要性│
│         │阳光制作自己的营养物质并释放氧气│2.跨学科行为：观察、析因、分析数据、得出结论│           │
│         │2.学科内知识：叶片结构和功能│               │           │
│         │3.跨学科知识：要素、关联功能│               │           │
└─────────┴───────┴───────┴───────────┘
```

图 6-1　以大概念构建课程内容示例①

围绕大概念来编排教材知识，首先需要明确大概念的不同层级和类别。从类别来看，大概念可以有跨学科大概念、学科核心概念、思维与技能概念以及学科本质概念几种类型。其中，跨学科大概念与学科核心概念又属于不同的概念层级。其次，要明确大概念在教材知识中的呈现方式。一般来说，

---

① BANG D，PARK E，YOON H，et al. The Design of Integrated Science Curriculum Framework Based on Big Ideas [J]. Journal of the Korean Association for Science Education，2013，33（5）：1041-1054. 转引自李刚，吕立杰. 国外围绕大概念进行课程设计模式探析及其启示 [J]. 比较教育研究，2018（9）：35-43.

大概念在教材知识中的呈现有显性和隐性两种方式。所谓显性，就是在课程标准中明确提炼出学科核心概念，并作为课程体系的结构支点，教材编写依此而明确设计单元。这些核心概念通过聚合具体的、基础的事实性知识、信息和技能形成相互联系、层级分明的知识体系。所谓隐性，是在课程标准或者教材中，没有明显依据某一核心概念设计内容组块，但又隐含着这样的核心概念，有的大概念在不同的年级、不同的学段甚至不同的学科间通过具体的概念和事实性知识体现出来，如数学中的转化思想。一般来说，跨学科大概念、学科核心概念在大多时候是以显性的方式呈现在教材中，而思维与技能概念、学科本质概念则以隐性的方式包含在教材中。

三、教材知识内容要丰富立体

（一）教材知识的四种类型

我们可以把知识分为以下几种类型：事物与事实性知识、概念与原理性知识、方法与技能性知识，以及价值与规范性知识。事物是指客观存在的现象和物体，事实是指实有的真实的情况，有自然属性的事物和事实，还有社会属性及精神属性之分。对事物和事实的文字描述常被称为陈述性知识。概念是反映事物的本质属性的思维形式，它是思维的基本单位。概念包括具体概念和定义概念。具体概念是表现基本概念的合乎规律的现象、事物的形状及其具体性质。定义概念是以下定义的方式所表达的概念。具体概念是定义概念的思维内容；定义概念是具体概念的表达形式。原理是具有普遍意义的基本规律，它告诉人们事件和客体是如何运作的，或它们是如何得以构建的，是公式、法则和定律的总称。原理是在大量观察实践基础上经过归纳概括而得出，是经过实践检验了的认识。方法也叫程序性知识，一般与怎么做相关，是指在一定条件下为实现一定目标采取的一系列操作规则与程序。技能是指个人掌握了一套程序性知识，并按这套程序去办事的能力。操作技能、心智技能是它的两个分类。心智技能是指借助内部语言在人脑中进行认知活动的心智活动方式，它与感知、记忆、想象、思维等关系密切。心智技能是一种合法则的心智活动方式，其本质特征是个体是否掌握了正确的思维活动方式。

在认识事物、解决问题的过程中，心智活动以完善、合理的方式自动进行是心智技能的重要标志。操作技能是运用技能去完成某种操作活动的方式，它是在练习基础上形成的按某种操作程序顺利完成某种身体协调任务的能力。价值与规范一般与应该怎么做相关，它是指导人们正确处理各种关系与事物的标准与条例。价值和规范不是抽象的。它与个人的情感需要、理想信念以及利益取向有关，作为社会现象，社会发展的历史阶段，政治制度，经济水平，文化传统等都直接影响对其的选择。

一般来说，教材知识体系是由以上四种知识类型构成的。事物和事实性知识有利于对概念与原理性知识进行说明和解释，也可作为佐证材料帮助学生对概念与原理性知识的理解。概念与原理性知识有利于帮助学生掌握事物或现象的本质，找到事物或现象的共同规律。方法与技能性知识帮助学生提高做事的能力。价值与规范性知识引领学生人生观、世界观和价值观的正确形成与发展。四者缺一不可。如义务教育阶段历史课程标准（2022版）指出，历史课程需要"通过发掘人类优秀文化遗产的育人功能，使学生树立正确的历史观、民族观、国家观、文化观，增强责任意识和社会担当"，"历史课程内容主要包括中国历史、世界历史和跨学科主题学习。中外历史采用'点—线'结合的方式呈现。'点'是具体的历史事实，'线'是历史发展的基本线索。通过以'点'连'线'、以'线'穿'点'，使课程内容依照人类历史发展的时序，循序渐进地展开叙述，使学生在掌握历史事实的时候避免时序的混乱，把握历史发展的阶段性特征"。[①] 课标还指出，历史课程要培养的核心素养，主要包括唯物史观、时空观念、史料实证、历史解释、家国情怀五个方面。如果从知识的角度来看，此处的唯物史观以及史料实证与历史解释就属于方法与技能性知识，时空观念属于概念与原理性知识，史料属于事物与事实性知识，家国情怀则属于价值与规范性知识。这里仅举了历史课程的例子，当然对于其他课程来说其也应无不例外地包含这四类知识。

---

① 中华人民共和国教育部. 义务教育历史课程标准（2022年版）[S]. 北京：北京师范大学出版社，2022：2，4.

（二）教材知识内容的缺失或少关联造成学生认知上的困难

虽然说教材知识无不例外地包含以上这四类知识。但这并不能说明教材就很好地呈现了这四类知识。从激发学生兴趣的角度来看，其还存在着以下几方面的问题，以致造成学生理解上的困难，减弱了学生研读教材的兴趣。

第一，事物与事实性知识时有缺失。如上所述，事物与事实性知识是学生理解概念与原理性知识的基础，是其形成一定观念和观点的必不可少的素材。如高中历史课程标准就要求学生，"通过对历史事实的分析、综合、比较、归纳、概括等认知活动，培养历史思维和解决问题的能力"，"学习历史唯物主义的基本观点和方法，努力做到论从史出、史论结合"。[1] 因此，在教材中，如果只呈现观点或概念而相应的事物与事实性知识缺失的话，就会人为地给学生造成认知上的困难，使他们难以对知识进行消化。徐赐成等人比较了四个版本的高中历史教材，发现有的教材在某些内容部分没有"史"只有"论"。[2] 如人民版关于夏王朝的建立和早期的政治制度的表述：传说夏禹治水成功后，声威上升，成为民众心目中的贤能之人，于是继承帝舜的权位，成为最高政治领袖……《礼记》中记录孔子的一段话，其大意是：往古的"大同"时代，"天下为公"；现在的"小康"时代，则是"天下为家"。这说明了从"天下为公"到"天下为家"的大致变化过程。这样的表述带有强烈的观点解释的意味，但史料的缺乏，往往使学生对这样的观点难以理解和认同。

第二，对概念与原理性知识缺乏具体的解释。前已述及，概念是思维的基本单位。原理是建立在一定概念基础上的命题。在教材中，有许多学生要学习的概念和原理。但如果所出现的概念没有具体阐释，就会造成学生对概念难以理解，囫囵吞枣。徐赐成等人指出，"历史概念是历史知识的核心和重点，也是历史学习的难点。历史教科书的历史叙述是否有助于学习者形成概

---

[1] 中华人民共和国教育部. 普通高中历史课程标准（实验）[S]. 北京：人民教育出版社，2003：1.

[2] 徐赐成，赵亚夫. 历史教科书与历史观教育：以近二十年历史教科书改革实践为例 [J]. 内蒙古师范大学学报（教育科学版），2019（7）：1-11.

念，是历史教科书优劣的另一个重要标志"①。如在高中历史必修Ⅰ"政治革命"和必修Ⅲ"思想理论成果"中都有关于"新民主主义革命"的概念。在四个教材版本中，有三个教材版本只列出了"新民主主义革命"这一概念，并没有对其作具体的阐释。如人教版必修Ⅰ第 14 课《新民主主义革命的崛起》，在标题中就给出了这样一个概念，但在课文叙述中只讲到"五四运动成为中国新民主主义革命的开端"，而没有对这个概念作过多解释。在必修Ⅲ第 17 课《毛泽东思想》中写道：抗日战争时期，毛泽东集中全党智慧，先后发表了《论持久战》《新民主主义论》《论联合政府》等文章，在分析中国国情的基础上，对中国革命的历史进程作了详尽完整的论述。他指出，中国当时的社会性质，决定了中国革命必须分两步走：第一步是民主主义革命，第二步是社会主义革命。毛泽东创造性地提出新民主主义革命的科学概念，描绘了新民主主义社会的蓝图及前景。到抗日战争结束前后，毛泽东关于中国革命的论述已经形成比较完整的理论体系。上面的叙述又一次提到了"新民主主义革命"这一概念，但"新民主主义革命"究竟是指什么，它与"旧民主主义革命"以及与"社会主义革命"有什么不同，却没有提及。这使学生对"新民主主义革命"这一概念始终不能理解，只好囫囵吞枣、不求甚解地学习了。有一线教师在提到统编高中历史教科书时说："在讲'宋明理学'的时候，问题也很大。'宋明理学'那一部分本身就不好理解，那个东西到现在我都不能完全弄通，咱都没那知识储备。你上来就是什么'理''气'，什么'二元论'，学生彻底就懵掉了，真的不知道该干什么了。"② 这个事例也说明了教材对"概念"不予具体阐释给教师和学生带来的教学上的困难。齐世荣先生指出，教材篇幅有限，"简"是基本要求，但是，也不能为了简而简。如果只顾控制字数，"该讲的也予以省略，那就不是简要，而是简陋了"。③ 这样势必造成学生的"消化不良"。

---

① 徐赐成，赵亚夫. 历史教科书与历史观教育：以近二十年历史教科书改革实践为例［J］. 内蒙古师范大学学报（教育科学版），2019（7）：1-11.

② 关成刚，张美静. 我们期待怎样的历史教科书：高中历史教师视角下的教科书发展取向探索［J］. 当代教育与文化，2019（7）：51-56.

③ 齐世荣. 略谈中学历史教材编写方法的几个原则［J］. 课程·教材·教法，2010（6）：3-9.

第三，价值与规范性知识的硬塞现象。有学者在分析教材到底以知识意义上的内容为主，以能力意义上的内容为主，还是以价值观意义上的内容为主的问题的时候，指出：知识意义上的内容，比如什么是"爱国主义"，其定义、内涵、特征等可以被教科书驾轻就熟地呈现出来。能力意义上的内容，比如能够让学生懂得并鉴别爱国主义、民族主义与狭隘的民族主义的差异及其日常表现，则对教科书提出了挑战。情感价值观意义上的内容，比如能产生深厚的爱国主义情感和价值，并随时转化为爱国主义行为，也许是教科书难以实现的，甚至是传统教科书根本无法实现的。[①] 对此，我们倒并不认为教材不能呈现情感价值意义上的内容，关键是如何呈现的问题。我们知道，对于人文学科来说，许多知识本身就是一种价值与规范性知识，因而就中小学的语文、道德与法治、历史等教材来说，像"爱国主义"这样的价值与规范性知识必然无法排除其外，这也就是说，它不但要求学生了解爱国主义的含义、特征，懂得并鉴别爱国主义与民族主义的差异及日常表现，还要求学生"产生深厚的爱国主义情感和价值，并随时转化为爱国主义行动"。[②] 而对于自然科学来说，价值与规范性知识是隐藏或者说是寓于事实性知识、概念和原理性知识以及方法与技能性知识之中的。因此，如果不依托其他几种知识，而贸然以贴标签的方式将价值与规范性知识硬塞给学生，则难免会引起学生的不解甚至反感，最终达不到育人的效果。如对于数学学科来说，从新中国成立到现在，每一次教学大纲或课程标准的颁布都强调数学的德育价值的实现。如我国在1950年教育部颁布的《小学算术课程暂行标准（草案）》中，指出要"培养儿童爱国主义思想，并加强爱科学、爱护公共财物等的国民公德"。[③] 2017年颁布的《普通高中数学课程标准》中明确指出，"数学教育承载着落实立德树人根本任务、发展素质教育的功能"，要求其"在学生形成正

[①] 石鸥，张文. 中国共产党百年教科书建设的基本经验与时代挑战［M］//石鸥，张增田. 教科书评论2020. 北京：首都师范大学出版社，2021：10.

[②] 石鸥，张文. 中国共产党百年教科书建设的基本经验与时代挑战［M］//石鸥，张增田. 教科书评论2020. 北京：首都师范大学出版社，2021：10.

[③] 课程教材研究所. 20世纪中国中小学课程标准·教学大纲汇编：数学卷［G］. 北京：人民教育出版社，2001：49.

确人生观、价值观、世界观等方面发挥独特作用"。① 但是，对于此，有学者指出，"一段时间以来，学科德育没有很好地结合数学学科特点、数学教学内容、个体学生的实际发展需求，德育被生搬硬套到数学教学中"。② 就教材而言，教材中的价值与规范性知识与数学其他知识缺乏深度的关联。可以说，在一定程度上，前者是被硬塞到教材中的。如有学者在研究人教版小学数学教材融入我国传统数学文化时指出，传统数学文化与数学主体知识本身并无多大关联。比如教材在圆形面积计算时，引入我国古代铜镜的材料，要求学生计算圆形铜镜及其内接正方形的面积。在这里出现的铜镜，虽然有利于学生了解古代铜镜文化，但是否一定需要用此材料？"了解性的我国传统数学内容在实际教学中并不完全会被认为是'必需品'，而很有可能成为'附属品'，这也在一定程度上削弱了我国传统数学文化融入教科书的现实意义。"③

（三）提供丰富立体的知识以激发学生学习的兴趣

前已述及，齐世荣先生在说到历史教材编写的几个原则时说，教材要简洁，但不要简陋。④ 人们在分析优秀教材时，发现其一般能考虑到学生的认知特点，教材知识具有易理解性。如有学者在分析国外大学优秀教材的特点时指出，教材的"术语的引入节奏合理，不会让读者产生晦涩的感觉，还唯恐读者看不懂，所以讲解得非常详尽与清晰，可以放手让学生自学"。⑤ 有学者也说道："美国高校理工类教材内容浅显，与实际结合紧密，对概念理论解析比较透彻，对于理论或者概念往往给出很多相关的解释、说明，并且提供与

---

① 中华人民共和国教育部. 普通高中数学课程标准（2017年版）[S]. 北京：人民教育出版社，2018：8.

② 姜浩哲，沈中宇，汪晓勤. 新中国成立70年数学学科德育的回顾与展望[J]. 课程·教材·教法，2019（12）：22-27.

③ 姜浩哲. 我国传统数学文化融入教科书的价值、现状与展望[J]. 课程·教材·教法，2021（1）：98-104.

④ 齐世荣. 略谈中学历史教材编写方法的几个原则[J]. 课程·教材·教法，2010（6）：3-9.

⑤ 徐丽萍. 国外优秀大学教材特点浅析[J]. 科技与出版，2006（2）：71-72.

概念理论相关的例证、事实等资料性佐证，以便学生理解。"① 另外，心理学的研究表明，文本的易理解性更容易激发读者学习的兴趣。当然，这里的易理解性的知识并不是指对学生构不成任何认知挑战的知识，而是维果茨基所谓的处在学生"最近发展区"的知识。那么，怎样才能使教材简洁而不简陋，具有易理解性呢？基于以上我们所提出的关于教材知识内容所存在的问题，提出以下建议。

1. 丰富事物与事实性知识

首先，教材的核心观点和原理等都需要建立在事物与事实性知识的基础上。如上所述的高中历史人民版教材中观点先行、以观点代替史实的做法就很容易造成理论的空洞。在历史教材的编写中，人们多次提到其要做到论从史出，史论结合，就是这个意思。其次，在选择时，要选择那些基本的、重要的事物与事实性知识。如张海鹏先生提出，编写教材不是个人行为，"对于历史事实的选取与解释，不能仅凭个人的学术见解，必须有权威的依据"。②最后，事物与事实性知识可以通过不同的栏目来呈现。比如2019年编写的统编高中历史教材就设置了导入语、正文、历史图片、地图，以及学习聚焦、思考点、史料阅读、历史纵横、学思之窗、问题探究与学习拓展等多个栏目。除了在正文部分提供基本的史料外，在史料阅读栏目还提供着与正文相关的简要文献材料，作为补充或拓展；在历史纵横部分对一些重大历史事件、重要历史人物等作进一步介绍；在思考点、学思之窗以及探究与拓展部分均一定程度地提供了相关史实材料。除了必修《中外历史纲要》上下，还有选择性必修Ⅰ《国家制度与社会治理》、选择性必修Ⅱ《经济与社会生活》、选择性必修Ⅲ《文化交流与传播》以及校本课程《史学入门》《史料阅读》等进一步对相关史实进行拓展。通过丰富的史料提供，实现学生"探寻历史真相，总结历史经验，认识历史规律"③ 等的目的。

---

① 冯晓丽. 国外大学教材特点和功能的基本轨迹：以美国高校理工类教材为例 [J]. 高教探索，2014（2）：93-95.

② 张海鹏. 统编高中历史教科书的学科体系和学术体系：适应和掌握统编高中历史教材《中外历史纲要》（上）的意见 [J]. 课程·教材·教法，2019（9）：21-32，11.

③ 张海鹏. 统编高中历史教科书的学科体系和学术体系：适应和掌握统编高中历史教材《中外历史纲要》（上）的意见 [J]. 课程·教材·教法，2019（9）：21-32，11.

2. 讲透概念与原理性知识

概念与原理性知识要讲透，包括概念的内涵、外延，公式和规则的由来等。必要时，还要引入事物与事实性知识作例证和说明。比如，像以上提到的高中历史教材中作为专题核心概念的"新民主主义革命"，有必要对其含义及其与"旧民主主义革命""社会主义革命"的区别等作一解释。因而人民版高中历史教材对其的处理就比以上我们提到的其他版本的教材好得多。人民版必修Ⅰ专题三第3课《新民主主义革命》写道：五四运动是广大人民群众直接参与的、毫不妥协的反帝反封建的革命运动，它标志着中国新民主主义革命的开端。必修Ⅲ专题四第2课《毛泽东思想的形成与发展》写道：毛泽东先后撰写了《中国革命和中国共产党》《新民主主义论》等著作，对中国革命的性质、对象、任务、动力和前途等一系列问题进行了系统论述。毛泽东指出，中国半殖民地半封建社会的性质，决定了中国革命必须分成两个步骤：第一步是民主主义革命，第二步是社会主义革命。在1919年五四运动以后，中国的民主革命已经不是资产阶级领导的民主革命，而是无产阶级领导的新民主主义革命，是人民大众的反帝反封建的革命。区别新民主主义革命和旧民主主义革命性质的根本标志，是无产阶级对革命的领导权问题。对于中国革命的动力和前途问题，毛泽东指出，农民是无产阶级最可靠的同盟军，在无产阶级领导的工农联盟的基础上联合民族资产阶级，在特殊条件下还联合一部分大资产阶级，组成广泛的统一战线，以孤立和打击最主要的敌人。新民主主义的发展前途必然是社会主义。以上通过对"新民主主义革命"详尽和具体的描述，学生就能很轻松地把握这个概念。

3. 无痕渗透价值与规范性知识

如上所述，价值与规范性知识是教材知识中不可或缺的，但要避免其在教材中的硬塞或贴标签。它的引入应建立在其他知识的基础上，或者说需要寓于其他知识之中，在学生认知的基础上，通过对学生情感的唤起而达到"润物细无声"的效果。因而，需要密切结合学科主体知识的特点以及学生的认知特点，发挥学科主体知识的隐喻功能。如语文可以通过对不同文章的选择，以其优美的语言和生动的叙事唤起学生的道德认知和道德情感，从而达到激发学生的道德意志和道德行为的目的。如统编版小学语文五年级上册第六单元的 3 篇课文——《慈母情深》《父爱之舟》《"精彩极了"和"糟糕透了"》,围绕"舐犊之情",分别从母爱、父爱及父母的差异之爱三个层面进行言说,体现"尊老爱幼"的道德元素。"这种主题式的呈现方式是一种基于儿童立场的道德叙事方法。它以儿童日常生活为轴心,激发儿童的道德情感,与传统道德说教或道德灌输的方式不同,它借助语言,以故事形式复现道德活动场景以及道德人物情感,并以文学作品的形式将之形象化、情节化和艺术化。"[1] 又比如数学可以结合数学史以及数学语言(包括数学符号、数学公式等)等来向学生揭示一些价值与规范。正如有的学者所提出的:"数学符号、公式中可发现简洁美,几何体、几何图形、函数图象中可发现对称美,方程、函数、不等式中可发现统一美,特殊的解题技巧中可发现奇异美……数学从数量上刻画事物之间的相等、运算、函数、变换等各种关系,反映了事物的普遍联系;角、函数、轨迹等概念的形成体现了事物的运动、变化和发展;正数与负数、直线与曲线、常量与变量、有限与无限、微分与积分等体现了对立统一规律;分类讨论的分界点、函数的极值和最值以及极限的概念等隐含着量变、质变规律;数系的扩充、逆否命题与原命题的关系、反证法的思想等蕴藏着否定之否定规律。"[2] 如历史则需要通过对一些基本的、重要的史实的展现和叙述,"引导学生辩证、客观地理解历史事物,认清历史发展规律,全面正确地看待历史与现实,从历史发展的角度深刻理解中国共产党与社会主义道路是历史和人民的选择,认同社会主义核心价值观和中华优秀传统文化……"[3]

4. 拓宽知识内容形式和载体形式

石鸥教授曾说:"出色的教科书最大的特征是既能够遵循学生发展的规律,激发学生学习的兴趣,使学生乐于学,又要有利于因材施教,能够促进不同学生的不同发展。这就需要教科书有足够的弹性和拓展空间。但对单一

---

[1] 穆建亚,刘立德. 教科书中的德育内容:呈现方式、建构逻辑及价值实现[J]. 课程·教材·教法,2021(11):67-71.

[2] 于江波. 中学数学学科德育的缺失与重构研究[J]. 辽宁教育行政学院学报,2020(4):45-48.

[3] 李卿. 回归历史学科本质凸显历史育人价值:统编高中历史教科书编写思路、体例结构及教学建议[J]. 中国民族教育,2020(11):42-46.

的教科书而言，这是较为艰难的任务，一定意义上也是不可能完成的任务。"①确实，单一的教科书的容量是有限的，因而常常造成教科书在追求简洁的同时不经意地落入简陋的窠臼。如何解决这一矛盾？这就需要在充实原有教科书的基础上，不断拓宽知识内容的形式和载体的形式，将原来的单一纸质教材建设成立体化教材，以多渠道、多层次、多形式地向学生提供知识，满足学生学习的群体兴趣与个人兴趣。从知识内容形式上看，除了原有的主教材外，我们还可以为学生和教师提供教师用书、学生用书、试题库、案例库、习题集、拓展资料库等。从知识的载体形式上看，除了传统的纸质教材外，还可以利用最新的信息技术，以学习网站、电子教材、教学视频等多种载体形式呈现知识。如有学者指出，美国高校的教材形式从内容形式上看，包括主教材、教师用书、学生用书、试题库、案例库、习题集，还包括反映最新科学技术成果的报纸及论文等。从载体形式上看，包括图书、电子教材、电子教案、多媒体、网络课程及学科网站以及软件、幻灯片等。② 从我国教材建设来看，立体化的教材体系也已初步构建。改革开放 40 年来，传统纸质教材一统天下的局面已经打破，基于现代信息技术的教材立体化系统蓬勃发展。目前，教材已经包括学生用书、教师用书、电子教材、网络教材、挂图和图片、地图或图册、多媒体教学辅助软件等系列教学资源，一个可供不同地区和学校根据自身条件选择的系列化、立体化教材体系正在形成。③

---

① 石鸥，张文. 中国共产党百年教科书建设的基本经验与时代挑战 [M] //石鸥，张增田. 教科书评论 2020. 北京：首都师范大学出版社，2021：11.
② 冯晓丽. 国外大学教材特点和功能的基本轨迹：以美国高校理工类教材为例 [J]. 高教探索，2014（2）：93-95.
③ 石鸥，张文. 改革开放 40 年我国中小学教材建设的成就、问题与应对 [J]. 课程. 教材. 教法，2018（2）：18-24.

第二节　兴趣作为教学的第一原则

古往今来，人们提出了许多条关于教学的原则，比如直观性原则、循序渐进原则、便利性原则等等。对这些原则的遵循无疑能更好地促进学生的学习。但在这些原则之上，兴趣莫过于教学的第一原则。只有通过兴趣教学，教材知识才能最终转化为学生的个人知识，课程知识的价值也才能最终得以实现。心理学研究指出，人的学习有两种，一种是表层学习，一种是深层学习。表层学习以再现学习内容为目标，以避免学习失败为动力，以各种形式的机械学习为手段。而深层学习则是以理解学习材料为目标，以学习兴趣为动力，以证据的使用和观点的联系为主要策略。一般来说，学习情感在很大程度上决定着学习者采用哪一种学习。"学习情感可以发动、终止、干扰学习者的信息加工过程和信息加工结果。"[1] 或者说，"学习情感具有导向功能，可使学习者学习有关内容或不学习它们"。[2] 研究表明，当一个人有兴趣的时候，他们就会搜索信息，并继续寻求对内容的更深层次的理解，即便遇到困难也会坚持下去。相比于没有兴趣的时候，他们更可能从事有意义的学习，因为兴趣会让他们更专注，愿意付出更大的努力，更能追求和实现目标，更能制定和有效地使用策略。[3] 总之，兴趣对学习者的注意力、辨识和回忆、持续努

---

[1] PEKRUN R, GOETZ T, TITZ W, Perry R P. Academic Emotions in Students' Self-regulated Learning and Achievement: A Program of Qualitative and Quantitative Research [J]. Educational Psychologist, 2002, 37 (2): 91-105.

[2] ELLIS H C, ASHBROOK P W. Resource Allocation Model of the Depressed Mood States in Memory [G] //Affect, Cognition, and Social Behavior. Toronto: Hogrefe, 1988: 25-43.

[3] RENNINGER K A, HIDI S E. Interest Development and Learning [M] //The Cambridge Handbook of Motivation and Learning. Cambridge: Cambridge University Press, 2019: 265-290.

力、学习动机、学习水平等都有一个积极的影响,帮助学习者将教材知识转化为个人知识,从而实现课程知识的价值。

前已述及,兴趣起源于某种形式的人与环境的相互作用。海蒂等认为,兴趣的潜能在个人身上,但是内容和环境却规定着兴趣的方向并促进着它的发展。这样,其他人,环境的组织以及个人自身的努力,如自我调节都能支持兴趣的发展。① 因此,对于教学来说,如何通过学习环境和学习本身的设计激发学生的兴趣、实现学生兴趣的发展,就成为一个非常重要的课题。

一、创设充满趣味的课堂学习环境

所谓学习环境无非就是"学习者的周遭外界"。在教育学中是指影响学生学习的场景性、背景性的要因。课堂学习环境"基本上由物的要素(教室里的黑板、课桌椅、教科书、笔记本、张贴等)和人的要素(教师、众多的学生)构成,而且也包含了通过具体的物的要素、人的要素在交互作用过程中形成的每一个人的行为和表达、表情等在内的整体"②。也就是说,课堂学习环境是"存在于课堂教学过程中的各种物理的、社会的和心理的因素的总和"③。课堂学习环境影响着教学活动的开展、质量和效果,对于学生的学习有着重要的影响。如福拉斯特(Fraser)对有关研究的元分析表明:当课堂学习环境有凝聚力、令人满意、有目标、有组织和少冲突时,学生的学业成绩一般都比较好。④ 沃尔夫和福拉斯特(Wolf & Fraser)的研究发现,除了物理环境外,化学实验环境中的学生凝聚力、问题开放性、投入、规则明确性等四个维度都对学生的科学态度有显著的影响。在凝聚力比较强、问题开放的化学实验

---

① KRAPP A, HIDI S, RENNINGER K A. Interest, Learning, and Development [M] //KRAPP A, HIDI S, RENNINGER K A. The Role of Interest in Learning and Development. Mahwah: Lawrence Erlbaum Associates, Inc., 1992: 3-25.

② 钟启泉. 学习环境设计:框架与课题 [J]. 教育研究, 2015 (1): 113-121.

③ 范春林, 董奇. 课堂环境研究的现状、意义及趋势 [J]. 比较教育研究, 2005 (8): 61-66.

④ FRASER B. Classroom Environment Instruments: Development, Validity and Applications [J]. Learning Environment Research, 1998 (1): 17-33.

环境中，学生会更喜欢化学课，对科学探究的态度会更积极，也更能采纳科学的态度。① 20世纪90年代发展起来的具身认知理论认为，"认知有赖于环境，知识总是相对于某一个由个体、他人、社会及自然环境等构成的整体环境而被理解和赋予意义；学习是学习者对环境的感知与其作用于环境的行为之间互动的结果，知识的意义建构必须在特定的学习环境中完成"。② 也就是说，认知是嵌入于环境之中完成的，认知离不开环境的支持和帮助。可见，环境对于学生的学习有着不可忽视的重要的影响，而一个充满趣味的学习环境将更能帮助学生集中注意力、努力投入学习，并引发学生愉悦的情感。

参考李志河等的划分，我们可以把课堂学习环境分为以下几个方面：③（1）物理环境。物理环境是学习者顺利实施学习活动的前提和保障，其主要由教学开展的场所，场所中的基本设施，场所的温度、色彩、采光和隔音等组成。（2）资源环境。资源环境是学习者进行有意义学习的支架和桥梁，主要包括学习资料、相关的学习策略、多媒体、各种认知工具、虚拟技术和支持教学的技术等要素。（3）情感心理环境。情感心理环境主要包括学习者之间的关系、教学中的学习氛围和交流对话等要素。（4）社会文化环境。社会文化环境包括学习者、教师的信仰、思维模式和学习习惯等要素。下面我们主要从这几个方面来阐述如何创设一个充满趣味的课堂学习环境。

（一）创设真实的物理环境

"真实情境是与真实世界建立直接关联的各类条件的有机组合"，"它能为学习者直接呈现知识的应用场所或应然样态"。④ 一般来说，较之抽象化、无

---

① WOLF S J, FRASER B J. Learning Environment, Attitudes and Achievement among Middle-School Science Students Using Inquiry-based Laboratory Activities [J]. Research in Science Education，2007，Online First.

② 王美倩，郑旭东. 基于具身认知的学习环境及其进化机制：动力系统理论的视角[J]. 电化教育研究，2016（6）：54-60.

③ 李志河，李鹏媛，周娜娜，等. 具身认知学习环境设计：特征、要素、应用及发展趋势[J]. 远程教育杂志，2018（5）：81-90.

④ 钟柏昌，刘晓凡. 论具身学习环境：本质、构成与交互设计[J]. 开放教育研究，2022（5）：56-67.

形化的学习，真实情境中的境脉化、有形化学习更能使学生体会到学习的意义，因而也更能激发学生学习的兴趣。有研究认为，当学生感知到学习与自身的相关性后，他们会更可能体验到情境兴趣。其他学者的研究也揭示了这一点。例如，有学者认为，当学生感知到与自我意识的联系时，或者当他们将其与自己的生活联系起来时，或者当他们感知到与现实生活的联系时，就会使用"有意义"一词。社会建构主义学者肯尼斯·杰根（Gergan, J. K.）也从另外一个角度阐述了教学面向真实的现实世界的重要性。他认为，脱离真实世界情境的"学科知识"只是一套适用于应付学校的作业和考试的话语，教学只有面向"真实世界"，去讨论一些人们共同关心的现实问题，话语才能在真实问题的导向下被不断解释、重组和变化，焕发出语言的生命力。[1] 杜威也曾经说过："如果学校脱离校外环境中有效的教育条件，学校必然用拘泥书本和伪理智的精神替代社会的精神。……努力求得孤立的知识，和学习的目的是背道而驰的。……我们可能获得代数、拉丁文或植物学方面的专门能力，但是不能学到一种智慧，它指导这种能力达到有用的目的。"[2]

　　真实的物理环境在这里有两种含义，一是指自然真实的物理环境，一种是指通过技术手段创造的逼真的物理环境。在条件允许的情况下，应尽可能地将教学置于自然真实的物理环境中，以加深学生的体验，激发学生的学习兴趣。例如，对于西双版纳的学生来说，在学习"热带雨林"的相关知识时，较之于在教室通过课本学习，通过"走进热带雨林"实地学习会更有感触，也更能体会到学习的意义。在自然真实的物理环境中，要使教学产生有针对性的效果，就需要根据教学目标和教学内容对其进行精心的设计和安排。比如，就"热带雨林"来说，就有很多主题，有"热带雨林的鸟类""热带雨林的水质""热带雨林的植被"等等，其对应的教学目标和教学内容都是不同的。教师就要根据不同的教学目标和教学内容来选择合适的场地，并设计相

---

[1] GERGAN K J. Social Construction and the Educational Process [M]. New York：Routledge, 1995. 转引自刘徽. 中小学课堂学习环境的设计研究 [J]. 教育科学研究，2021（10）：90-94.

[2] ［美］约翰·杜威. 民主主义与教育 [M]. 王承绪，译，北京：人民教育出版社，1990：46-47.

应的学习活动。如对于"热带雨林的水质监测"这一主题，教师就可以设计"走访望天树雨林溪谷""学习基本水质指标的检测方法""当个小小'医生'，为雨林水质做个基础检测"等活动。

自然真实的物理环境能够帮助学习者获得"在场"的体验，形成对知识的深刻印象。但在许多情况下，囿于条件的限制，学习并不都能在这样一种环境下进行。此时，我们可以借助虚拟现实技术和系统仿真技术等，创设逼真的物理学习环境。杰罗姆·范梅里恩伯尔（Van Merriënboer，J.G.）认为学习环境有三种逼真度，分别是心理逼真度、功能逼真度和物理逼真度。其中物理逼真度指的就是学习环境与自然真实环境的耦合。心理逼真度指的是模拟情境与真实情境在学习者心理上的相似性。功能逼真度指的是模拟情境与真实情境在功能上的相似性。[1] 随着智能技术的快速发展和普及，我们可以借助其创设心理逼真度高和功能逼真度高的模拟情境，让学生获得身临其境的感觉，通过浸入式的体验和学习获得知识。比如，"就'心脏器官'这一学习主题而言，心脏的组织结构和工作原理属于学习重点。然而，由于现实条件限制，人体心脏在真实情境中难以被直接操控与观察，教师可以用虚拟模型表示和呈现此类认知对象"。[2]

（二）构建支持而又富有挑战的资源环境

对于学生来说，太难或太容易的学习内容都不能激起学生的学习兴趣。因此，一方面，教师应尽可能将其学习建立在学生熟悉的内容的基础上，或者在学生学习之前，为学生提供新内容的背景信息，以帮助学生更好地理解其被要求学习的内容。在学生遇到学习困难时，教师应通过特定的提示、巧妙的提问、相关资料的补充等为学生搭建学习的脚手架，帮助学生更好地学习。研究表明，反馈或脚手架，让学生知道如何有意义地参与到新内容中，

---

[1] [荷] 杰罗姆·范梅里恩伯尔，保罗·基尔希纳. 综合学习设计：第2版 [M]. 盛群力，陈丽，王文智，等，译. 福州：福建教育出版社，2015：52.
[2] 钟柏昌，刘晓凡. 论具身学习环境：本质、构成与交互设计 [J]. 开放教育研究，2022（5）：56-67.

可以让他们觉得有价值和回报，进而激发兴趣并为其持续发展提供支持。[1] 在兴趣发展的任何阶段，如果个人没有得到与学习内容建立有意义的联系所需的支持，那么学生的学习兴趣可能会停滞不前或下降。例如，当写作变得困难而学生又没有得到相关方面的任何支持时，学生对写作的兴趣就会慢慢消退而趋近于无。例如，有一位学生说到她对于写作的态度，她说她并不是一直不喜欢写作：在上中学时，我们开始分析事物，这变得越来越难了。她评论说老师并没有真正教她如何写作，而只是假设你知道怎么写。这无疑就阻碍了她发展起对写作的兴趣。克劳切等人发现，对于那些物理课程初学者来说，将他们以前学过的生命科学内容渗透到物理课程中，可以帮助他们与物理建立有意义的联系，从而激发其学习兴趣。那些在课程开始时对物理几乎没有兴趣，在传统课程中表现不佳的学生，通过在实验课程中引入生命科学的例子，兴趣被激发并保持了。在实验课程结束时，兴趣不太发达的学生的成绩与物理兴趣较发达的学生的成绩相似。[2] 这个例子也说明了为学生的学习提供有意义的学习支架的重要性。

同时，对于兴趣的发展来说，挑战的存在和增长知识的机会也至关重要。有学者认为兴趣的发展包括四个阶段，分别是触发情境兴趣、保持情境兴趣、产生个人兴趣和充分发展个人兴趣。[3] 这四个阶段描述了学习者学习兴趣发展和深化的过程。挑战的存在和增长知识的机会帮助学习者从对特定内容的情境兴趣发展为个人兴趣。例如，在以上例子中，对物理课程缺乏兴趣的学生，当把生命科学内容渗透进来时，原来所熟悉的内容就以一种新的方式对他们构成了挑战，从而触发了他们的情境兴趣。对于第一阶段和第二阶段的兴趣来说，挑战以及增长知识的机会大多是外在赋予或驱动的。而当人们发展起

---

[1] SCHRAW G, FLOWERDAY T, LEHMAN S. Increasing Situational Interest in the Classroom [J]. Educational Psychology Review, 2001, 13 (3): 211-224.

[2] RENNINGER K A, HIDI S E. Interest Development and Learning [M] //The Cambridge Handbook of Motivation and Learning. Cambridge: Cambridge University Press, 2019: 265-290.

[3] RENNINGER K A, HIDI S E. Interest Development and Learning [M] //The Cambridge Handbook of Motivation and Learning. Cambridge: Cambridge University Press, 2019: 265-290.

个人兴趣时，他们就开始发展起他们独立处理内容的能力。并开始独立地寻找关于他们感兴趣的内容的额外信息，并且为这样的寻找创造机会。因此，为了兴趣的发展，对于无论处在哪一兴趣发展阶段的学生来说，通过适当的知识增量或问题为学生构建一个富有挑战性的环境，是必要的，尤其是对已发展起个人兴趣的学生而言。这类学生通常会努力理解或扩展他们对特定知识或内容的思考。教师应通过为他们提供丰富的资源支持，帮助他们投入到建设性或创造性的学习之中。当然，为了让学生的兴趣持续发展，挑战应该是学习者能够认识到并自愿选择和独立参与的。持续参与的触发因素可能来自于与学科内容的联系、复杂问题的解决，或者与他们进行批判性思考的机会。尽管兴趣是通过任务和活动的结构，或通过与他人的互动而发展起来的，但任务的特征和互动的有效性似乎也取决于教育者对学习者所呈现的内容和知识等。

（三）建设"为了发展"的课堂学习文化

在我们的社会，目前普遍弥漫着一种教育焦虑。这种教育焦虑通过各种方式表现出来。最主要的表现方式还体现在家长和教师对学生考试成绩的过度关注上。为了提高考试成绩，许多家长不惜牺牲学生的休息时间，给孩子报各种各样的学科培训班。教师也不甘落后地给学生布置各科家庭作业，以填满其课后时间的每一个空隙。虽然中共中央办公厅、国务院办公厅在2021年印发了《关于进一步减轻义务教育阶段学生作业负担和校外培训负担的意见》，其初衷是有效减轻学生过重作业负担和校外培训负担，但从现在来看，这股风气并没有得到有效的扼制。有调查显示，在培训机构无法开课的情况下，依旧有不少家长选择购买线上学科辅导课程，或者将之前集中在周末的课程平摊于工作日。[1] 学科培训表面上得到了限制，但实际上只是变得更为隐蔽罢了，或打着艺术培训的幌子，或暗地里进行，不一而足。学生的课业负担依然很重。"一切为了考试"的社会文化风气弥漫在整个教育领域，挥之不去。

这种风气的形成，虽然有中国自科举制以来考试文化的积淀，但也与我

---

[1] 闫方洁. 消除"后双减时代"的教育焦虑 [N]. 社会科学报，2021-09-30（4）.

国目前社会发展有很大的关系。从近的角度看，我国优质教育资源的短缺以及分布的不均衡，导致并加剧了学校之间以及学生之间的畸形竞争。比如"中考分流"政策以及职业教育体系的极度不完善使得学生不得不过早加入"内卷"的怪圈。从远的角度看，我国目前正进入资源、环境、人口、贸易红利等消失的拐点，国内经济面临下行压力，生活成本普遍攀升，收入差距持续拉大，城乡及区域发展不平衡，就业竞争日趋白热化，用人门槛不断走高，这一系列问题也不断引发着教育领域新一轮的教育资源争夺战。

这样一种"一切为了考试"的社会文化风气，无疑是学生普遍缺乏学习兴趣和学习动力的主要原因。前已述及，只有当学生感受到学习与自身的相关性时，其才能产生学习的兴趣。哈瑞克威茨（Harackiewicz, J. M.）等指出，广泛的实验和纵向调查研究已经证明了价值相关信念的重要性，它被定义为感知有用性和与学生身份以及短期目标和长期目标的相关性。① 也就是说，当学生感到学习只是为了考试，而没有其他与自身相关的价值时，他们会失去学习的兴趣。学习也处于一种浅层次的状态。在课堂上，失去学习兴趣的学生打着哈欠，两眼无神，他们并不知道除了考试，学习还意味着什么。

因此，建设一种"为了发展"的课堂学习文化是必要的。这样的一种文化不再满足于"学习只是为了考试"的急功近利的目的，而能从学生的长远发展着眼，让学生感受到课程和学习的真正价值。正像杜威所说的，"我们探索教育目的时，并不要到教育过程以外去寻找一个目的，使教育服从这个目的"。② 事实上，我国教育目的和教育方针的制定，早就体现出教育要为了学生的全面发展，即教育要促进学生的德、智、体、美、劳等各方面的发展。中共中央国务院近些年发布的关于《全面加强新时代大中小学劳动教育的意见》《关于全面加强和改进新时代学校体育工作的意见》《关于全面加强和改进新时代学校美育工作的意见》等文件就显示了国家构建德智体美劳全面培

---

① HARACKIEWICZ J M, SMITH J L, PRINISKI, S J. Interest Matters: The Importance of Promoting Interest in Education. Policy Insights from the Behavioral and Brain Sciences, 2016, 3 (2): 220-227.

② [美] 约翰·杜威. 民主主义与教育 [M]. 王承绪, 译. 人民教育出版社, 1990: 46-47.

养的教育体系的决心。因此,"为了发展"也是我国教育的大方向和大目标。

"为了发展"的课堂学习文化有以下几方面的特征:第一,"全人"性。这就是说,教师能从全人的角度认识到学生并不是一个只剩下理智的学习的机器,而是一个有着情感的活生生的人。在教学中,教师不但关注学生知识的掌握,也能关注学生情感价值观等的发展,并且寓知识教学于兴趣、情感之中。强调在教学中学生积极情感的形成和生发。教师不但关注学生对知识的习得,还会更关注知识习得的方式和过程。第二,适应性和个性化。这就是说,教学是适应学生的,而不是让学生来适应教学,并且教学能满足学生个性化发展的需要。比如,教师需要思考如何把在学生看来相对抽象的道德与法治知识与其当前亟须解决的人生问题等联系起来。又比如,教师需要思考对于兴趣、需求不一的学生,如何为其提供个性化学习的机会。在这方面,借助目前先进的学习技术所提供的途径和方法,教师可以通过语境个性化等方式将教学任务与学生感兴趣的人物、对象和主题联系起来,从而实现教学的个性化。第三,选择性。教师能给予学生充分选择的机会。许多研究表明,选择可以增加兴趣和任务投入。大多数学生报告说,选择既增加了他们对活动的兴趣,也提高了他们对活动的参与度。选择对兴趣的积极影响可以由自我决定理论来解释。自我决定理论认为,人们对能力、归属感和自主性有一种天生的心理需求。选择通过满足自主的需要来增加自我决定的感觉。反过来,自我决定的增加会导致内在动机、兴趣和参与度的增加。选择给学生更大的责任感,从而增加他们学习的动力。对于教师来说,除了给予学生选择的机会以外,其还应帮助学生练习如何做出好的选择,并对学生做出的选择提供反馈,以提高学生做出好的选择的能力。第四,价值性。诸多研究表明,当学生意识到课程主题或学习的价值时,他们会产生更大的兴趣,学习更努力,表现更好,坚持更长时间。看到某一研究领域价值的学生会有更大的投入,更积极的任务态度,以及对该领域更大的认同。[①] 学习的价值包括内在价值(个人从完成任务中获得的享受)、成就价值(做好一项任务的个人重要

[①] HARACKIEWICZ J M, SMITH J L, PRINISKI, S J. Interest Matters: The Importance of Promoting Interest in Education. Policy Insights from the Behavioral and Brain Sciences,2016,3(2):220-227.

性）和效用价值（该任务对个人当前和未来目标的有用性或相关性）。在教学中，教师要帮助学生以自己的方式在知识学习与他们的生活之间建立联系，把知识学习与其人生的短期目标和长远目标相互关联起来，帮助他们欣赏知识的价值，并促进更深层次的参与。例如教师可以要求学生反思他们所学的东西在生活中的用处和价值，或者通过任务式学习、问题式学习等方式让学生体会到其实际用处和价值，等等。在学生认识到知识的效用价值的基础上，再通过深层次参与等的促进，让学生逐步感受到其成就价值和内在价值，或者说其为个人发展所带来的变化。

二、构建"行动识知"学习方式

学习方式是学生在学习过程中，为达到某种学习目标而采取的作用于特定学习内容（对象、客体）的具体路径。它所涉及的主要问题是：为实现特定的学习目标，学习者应如何与学习对象建立联系并对之进行作用。学习方式包括学习方法、学习形式以及学习过程等，它们的组合构成了一定的学习方式。学习方式直接决定了学生的学习效果。

上有述及，多年来，由于人们对教育（学习）的目的以及学习本身的错误看法，学生的学习大多处于一种"静听式学习"的状态。理论与实践、认知与行动、身体与心灵等被割裂开来。从认识论的根源来看，这实际上正是杜威所谓的"旁观者"认识论的体现。旁观者认识论将心灵与实在二分对立，视心灵为镜子，是"看到"实在的特殊工具。实在并不受心灵所影响。认知的职能在于发现先在的实体。这样的认识论强调心灵对实在的"静观"和"映射"，排除了行动在认知中的作用。"只有确定的事物才内在地属于知识与科学所固有的对象。如果产生一种事物时我们也参与在内，那么，我们就不能真正认知这种事物，因为它是跟随在我们的动作之后的而不是存在于我们的动作之前的。凡涉及行动的东西乃属于一种单纯猜测与盖然的范围，不同于具有理性保证的实证，只有后者才是真正知识的理想。"[①] 在这种认识论指

---

① ［美］约翰·杜威. 确定性的寻求：关于知行关系的研究 [M]. 傅统先，译. 上海：上海世纪出版集团，2005：15.

导下，学习的职能被看作接收这些发现先在实体的知识，而不是运用知识素材去解决实际情境中的问题，学生纯粹变成了知识的搬运工。事实上，这样的学习方式并不能让学生有效地获得知识，也无法激起学生对于学习的兴趣。

杜威的经验认识论将经验、行动引入认识论。他认为，认识其实就发生在人类作为参与者而非旁观者与其环境无限的相互作用中。知识不仅仅是资源，而且是行动、介入、操作和塑造。在这个意义上，"知识"就是"识知"。杜威指出，求得最健全可靠之知识的现实程序把认识和行动结合起来，"要获得所谓科学的知识，就要使认知和行动明显地互相发生作用"。[①] 他说："知识是要探索我们的生活世界，我们所经验的世界，而不是企图通过理智逃避到一个高级的境界之中去。实验知识是一种行动的方式，而且像一切行动一样，是发生在一定的时间、一定的空间和在一定的条件之下，与一定的问题联系着的。"[②] 基于此认识论，杜威及其追随者对教室里静听式的学习给予了猛烈的抨击，并强调"行动""活动""工作"等在知识学习中的重要性。构建一种"行动识知"学习方式是必要的。以下我们对其进行具体阐述。

（一）寓认知于行动

在经验认识论看来，认知的对象与其说是对象，不如说是素材。素材与对象的区别在于："素材是指还需要进一步解释的题材；是一些还需要加以思考的东西。对象是最后的东西；它们是完备的、已完成的；思考它们只是对它们加以界说、分类，进行逻辑上的安排，进行三段论式的推论等等。但是素材是指'运用的材料'；它们是征兆、证据、标志，某些尚未达到的事物的线索；它们是中间的而不是最后的；是手段而不是终极的事物。"[③] 于是，一切一般性的概念（观念、理论、思想）都是假设性的。它们是必须用它们所界说和指导的操作所产生的后果来加以检验的。或者说，它们的最后价值并

---

① ［美］约翰·杜威. 确定性的寻求：关于知行关系的研究［M］. 傅统先，译. 上海：上海世纪出版集团，2005：59.
② ［美］约翰·杜威. 确定性的寻求：关于知行关系的研究［M］. 傅统先，译. 上海：上海世纪出版集团，2005：77.
③ ［美］约翰·杜威. 确定性的寻求：关于知行关系的研究［M］. 傅统先，译. 上海：上海世纪出版集团，2005：74.

不是受它们内在的精密性和连贯性所决定的（虽然这种精密性和连贯性也是必不可少的），而是受它们对感知上所经验到的存在物所产生的后果所决定的。正如杜威所说的，"认知的价值在于改变先在事物后所产生的后果"。①"除非把观念变成行动，以某种方式或多或少整理和改造我们所生活的世界，否则，从理智上讲来，观念是没有什么价值的。"②从教学上看，这就是说，我们需要把学生所要学习的知识看作是一种假设、一种为行动所提供的条件，而不是最后所完备的东西。对于学生来说，认知也就在于利用知识并通过行动来改变外在事物及其本身。

认知是一种行动。认知是一种改变先在事物以获得某种结果的动作。行动有两种：一种是漫无目的或少有预见的行动；一种则是有目的的智慧的行动。这里指的是后一种行动。在杜威这里，有目的的智慧的行动实质上是一种实验实践，是一种有意进行的并注意把实验的材料和实验的结果联系起来的操作，通过它，自然存在物的意义得以揭示出来，也通过它，其意义变得越来越丰富。或者说，这种行动是一种反省性的行动。其中，学习者或研究者利用理论作为指导进一步观察或实践的手段而又以观察或实践的结果来检验所运用的观念与理论是否适合应用。因此说，"认知的目的是前瞻的和会产生事后结果的；知识是推论性的或反省性的操作重新处理事先存在事物的结果"③。杜威指出，知与行统一在经验里。他说："不能'藐视'经验在认识中或在道德中所具有的为根本重要观念所提供根源和进行验证的能力。"④"从我们根据观念的操作性来替观念下定义和找验证的观点看来，观念是具有经验根源和经验身份的。就'行动'一词字面上和存在上的意义而论，观念就是

---

① ［美］约翰·杜威. 确定性的寻求：关于知行关系的研究［M］. 傅统先，译. 上海：上海世纪出版集团，2005：189.
② ［美］约翰·杜威. 确定性的寻求：关于知行关系的研究［M］. 傅统先，译. 上海：上海世纪出版集团，2005：105.
③ ［美］约翰·杜威. 确定性的寻求：关于知行关系的研究［M］. 傅统先，译. 上海：上海世纪出版集团，2005：137.
④ ［美］约翰·杜威. 确定性的寻求：关于知行关系的研究［M］. 傅统先，译. 上海：上海世纪出版集团，2005：84.

所实行的行动,就是去做一些事情,而不是接受从外面强加在我们身上的感觉。"① 通过在经验中行动,我们推动着经验的进一步发展。同时,作为思维影响下所产生的结果,在这种经验的进程中我们所知觉、所利用和所享有的对象获得了它们的意义,而且这种意义愈来愈丰富。

　　从经验认识论的视角,反观目前教学中学生的学习方式,从一定意义上来讲,其要么犯了感觉主义的错误,要么陷入纯粹理性主义的泥沼。从哲学上看,感觉主义和纯粹理性主义是两种不同的关于知识性质以及知识来源的主张。感觉主义强调在认知的过程中感觉的重要性,但并不承认心灵对感觉的参与和干涉。纯粹理性主义则强调观念是脱离一切经验的,是依靠理性而形成的。总结起来说,感觉主义与纯粹理性主义争论的焦点在于最后知识的来源与验证到底是知觉与感觉,还是理性与概念。因而不论是感觉主义还是纯粹理性主义,都把感觉与思想、欲望与理性等割裂开来。例如,康德从其先验理性主义观点出发,就认为"感觉和思想是彼此独立存在的,而它们是一劳永逸地在神秘的心灵深处经过一种隐蔽的手段联系起来的。……感觉材料是得自外来的印象,而具有联系性的概念则是在悟性以内所提供的"②。这样的两种把感觉与思想、欲望与理性、知与行等割裂开来的观点,反映在学生的学习方式上,形成了以下顽固症结。第一,从纯粹理性主义的立场,将认知与感官、经验以及情境分离,将学习变成一种"静听式"的学习,这种学习是一种"心智至上"的机械式学习。这种学习又在"一切为了考试"的学习目的指引下,逐渐把学生变成学习机器,最终使其"见知识不见人"。第二,从感觉经验主义的立场出发,将理性、反省思维等从身体活动中抽离出来,把学习变成一种肤浅的感觉和体验。很显然,这两种学习方式都是不可取的。前已述及,如果缺乏一定的持续的认知挑战,学生是不会产生学习兴趣的。从"行动识知"学习方式来看,学习就是一种有指导的活动,一方面,这种有指导的活动"无论从起源上和从后果上讲来,所涉及的事物都只能是

---

　　① [美] 约翰·杜威. 确定性的寻求:关于知行关系的研究 [M]. 傅统先,译. 上海:上海世纪出版集团,2005:85—86.
　　② [美] 约翰·杜威. 确定性的寻求:关于知行关系的研究 [M]. 傅统先,译. 上海:上海世纪出版集团,2005:131.

我们所直接知觉和享有的东西",另一方面,在这种有指导的活动中,"感觉和思想的差别产生于反省探究的过程以内而这两者是借助于在外表上采取行动的操作而结合起来的"。①

(二)开展基于问题的教学

在"静听式"学习方式之下,人们谈论认知的时候,总认为知识是可以通过"静听"的方式为心灵所吸收,而把认知的过程同解决问题情境的操作孤立开来。他们认为,在认知中心理状态和心理动作的特性是可以孤立地确定的——是可以脱离解决模糊不定的情境的外表动作单独描述的。在经验认识论那里,任何事物之所以被称为知识或被认知的对象,都是因为它标志着有一个要解答的问题,要处理的困难,要澄清的混乱,要融贯化的矛盾,要控制的烦难。"知识作为行动,就是考虑我们自己和我们生活的世界之间的联系,调动我们一部分心理倾向,以解决一个令人困惑的问题。"②杜威还指出:"不注意问题本身而爱好思考的人是没有的;不'爱好思考'而在理智上有所施展的人也是没有的。当一个人注意到问题的时候,这就意味着,单纯机体上的好奇心(那种多管闲事的不稳定的性向)转变而成为一种真正理智上的好奇心,使人不至于急于下结论,诱导他主动地去寻求新的事实和新的观念。只采取怀疑的态度而没有这种探求活动的怀疑论便和独断论一样只是一种个人情绪上的放纵。"③ 认知或者说思维就是在有意指导下从有问题的情境向安全可靠或者说解决了问题情境实际过渡的过程。这其实就对关于心灵和心的认识器官进行了重新界定。与传统的理论断绝了心灵及其器官和自然界的连续性不同的是,经验认识论强调了思维活动和脑的关联性,进而强调了认知或思维活动并非是由内在发起的,而是由外在事物经过人的感觉和知觉而引发的一种解决问题的过程。

---

① [美]约翰·杜威. 确定性的寻求:关于知行关系的研究[M]. 傅统先,译. 上海:上海世纪出版集团,2005:131.
② [美]约翰·杜威. 民主主义与教育[M]. 王承绪,译. 北京:人民教育出版社,2001:363.
③ [美]约翰·杜威. 确定性的寻求:关于知行关系的研究[M]. 傅统先,译. 上海:上海世纪出版集团,2005:175.

基于这种认识，我们认为，"行动识知"学习方式实际上就是一种基于问题的学习方式。学生从变动的情境中察觉到问题，并通过对问题的了解（陈述）和解决进行学习。在这个过程中，学生排除掉疑难不定的情况，从有问题的状态转变到确定的状态；从内部不连续的情况转变到首尾一贯的和有组织的情况。基于问题的学习把学生的学习置于一个真实的问题情境中，这样的一个真实情境往往就是学生所生活、遭遇、行动和享有的"常识"世界。正如天文学家、化学家、植物学家等都是"从熟悉的日月星辰、从酸盐金属、从树木苔苗着手的"① 一样，学生的学习也都是从粗糙的、未经分析的经验材料着手开展学习的。一般来说，基于问题的学习有两条相互交织的重要线索：其一是问题的解决过程，这个过程大致遵循着界定问题、分析问题、形成假设、检验假设和修正假设这样的程序；其二是由此带来的求知活动，在问题解决的过程中学生不断体察到自身的认知空白和缺陷而形成新的学习议题，从而通过寻求帮助、自主学习等方式填补这些认知空白和缺陷，在解决问题的过程中也获得了自身认知结构的改变和调整。

大量的研究表明，基于问题的学习更能增强学生的学习动机、激发学生的学习兴趣、提升学生的思维品质以及自主学习的能力。如在 1993 年，有研究者专门对在 1972—1992 年间留存的 100 多份关于问题式学习的评估报告进行元分析与再评估。发现采用问题式学习所培养的学生有以下优点：（1）在临床科学的测试中成绩较好；（2）思维品质得到提升；（3）研究行为得到增强：学生采用多样化的有意义的学习方式、更注重概念化学习、更高的图书馆使用率；（4）学习氛围得到改善：更为积极的学习、更高的满意度、更低的紧张度、更低的弃学率；等等。② 有研究者采用元分析方法对国内外 2000 年至 2020 年有关问题式学习影响学生问题解决能力的实验和准实验研究文献进行量化分析，结果发现问题式学习对学生问题解决能力具有中等偏上的正

---

① ［美］约翰·杜威. 确定性的寻求：关于知行关系的研究［M］. 傅统先，译. 上海：上海世纪出版集团，2005：131.
② 转引自连莲. 国外问题式学习教学模式述评［J］. 福建师范大学学报（哲学社会科学版），2013（4）：126-133.

向积极影响。① 从兴趣理论的角度来看，哈瑞克威茨等认为，基于问题的学习提供了一个可以触发和维持情境兴趣的学习环境。首先，呈现给学生的问题突出了解决问题所需的关键知识的缺乏，这可能会引发情境兴趣。其次，寻找问题的答案会激发好奇心，自我产生问题，可以促进更深层次的兴趣发展，同时要求学生获取和组织有关主题的新知识，这既可以促进兴趣，也可以促进学习。建立在自身基础上并不断引导学生提出额外问题的复杂问题可以反复触发情境兴趣。②

虽然如此，基于问题的学习往往在现实中受到或大或小的阻力，如受限于硬件设施、师资水平、学生的惰性等等。比如从师资水平来看，基于问题的学习要求教师在其中充当着引导者、促进者的角色。其首先要求教师能够设计出很好的、结构不良的、能触发学生认知冲突的问题；其次，还要求教师在学生解决问题的过程中不断提供反馈和引导，以一位智者的身份不断地通过提问把"学生引导到问题空间的关键侧面，从而更好地利用问题所提供的学习机会"③；再次，教师还需要在学生合作的活动中充当协调者和鼓励者的角色，提高学生在合作学习中的参与度和参与水平；等等。当然，这些问题都不是不可解决的。例如，当教师的专业水平提升时，教师自然能很好扮演其在基于问题的教学中的角色。因此，要顺利地开展基于问题的教学，最重要的还在于改变当前"一切为了考试"的学校文化或教学文化，而涵养起一种"为了发展"的学校文化或教学文化上来。

（三）从知识的纯粹消费者到知识的生产性消费者

传统的知识观和学习观认为，知识就是揭示了事物本质的真理，学习是学生获得这些真理等的过程，心灵只是填充知识的容器，学生也只是知识的纯粹消费者，而与生产和创造知识无缘。但是，经验认识论扭转了这样的认

---

① 王鹤瑾，曹蕾，何明召. 问题式学习对学生问题解决能力的影响：基于国内外34项研究的元分析［J］. 开放教育研究，2021（5）：91-98.

② HARACKIEWICZ J M, SMITH J L, PRINISKI, S J. Interest Matters: The Importance of Promoting Interest in Education［J］. Policy Insights from the Behavioral and Brain Sciences, 2016, 3（2）：220-227.

③ 张建伟. 基于问题式学习［J］. 教育研究与实验，2000（3）：55-60，73.

识，其认为知识只是人们用以探索其生活世界或者说其所经验的世界的一种工具。借由这些工具，人们去解决经验世界中所存在的问题，去处理其中的矛盾和烦难。正如杜威所说，"一切一般性的概念（观念、理论、思想）都是假设性的"，"人们借助于这个假设的体系可以在理智上和在实际上更加自由地、更加可靠地和更加有意义地和自然界沟通起来"，因此，"观念、思想所具有的主动的和富于创造性的特性是很明显的"。[①] 人的思想具有建设性的职能体现在人们通过理智性的思考指导行动或操作，通过一些有预示性的计划或设计来使事物存在的条件得到改造，进而揭示出事物内部以及事物之间的矛盾和关系。在这个过程中，原有的概念和原理等得到验证，并且当它们显示出它们的弱点和缺陷时，人们也借由这个过程形成新的概念和原理，并对原有的概念和原理等进行改造。因此，从这个角度来看，创造知识并不是专家学者的特权，所有的学习者都可以成为知识的生产者和创造者。

具体来说，学生的获得知识和创造知识，经历了一个内化、外化和社会化的过程。首先，知识的内化。知识的内化是指学生在学习过程中对人们业已创造的知识进行学习，并通过皮亚杰所谓的"同化""顺应"的过程对新知识进行接纳。同化即学生把一种低位概念通过概括纳入高位概念的结构中，使高位概念结构得到充分发展。"顺应"是指当新的知识不能通过以上方式纳入到学生的已有认知结构时，其会改变或调整原有的认知结构。"正是由于同化、顺应的结果，使主体在生活及学习活动中取得的经验不断得到概括化和系统化。"[②] 其次，知识的外化。知识的外化是指学生运用已有的知识去解决一定情境中的问题，在"行动识知"中，他（她）运用它们对问题情境中的事物开展一系列的操作或行动，"由于界说思想的操作在经验对象上所产生的结果，这些经验对象便把它们和那些为思维所揭示出来的其他事物的关系吸收进去，当作是它自己所含蓄的意义的一部分"。[③] 由此，学生的知识或思想

[①] ［美］约翰·杜威. 确定性的寻求：关于知行关系的研究 [M]. 傅统先，译. 上海：上海世纪出版集团，2005：126-127.

[②] 王策三. 教学认识论 [M]. 北京：北京师范大学出版社，2002：153.

[③] ［美］约翰·杜威. 确定性的寻求：关于知行关系的研究 [M]. 傅统先，译. 上海：上海世纪出版集团，2005：127.

和观念得以外在化。它们赋予事物以意义。最后，知识的社会化。如前所述，当学生所利用的原有的概念与原理存在着一定的缺陷时，在教师的引导下，学生对旧的概念与概念系统进行改造，从而产生新的知识。还有一种情况是，学生在解决问题的过程中，获得某种启示，从而生产新的知识。当新的知识分享于公众时，其就获得了它的社会性。

因此，如果说"当一件事物（或任何事物）是某种兴趣（任何兴趣）的对象时，这件事物在原初的和一般的意义上便具有价值，或是有价值的。或者说，是兴趣对象的任何东西事实上都是有价值的"①，那么，凭借着兴趣，学生在将知识内化、外化以及社会化的过程中，也在实现着课程知识的价值。这样的知识价值体现在它给学生所带来的精神享受以及对学生的精神活动能力的提升上。这样的价值不仅仅体现在我们一般认为的结果上，也体现在知识的学习过程之中，抑或说，这样的一种学习结果是经由愉悦的学习过程而必然带来的。如前所述，人天生便有一种求知的兴趣。因此，从某种程度上来说获得知识本身就是人的目的或兴趣所在，从这个意义上来说，知识是具有精神享受价值的。"人们对精神财富的占有和享用，满足各种精神需要的本身，如求知得知、艺术鉴赏，道德心理上的充实，人们之间情感的沟通和表现，理性思维的完整、清晰和自洽，权力和利益的实现，快感体验等，是人在精神上的一种自我实现和确证。这一类可以叫作精神上的生活或享受价值。"②但对学生来说，知识的价值还远不止此。获得的知识及其方法，只有不断积淀为学生的精神能力，如感受能力、理解能力、解决问题的能力等，以此满足学生的不断发展的兴趣，才算是真正有价值的知识。因此，学生的精神活动能力的不断提高，比获得知识本身具有更深远的意义。毕竟精神能力是"人类进行一切实践活动、创造一切价值的根本性条件"。③与精神的生产价值比起来，知识对求知兴趣的满足往往是"短暂的、局部的、相对的"。

---

① [美] R.B.培里,等. 价值和评价：现代英美价值论集粹 [M]. 刘继,编选. 北京：中国人民大学出版社，1989：44.

② 李德顺. 价值论：一种主体性的研究 [M]. 3版. 北京：中国人民大学出版社，2013：90.

③ 李德顺. 价值论：一种主体性的研究 [M]. 3版. 北京：中国人民大学出版社，2013：91.

而学生对"知识的不断发展,旧知识的不断突破",继而由此所带来的自身的发展,以及通过其发展所带来的社会的发展,才具有"更持久、更全面、更绝对的意义"。①

---

① 李德顺. 价值论:一种主体性的研究[M]. 3版. 北京:中国人民大学出版社,2013:91.

参考文献

【著作文集类】

[1][澳]W. F. 康纳尔. 二十世纪世界教育史[M]. 孟湘砥,胡若愚,主译. 长沙,湖南教育出版社,1991.

[2][比]汉玛宜. 比利时德可尔利的新教育法[M]. 崔载阳,译. 上海:中华书局,1932.

[3][德]恩斯特·卡西尔. 人论[M]. 甘阳,译. 上海:上海译文出版社,2003.

[4][德]哈贝马斯. 认识与兴趣[M]. 郭官义,李黎,译. 上海:学林出版社,1999.

[5][德]哈贝马斯. 作为"意识形态"的技术与科学[M]. 李黎,郭官义,译. 上海:学林出版社,1999.

[6][德]胡塞尔. 欧洲科学危机和超验现象学[M]. 张庆熊,译. 上海:上海译文出版社,1988.

[7][德]李凯尔特. 文化科学与自然科学[M]. 涂纪亮,译. 北京:商务印书馆,1986.

[8][德]鲁道夫·奥伊肯. 生活的意义与价值[M]. 万以,译. 上海:上海译文出版社,1997.

[9][德]马克思,恩格斯. 马克思恩格斯选集:第1卷. 北京:人民出版社,1995.

[10][德]马克斯·舍勒. 知识社会学问题[M]. 艾彦,译. 北京:华夏出版社,2000.

[11][德]维莱娜·卡斯特. 无聊与兴趣[M]. 晏松,译. 上海:上海

人民出版社，2003.

[12][德]雅斯贝尔斯. 什么是教育[M]. 邹进，译. 北京：生活·读书·新知三联书店，1991.

[13][德]马克思. 马克思 1844 年经济学哲学手稿[M]. 北京：人民出版社，1985.

[14][德]赫尔巴特. 普遍教育学. 教育学讲授纲要[M]. 李其龙，译. 杭州：浙江教育出版社，2002.

[15][法]让-弗朗索瓦·利奥塔. 后现代状况：关于知识的报告[M]. 岛子，译. 长沙：湖南美术出版社，1996.

[16][荷]杰罗姆·范梅里恩伯尔，保罗·基尔希纳. 综合学习设计：第 2 版[M]. 盛群力，陈丽，王文智，等，译. 福州：福建教育出版社，2015.

[17][美]R. B. 培里，等. 价值和评价：现代英美价值论集粹[M]. 刘继，编选. 北京：中国人民大学出版社，1989.

[18][美]迈克尔·W. 阿普尔. 意识形态与课程[M]. 黄忠敬，译. 上海：华东师范大学出版社，2001.

[19][美]莱斯利·P. 斯特弗，等. 教育中的建构主义[M]. 高文，等，译. 上海：华东师范大学出版社，2002.

[20][美]理查·罗蒂. 后哲学文化[M]. 黄勇，译. 上海：上海译文出版社，2004.

[21][美]理查德·J. 伯恩斯坦. 超越客观主义与相对主义[M]. 郭小平，等，译. 北京：光明日报出版社，1992.

[22][美]罗伯特·梅逊. 西方当代教育理论[M]. 陆有铨，译. 北京：文化教育出版社，1984.

[23][美]培里. 现代哲学倾向[M]. 傅统先，译. 北京：商务印书馆，1962.

[24][美]梯利，伍德. 西方哲学史[M]. 葛力，译. 北京：商务印书馆，2005.

[25][美]派纳，等. 理解课程：历史与当代课程话语研究导论[M].

张华,等,译. 北京:教育科学出版社,2003.

[26] [美] 约翰·杜威. 民主主义与教育 [M]. 王承绪,译. 北京:人民教育出版社,2001.

[27] [美] 约翰·杜威. 学校与社会·明日之学校 [M]. 赵祥麟,等,译. 北京:人民教育出版社,1994.

[28] [美] 约翰·杜威. 我们怎样思维. 经验与教育 [M]. 姜文闵,译. 北京:人民教育出版社,1991.

[29] [美] 约翰·杜威. 确定性的寻求:关于知行关系的研究 [M]. 傅统先,译. 上海:上海世纪出版集团,2005.

[30] [美] 丹尼尔·坦纳,劳雷尔·坦纳. 学校课程史 [M]. 崔允漷,等,译. 北京:教育科学出版社,2006.

[31] [美] 劳伦斯·阿瑟·克雷明. 学校的变革 [M]. 单中惠,马晓斌,译. 济南:山东教育出版社,2013.

[32] [美] 桑代克,盖兹. 教育之基本原理 [M]. 宋桂煌,译. 上海:商务印书馆,1934.

[33] [美] 拉尔夫·泰勒. 课程与教学的基本原理 [M]. 施良方,译. 北京:人民教育出版社,1994.

[34] [美] 保罗·西尔维亚. 兴趣心理学探索 [M]. 刘聪慧,译. 北京:人民教育出版社,2018.

[35] [意] 维柯. 新科学 [M]. 朱光潜,译. 北京:人民文学出版社,1986.

[36] [英] J.D. 贝尔纳. 科学的社会功能 [M]. 陈体芳,译. 上海:上海人民出版社,1982.

[37] [英] 博伊德,金. 西方教育史 [M]. 任宝祥,吴元训,主译. 北京:人民教育出版社,1985.

[38] [英] 特里·伊格尔顿. 后现代主义的幻象 [M]. 华明,译. 北京:商务印书馆,2002.

[39] [英] 伊丽莎白·劳伦斯. 现代教育的起源和发展 [M]. 纪晓林,译. 北京:北京语言学院出版社,1992.

［40］［英］柏特兰·罗素. 教育与美好生活［M］. 杨汉麟，译. 石家庄：河北人民出版社，1999.

［41］［英］麦克·F.D. 扬. 知识与控制：教育社会学新探［M］. 谢维和，朱旭东，译. 上海：华东师范大学出版社，2002.

［42］［英］斯宾塞. 斯宾塞教育论著选［M］. 胡毅，王承绪，译. 北京：人民教育出版社，2004.

［43］［英］赫胥黎. 科学与教育［M］. 单中惠，平波，译. 北京：人民教育出版社，1990.

［44］［英］A. N. 怀特海. 科学与近代世界［M］. 何钦，译. 北京：商务印书馆，1959.

［45］［英］迈克尔·波兰尼. 个人知识：迈向后批判哲学［M］. 许泽民，译. 贵阳：贵州人民出版社，2000.

［46］李文阁. 回归现实生活世界：哲学视野的根本置换［M］. 北京：中国社会科学出版社，2002.

［47］石中英. 知识转型与教育改革［M］. 北京：教育科学出版社，2001.

［48］洪成文. 现代课程知识论［M］. 太原：山西教育出版社，2004.

［49］郭晓明. 课程知识与个体精神自由：课程知识问题的哲学审思［M］. 北京：教育科学出版社，2005.

［50］孙培青. 中国教育史［M］. 上海：华东师范大学出版社，2000.

［51］王本陆. 课程与教学论［M］. 北京：高等教育出版社，2004.

［52］张华. 课程与教学论［M］. 上海：上海教育出版社，2000.

［53］张传燧. 中国教学论史纲［M］. 长沙：湖南教育出版社，1999.

［54］包亚明. 权力的眼睛：福柯访谈录［M］. 上海：上海人民出版社，1997.

［55］陈学恂. 中国近代教育文选［M］. 北京：人民教育出版社，1983.

［56］高清海. 高清海哲学文存：第1卷［M］. 长春：吉林人民出版社，1997.

［57］张法琨. 古希腊教育论著选［M］. 北京：人民教育出版社，1994.

[58] 高时良. 学记评注 [M]. 北京：人民教育出版社，1983.

[59] 韩震. 西方历史哲学导论 [M]. 济南：山东人民出版社，1992.

[60] 洪汉鼎. 理解的真理：解读伽达默尔《真理与方法》[M]. 济南：山东人民出版社，2001.

[61] 华东师范大学教育系，杭州大学教育系. 现代西方资产阶级教育思想流派论著选 [M]. 北京：人民教育出版社，1980.

[62] 张焕庭. 西方资产阶级教育论著选 [M]. 北京：人民教育出版社，1979.

[63] 国家教育发展研究中心. 发达国家教育改革的动向和趋势（第四集）[M]. 北京：人民教育出版社，1992.

[64] 施良方，唐晓杰. 教育学文集·智育 [M]. 北京：人民教育出版社，1993.

[65] 瞿葆奎. 教育学文集·教学：中 [M]. 北京：人民教育出版社，1988.

[66] 李德顺. 价值论：一种主体性的研究 [M]. 3版. 北京：中国人民大学出版社，2013.

[67] 李江凌. 价值与兴趣：培里价值本质论研究 [M]. 北京：中国社会科学出版社，2004.

[68] 李连科. 价值哲学引论 [M]. 北京：商务印书馆，1999.

[69] 李鹏程. 当代文化哲学沉思 [M]. 北京：人民出版社，1994.

[70] 联合国教科文组织国际教育发展委员会. 学会生存 [M]. 华东师范大学比较教育研究所，译. 北京：教育科学出版社，1996.

[71] 江畅. 现代西方价值哲学 [M]. 武汉：湖北人民出版社，2003.

[72] 刘德华. "点击"学校课程：走在十字路口的科学教育 [M]. 福州：福建教育出版社，2001.

[73] 刘进田. 文化哲学导论 [M]. 北京：法律出版社，1999.

[74] 刘述先. 文化哲学 [M]. 哈尔滨：黑龙江教育出版社，1988.

[75] 吕达. 课程史论 [M]. 北京：人民教育出版社，1999.

[76] 莫雷. 教育心理学 [M]. 广州：广东高等教育出版社，2002.

[77] 陆亚松，李一平. 教育学文集·课程与教材 [M]. 北京：人民教育出版社，1988.

[78] 全国十二所重点师范大学. 教育学基础 [M]. 北京：教育科学出版社，2002.

[79] 施良方. 课程理论：课程的基础、原理与问题 [M]. 北京：教育科学出版社，1996.

[80] 司马云杰. 文化价值论：关于文化建构价值意识的学说 [M]. 西安：陕西人民出版社，2003.

[81] 王策三. 教学认识论 [M]. 北京：北京师范大学出版社，2002.

[82] 王荣生. 语文科课程论基础 [M]. 上海：上海教育出版社，2003.

[83] 王维国. 论知识的公共性维度 [M]. 北京：中国社会科学出版社，2003.

[84] 王玉樑. 21世纪价值哲学：从自发到自觉 [M]. 北京：人民出版社，2006.

[85] 王玉樑. 当代中国价值哲学 [M]. 北京：人民出版社，2004.

[86] 颜元. 颜元集 [M]. 北京：中华书局，1987.

[87] 余丽嫦. 培根及其哲学 [M]. 北京：人民出版社，1987.

[88] 钟启泉，等. 为了中华民族的复兴　为了每位学生的发展：《基础教育课程改革纲要（试行）》解读 [M]. 上海：华东师范大学出版社，2001.

[89] 朱慕菊. 走进新课程：与课程实施者对话 [M]. 北京：北京师范大学出版社，2002.

[90] 张君劢，丁文江，等. 科学与人生观 [M]. 济南：山东人民出版社，1998.

[91] 金忠明，周辉. 如何走出厌学的误区 [M]. 上海：华东师范大学出版社，2007.

[92] 何萍. 马克思主义哲学与文化哲学 [M]. 武汉：武汉大学出版社，2002.

[93] 夏之莲. 外国教育发展史料选粹 [M]. 北京：北京师范大学出版社，2001.

[94] 魏源. 魏源集 [M]. 北京：中华书局，1976.

[95] 丁钢. 中国教育：研究与评论 [M]. 北京：教育科学出版社，2001.

[96] 吴国盛. 科学的历程 [M]. 长沙：湖南科学技术出版社，1997.

[97] 王希尧. 人本教育学 [M]. 成都：四川教育出版社，1999.

[98] 学习科学大辞典编委会. 学习科学大辞典 [M]. 北京：新华出版社，1998.

[99] 陈友松. 当代西方教育哲学 [M]. 北京：教育科学出版社，1982.

[100] 张斌贤，褚宏启，等. 西方教育思想史 [M]. 成都：四川教育出版社，1994.

[101] 北京市基础教育课程教材改革实验工作领导小组，北京教育科学研究院基础教育课程教材发展研究中心. 北京市基础教育课程建设优秀成果选辑（一）[G]. 北京：中国劳动社会保障出版社，2011.

[102] 石鸥. 教科书概论 [M]. 广州：广东教育出版社，2019.

[103] 潘新民，王永红. 小学课程与教学论 [M]. 北京：北京师范大学出版社，2022.

[104] 中华人民共和国教育部. 义务教育历史课程标准（2022年版）[S]. 北京：北京师范大学出版社，2022.

[105] 石鸥，张增田. 教科书评论2020 [M]. 北京：首都师范大学出版社，2021.

[106] 课程教材研究所世纪中国中小学课程标准·教学大纲汇编：数学卷 [G]. 北京：人民教育出版社，2001.

[107] 中华人民共和国教育部. 普通高中数学课程标准（2017年版）[S]. 北京：人民教育出版社，2018.

[108] 中华人民共和国教育部. 普通高中历史课程标准（实验）[S]. 北京：人民教育出版社，2003.

【论文报道类】

[1] 周敏. 聚焦"语文知识教学"：什么样的语文知识最有价值？[J].

湖南教育，2006（2）：11-12.

[2] 周志平. 重考知识的性质：一种教育学的视角 [J]. 教育理论与实践，2005（10）：1-5.

[3] 郭元祥. "回归生活世界"的教学意蕴 [J]. 全球教育展望，2005（9）：32-37.

[4] 郭元祥. 新课程背景下课程知识观的转向 [J]. 全球教育展望，2005（4）：15-20.

[5] 郭元祥. 论课程知识选择的主客体尺度 [J]. 华东师范大学学报（教育科学版），1990（4）：47-55.

[6] 彭泽平. 我国新课程改革的价值转型及其知识论与人学根源 [J]. 华东师范大学学报（教育科学版），2005（2）：20-27，35.

[7] 钟启泉. 中国课程改革：挑战与反思 [J]. 比较教育研究，2005（12）：18-23.

[8] 钟启泉. "学校知识"的特征：理论知识与体验知识：日本学者安彦忠彦教授访谈 [J]. 全球教育展望，2005（6）：3-5.

[9] 钟启泉. 概念重建与我国课程创新：与《认真对待"轻视知识"的教育思潮》作者商榷 [J]. 北京大学教育评论，2005（1）：48-57.

[10] 钟启泉，有宝华. 发霉的奶酪：《认真对待"轻视知识"的教育思潮》读后感 [J]. 全球教育展望，2004（10）：3-7.

[11] 钟启泉. "学校知识"与课程标准 [J]. 教育研究，2000（11）：50-54，68.

[12] 张华. 试论教学认识的本质 [J]. 全球教育展望，2005（6）：6-18.

[13] 张华. 体验课程论：一种整体主义的课程观（中）[J]. 教育理论与实践，1999（11）：30-33，38.

[14] 余文森. 新课程教学改革的成绩与问题反思 [J]. 课程·教材·教法，2005（5）：3-9.

[15] 2005年中国数学会教育工作委员会扩大会议实录 [J]. 数学通报，2005（4）：1-13.

[16] 周选杰，邹兆文. 新课改背景下知识缺席导致的课堂教学畸变

[J]．中学语文教学，2005（4）：3-5．

[17] 邬向明．课程改革：问题与对策 [J]．课程·教材·教法，2005（2）：4-7．

[18] 陈佑清．知识学习的发展价值及其局限性 [J]．教育研究与实验，2005（1）：23-26，60．

[19] 陈佑清，李丽．个人知识与体验性课程 [J]．湖北大学成人教育学院学报，2003（6）：19-20，25．

[20] 施惠玲．我们应当从知识社会学汲取什么："曼海姆的知识社会学与马克思主义认识论"及其讨论 [J]．东南学术，2004（6）：37-52．

[21] 肖川．知识观与教学 [J]．全球教育展望，2004（11）：13-17．

[22] 白宗新．个人知识与社会知识及其教育意义 [J]．全球教育展望，2004（11）：18-23．

[23] 刘良华．什么知识最有力量？[J]．全球教育展望，2004（10）：14-18．

[24] 王策三．认真对待"轻视知识"的教育思潮：再评由"应试教育"向素质教育转轨提法的讨论 [J]．北京大学教育评论，2004（3）：5-23．

[25] 潘洪建．当代知识观及其对基础教育改革的启示 [J]．教育研究，2004（6）：56-61．

[26] 李朝东．现代教育观念的知识学反思 [J]．教育研究，2004（2）：26-32，96．

[27] 郭秀艳．内隐学习和缄默知识 [J]．教育研究，2003（12）：31-36．

[28] 孙美堂．从实体思维到实践思维：兼谈对存在的诠释 [J]．哲学动态，2003（9）：6-11．

[29] 梁启超．科学精神与东西文化 [J]．民主与科学，2003（2）：44-46．

[30] 章凯．兴趣发生机制研究的进展与创新 [J]．心理科学，2003（2）：364-365．

[31] 章凯．关于兴趣与理解的几个问题 [J]．宁波大学学报（教育科学版），2003（6）：5-8．

[32] 章凯，张必隐. 兴趣对不同理解水平的作用［J］. 心理科学，2000（4）：482-483.

[33] 章凯，张必隐. 兴趣对文章理解的作用［J］. 心理学报，1996（3）：284-289.

[34] 章凯. 兴趣与学习：一个正在复兴的研究领域［J］. 宁波大学学报（教育科学版），2000（1）：27-30，33.

[35] 周勇. 现代社会中的知识与教育冲突［J］. 教育研究，2003（3）：21-25.

[36] 潘洪建，王洲林. 知识问题研究二十年：教育学的视点［J］. 高等师范教育研究，2003（1）：49-55.

[37] 丁钢. 价值取向：课程文化的观点［J］. 北京大学教育评论，2003（1）：18-20，76.

[38] 靖国平. 重构知识教学：一种交往价值的走向［J］. 高等教育研究，2002（4）：79-83.

[39] 张金梅. 什么知识最有价值：当代中国幼儿教育主流知识观的嬗变［J］. 南京师大学报（社会科学版），2002（3）：75-80.

[40] 石中英. 当前基础教育改革的若干认识论问题［J］. 学科教育，2002（1）：1-5，10.

[41] 石中英. 缄默知识与教学改革［J］. 北京师范大学学报（人文社会科学版），2001（3）：101-108.

[42] 薛晓阳. 知识社会的知识观：关于教育如何应对知识的讨论［J］. 教育研究，2001（10）：25-30.

[43] 周志平. 知识教学：教育的中心任务［J］. 教学与管理，2001（2）：51-52.

[44] 柳夕浪. 知识生成的交往中介原理与知识创新教育［J］. 教育研究与实验，2000（4）：48-52，73.

[45] 潘庆玉. 科学主义语文教育观评析［J］. 山东教育科研，2000（6）：12-15.

[46] 夏正江. 论知识的性质与教学［J］. 华东师范大学学报（教育科学

版），2000（2）：1-11，18.

[47] 王凤秋. 当代知识的变化与教育改革 [J]. 教育研究，2000（4）：10-14.

[48] 袁振国. 反思科学教育 [J]. 中小学管理，1999（12）：2-4.

[49] 肖凤翔. 教育中的知识价值取向 [J]. 南京师大学报（社会科学版），1996（4）：77-80.

[50] 高清海. 哲学思维方式的历史性转变：论马克思哲学变革的实质 [J]. 开放时代，1995（6）：8-13.

[51] 穆尔，钟启泉. 知识与课程 [J]. 外国教育资料，1995（6）：36-43.

[52] 吴也显. 面向21世纪：知识价值的革命和课程改革 [J]. 教育研究与实验，1994（3）：5-10.

[53] 宋秋前，夏惠贤. 论美国的标准化考试 [J]. 外国中小学教育，1992（4）：30-32.

[54] 张敷荣，张武升. 建国以来课程理论与实践的回顾与展望 [J]. 华东师范大学学报（教育科学版），1990（4）：57-64.

[55] 郭戈. 学习兴趣与教学理论 [J]. 外国教育动态，1990（2）：54-56，42.

[56] 王立功. 斯宾塞的知识价值观与课程论 [J]. 外国教育动态，1990（1）：41-44.

[57] 羿琳. 一份英国教育和科学部关于科学教育的报告 [J]. 课程·教材·教法，1986（1）：50-52.

[58] 田本娜. 斯宾塞课程论述评 [J]. 课程·教材·教法，1983（5）：7-9.

[59] 裴文敏，董远骞. 掌握知识技能与发展认识能力 [J]. 教育研究，1981（2）：5.

[60] 吴康宁. 知识的智力价值及其教学意义 [J]. 教育研究，1981（2）：4.

[61] 潘为湘. 谈谈教学过程中"发展能力第一" [J]. 教育研究，1981

（11）：4.

[62] 戴景曦. 教育的本质是传授知识 [J]. 教育研究，1982（3）：3.

[63] 段继扬. 掌握知识与发展智力是"同步关系"、"正比关系"吗？[J]. 教育研究，1982（4）：4.

[64] 黄明皖. 掌握知识与发展智力 [J]. 教育研究，1982（3）：3.

[65] 吴广夫. 知识转化为能力与知识的智力价值 [J]. 教育研究，1984（10）：5.

[66] 谢利民，代建军. 教育过程中的兴趣问题再探析 [J]. 教育科学，2000（2）：24-27.

[67] 靳玉乐. 我国基础教育新课程改革的进展与问题 [J]. 课程·教材·教法，2004（10）：9-14.

[68] 刘硕. "重建知识概念"辨 [J]. 教育学报，2006（1）：48-53.

[69] 肖凤翔. 教育中的知识价值取向 [J]. 南京师大学报（社会科学版），1996（4）：77-80.

[70] 高清海. 哲学思维方式的历史性转变：论马克思哲学变革的实质 [J]. 开放时代，1995（6）：8-13.

[71] 孙美堂. 从实体思维到实践思维：兼谈对存在的诠释 [J]. 哲学动态，2003（9）：8.

[72] 学科知识形态的反思及与方法论的沟通（研讨会纪要）[J]. 北京大学研究生学志，2007（2）：29.

[73] 邹静之. 女儿的作业 [J]. 北京文学，1997（11）：5.

[74] 迈克尔·阿普尔，韦恩·欧. 批判教育学中的政治、理论与现实（上）[J]. 比较教育研究，2007（9）：1-9.

[75] 黄忠敬. 意识形态与课程：阿普尔的课程文化观 [J]. 外国教育研究，2003（5）：1-6.

[76] "青年哲学论坛"部分成员. 我们应当从知识社会学汲取什么："曼海姆的知识社会学与马克思主义认识论"及其讨论 [J]. 东南学术，2004（6）：38.

[77] 郭戈. 兴趣课程观述评 [J]. 课程·教材·教法，2012（3）：3-11.

[78] 郭戈. 兴趣教育思想发展的"三部曲":卢梭、赫尔巴特和杜威的兴趣说 [J]. 当代教育与文化, 2011 (4): 38-45.

[79] 渠敬东. 卢梭对现代教育传统的奠基 [J]. 北京大学教育评论, 2009 (3): 3-16, 188.

[80] 崔允漷. 从"选修课和活动课"走向"校本课程":"江苏省锡山高级中学校本课程"个案研究 [J]. 教育发展研究, 2000 (2): 22-26.

[81] 毕华林, 万延岚. 学校需要什么样的教科书:基于教师和学生使用化学教科书的调查研究 [J]. 教育学报, 2013 (2): 70-75.

[82] 赵占良. 试论教材的功能定位 [J]. 课程·教材·教法, 2021 (12): 4-10.

[83] 齐世荣. 略谈中学历史教材编写方法的几个原则 [J]. 课程·教材·教法, 2010 (6): 3-9.

[84] 吴桂翎. 怎样提高中学历史教材语言表述水平:以古代历史撰述为借鉴 [J]. 教育学报, 2011 (4): 121-128.

[85] 杜晓丹. 教材插图绘制要点初探 [J]. 中国编辑, 2016 (4): 62-68.

[86] 吴小鸥, 徐莹. 本体契合:《开明国语课本》插图的"儿童相" [J]. 教育理论与实践, 2015 (23): 21-24.

[87] 张晨, 沈甸. 新旧人教版化学必修教材插图的比较研究 [J]. 化学教育 (中英文), 2021 (13): 8-13.

[88] 关成刚, 张美静. 我们期待怎样的历史教科书:高中历史教师视角下的教科书发展取向探索 [J]. 当代教育与文化, 2019 (7): 51-56.

[89] 宗德柱. 大概念教学的意义、困境与实现路径 [J]. 当代教育科学, 2019 (5): 25-28, 57.

[90] 徐赐成, 赵亚夫. 历史教科书与历史观教育:以近二十年历史教科书改革实践为例 [J]. 内蒙古师范大学学报(教育科学版), 2019 (7): 1-11.

[91] 姜浩哲, 沈中宇, 汪晓勤. 新中国成立70年数学学科德育的回顾与展望 [J]. 课程·教材·教法, 2019 (12): 22-27.

[92] 姜浩哲. 我国传统数学文化融入教科书的价值、现状与展望 [J].

课程·教材·教法，2021（1）：98-104.

［93］徐丽萍. 国外优秀大学教材特点浅析［J］. 科技与出版，2006（2）：71-72.

［94］冯晓丽. 兴趣—情境—创新：国外大学教材特点和功能的基本轨迹——以美国高校理工类教材为例［J］. 高教探索，2014（2）：93-95.

［95］张海鹏. 统编高中历史教科书的学科体系和学术体系：适应和掌握统编高中历史教材《中外历史纲要》（上）的意见［J］. 课程·教材·教法，2019（9）：21-32，11.

［96］穆建亚，刘立德. 教科书中的德育内容：呈现方式、建构逻辑及价值实现［J］. 课程·教材·教法，2021（11）：67-71.

［97］于江波. 中学数学学科德育的缺失与重构研究［J］. 辽宁教育行政学院学报，2020（4）：45-48.

［98］李卿. 回归历史学科本质凸显历史育人价值：统编高中历史教科书编写思路、体例结构及教学建议［J］. 中国民族教育，2020（11）：42-46.

［99］石鸥，张文. 改革开放40年我国中小学教材建设的成就、问题与应对［J］. 课程·教材·教法，2018（2）：18-24.

［100］钟启泉. 学习环境设计：框架与课题［J］. 教育研究，2015（1）：113-121.

［101］范春林，董奇. 课堂环境研究的现状、意义及趋势［J］. 比较教育研究，2005（8）：61-66.

［102］王美倩，郑旭东. 基于具身认知的学习环境及其进化机制：动力系统理论的视角［J］. 电化教育研究，2016（6）：54-60.

［103］李志河，李鹏媛，周娜娜，等. 具身认知学习环境设计：特征、要素、应用及发展趋势［J］. 远程教育杂志，2018（5）：81-90.

［104］钟柏昌，刘晓凡. 论具身学习环境：本质、构成与交互设计［J］. 开放教育研究，2022（5）：56-67.

［105］刘徽. 中小学课堂学习环境的设计研究［J］. 教育科学研究，2021（10）：90-94.

［106］王鹤瑾，曹蕾，何明召. 问题式学习对学生问题解决能力的影响：

基于国内外34项研究的元分析［J］.开放教育研究，2021（5）：91-98.

［107］张建伟.基于问题式学习［J］.教育研究与实验，2000（3）：55-60，73.

［108］李刚，吕立杰.国外围绕大概念进行课程设计模式探析及其启示［J］.比较教育研究，2018（9）：35-43.

［109］连莲.国外问题式学习教学模式述评［J］.福建师范大学学报（哲学社会科学版），2013（4）：126-133.

［110］闫方洁.消除"后双减时代"的教育焦虑［N］.社会科学报，2021-09-30（4）.

［111］邓素文.杜威的兴趣理论及其启示［C］//中国地方教育史志研究会，《教育史研究》编辑部.纪念《教育史研究》创刊二十周年论文集（16）：外国教育思想史与人物研究，2009：955-958.

［112］邓素文.从提问方式看近现代课程知识价值观的变迁［C］//中国地方教育史志研究会，《教育史研究》编辑部.纪念《教育史研究》创刊二十周年论文集（19）：外国教学与课程教材史研究，2009：74-78.

【外文文献类】

［1］PERRY R B. General Theory of Value［M］. New York：Longmans, Green and Co.，1926.

［2］KRAPP A, HIDI S, RENNINGER K A. The Role of Interest in Learning and Development［M］. Mahwah：Lawrence Erlbaum Associates, Inc.，1992.

［3］BELLACK A, Kliebard H. Curriculum and Evaluation［M］. Berkeley：McCutchan Publishing Corporation，1977.

［4］POLANYI M. The Study of Man［M］. London：Routledge & Kegan Paul，1957.

［5］RENNINGER K A, HIDI S E. The Cambridge Handbook of Motivation and Learning［M］. Cambridge：Cambridge University Press，2019.

［6］SIMPSON J A, Weiner E S. The Oxford English Dictionary［M］.

Oxford: Oxford University Press, 1989.

[7] SORELL T. Scientism: Philosophy and the Infatuation with Science [M]. London & NewYork: Routledge, 1991.

[8] DEGENHARDT M A B. Education and the Value of Knowledge [M]. London: George Allen & Unwin, 1982.

[9] OPPENHEIMER L, VALSINER J. The Origins of Action: Interdisciplinary and International Perspectives [M]. New York: Springer, 1991.

[10] CHEN A, DARST P, PANGRAZI R. An Examination of Situational Interest and its Sources [J]. British Journal of Educational Psychology, 2001 (9).

[11] CHEN A, DARST P. Situational Interest in Physical Education [J]. Proquest Education Journal, 2001 (2).

[12] HIDI S, RENNINGER K A, The Four-Phase Model of Interest Development [J]. Educational Psychologist, 2006 (2).

[13] SCHRAW G, FLOWERDAY T LEHMAN S. Increasing Situational Interest in the Classroom [J]. Educational Psychology Review, 2001 (3).

[14] PEKRUN R, GOETZ T, TITZ W, PERRY R P. Academic Emotions in Students' Self-regulated Learning and Achievement: A Program of Qualitative and Quantitative Research [J]. Educational Psychologist, 2002 (2).

[15] ELLIS H C, ASHBROOK P W. Resource Allocation Model of the Depressed Mood States in Memory [G] //Affect, Cognition, and Social Behavior. Toronto: Hogrefe, 1988.

[16] FRASER B. Classroom Environment Instruments: Development, Validity and Applications [J]. Learning Environment Research, 1998 (1).

[17] WOLF S J, FRASER B J. Learning Environment, Attitudes and Achievement among Middle-School Science Students Using Inquiry-based La-

boratory Activities［J］. Research in Science Education，2007，Online First.

［18］HARACKIEWICZ J M，SMITH J L，PRINISKI S J. Interest Matters：The Importance of Promoting Interest in Education［J］. Policy Insights from the Behavioral and Brain Sciences，2016（2）.

【电子文献类】

［1］盛梦露. 教育部：厌学取代贫困，成义务教育辍学首因［EB/OL］.（2017-09-05）［2022-01-02］. http：//china. caixin. com/2017-09-05/101140865. html.

［2］徐凯文. 30％北大新生竟然厌学，只因得了"空心病"？［EB/OL］.（2019-03-12）［2022-01-02］https：//www. sohu. com/a/119277250_372535.

［3］教育部关于人民教育出版社小学数学教材插图问题的调查处理通报［EB/OL］（2022-08-22）［2022-09-21］. http：//www. moe. gov. cn/jyb_xwfb/gzdt_gzdt/s5987/202208/t20220822_654438. html.

后 记

　　本书是在笔者博士毕业论文的基础上写成的。因为毕业后选择了新的研究方向，这篇论文落在尘土里已经很多年了。之所以重新把它捡起来，一是因为导师王本陆老师的嘱咐，将此论文列入到"课程与教学论新问题研究丛书"的出版计划中。在这里，非常感谢老师对我的督促和鼓励。另外也是因为本人仍然对教育怀着一种天真的理想，即希望教育、学校是学生真正向往的，学习的过程是一个"痛并快乐着"的过程。可以说，在新时代的背景下，关注并发展学生的学习兴趣，在发展学生的认知能力的同时引导儿童青少年热爱学习、享受学习，促使学生身心健康愉快发展，不但是课程改革所倡导的，而且已经成为新时代人民对教育的殷切期盼和其对美好生活向往的一部分。但是随着抢占优秀教育资源的竞争愈演愈烈，孩子的学习负担也越来越重，谈论学习的兴趣似乎也开始变得奢侈起来。甚至很多孩子并不知道是为了什么而学习！而这些孩子起初也是对教育、对学习充满美好的期许和强烈的渴望的。从理论研究来看，兴趣似乎是一个老掉了牙的话题，但在实践中，它却是这么的稀缺！很多学生正是丧失了学习的兴趣，而把学校看作一个束缚他们的牢笼，急欲去之而后快。因此，正是怀抱着一种"让教育重新焕发出生机活力"的理想，我把这篇论文又重新捡拾起来，结合这些年的思考和认识，几经增删，终于成了现在的模样。虽然依然粗糙，但它表达的是我的心声：希望借着兴趣，知识与人能实现真正的统一；学习是学生优化生命的过程，学校是学生学习的乐土。

　　本书能成稿，首先要感谢我的两位导师：黄甫全老师和王本陆老师。本书的许多思想、观念都得益于两位导师的启发。其次要感谢我的单位，给予宽松的环境让我有时间完成它。最后要感谢我的家人和本书的责编周敏，感谢你们无私的奉献和付出！

笔者于梅溪湖畔

2023 年 9 月